编委会名单

一、主编（3人）：

杨　帆、邓爱平、戴　薇

二、顾问（7人）：

辜明安、吴　越、李　平、边　疆、金茂竹、张孝昆、周清林

三、副主编（12人）：

张芳豪、李　念、杨　洪、梁　涛、周家超、刘凌云、王静轶、姚　欣、刘尊述、施伟龙、谭世文、周永勇

四、编委会其他成员（53人）：

郭玮华、吉文宇、杨　益、李　艳、蒋亚南、唐彬杰、扈钟方、李　春、吴　非、邵文高、李安宁、宋　誉、田传平、李胜章、何金辉、叶光明、宋一笑、涂　莹、汪孝竹、夏　彬、曾　莘、郑　雄、陶世贤、成　坤、周思伟、朱雪黎、杨　平、张　轲、曾海培、高丹丹、杨轶舫、付　强、李　明、倪进琼、刘　波、彭涤寒、刘文婷、蒋恒燕、邱春月、周嘉威、李　玥、文妍容、陈　琦、邹　惠、李维维、卢泓佳、蒋俊镇、宋韵韬、杨景森、倪　铭、曾俊杰、刘　瑜、唐宇阳

企业合同管理

合规重点与实务操作

杨帆 邓爱平 戴薇 ◎ 主编

中国法治出版社
CHINA LEGAL PUBLISHING HOUSE

序 | Preface

《中华人民共和国民法典》(以下简称《民法典》)第四百六十四条第一款规定:"合同是民事主体之间设立、变更、终止民事法律关系的协议。"商业的本质是交易,在市场经济条件下,合同已成为市场主体交易的基本工具。合同是法律义务的载体,是企业与客户、供应商、合作伙伴等外部主体建立权利义务关系的法律文件,其条款直接决定企业的法律义务和权利。作为市场主体进入市场后的第一个行为,合同从设立到终止的全生命周期合规管理,不仅关乎合同本身的有效履行,更关乎企业商业目标的如期实现。任何合同管理的疏忽或违规,都可能使企业陷入经济纷争,甚至面临行政处罚与法律制裁的不利后果。因此,如何构建一套系统化、标准化、规范化的合同管理体系,成为每一位企业管理者必须面对和解答的重要课题。

GB/T 35770—2022国家标准与ISO 37301:2021国际标准《合规管理体系 要求及使用指南》的颁布,为企业加强合规管理和推进合规管理体系建设铺设了标准化的道路。在合同这一合规管理重点领域,更需要适用、管用、好用的制度和流程来引领规范,以切实加强对合同全生命周期的合规管理,应对日益复杂的挑战。正是在这样的背景下,《企业合同管理合规重点与实务操作》应运而生。本书以GB/T 35770—2022国家标准与ISO 37301:2021国际标准为指引,汇聚了国资国企相关人员在合同管理领域的深厚积累与宝贵经验,将合规管理体系建设的最新理念与实践成果深度融合,以问题为导向、以案例为实证,深入剖析了合同管理全生命周期的每一个关键环节与重点问题，并提供了切实可行的解决方案。从合同的萌芽——立项阶段，到谈判、起草、审查、签订、履行的每一环节，再到归档、信息化建设等，本书均以清晰明了的笔触，进行了全面而深入的阐述与分析，旨在为企业管理者及从业人员提供一部合规背景下详尽、实用的合同合规管理宝典。

　　我们深知，企业合同合规管理的征途既漫长又充满挑战，需要企业各级管理人员上下一心、持之以恒的努力与探索。本书的出版，正是我们在这一领域不懈探索与总结的结晶，旨在为广大企业提供一些有益参考，引领合同合规管理的前进方向。我们坚信，通过本书的引导与助力，将有更多企业能够坚定不移地走在诚信经营、合规管理的大道上，共同携手构建一个更加公平、透明、有序的商业生态环境，为市场经济的持续健康发展贡献自己的力量。我们也热忱地邀请广大同人加入我们，共同踏上这场关于合同合规管理的探索之旅。

目录 Contents

第一章　合同管理合规重点问题总论

第 1 问	合规背景下，合同管理应重点关注哪些方面？	2
第 2 问	为什么说合同管理是合规管理的重点领域？	10
第 3 问	强化合规要求，对合同管理有什么作用？	14
第 4 问	"依法合规"原则在合同管理中如何体现？	18
第 5 问	在合同管理中怎样落实"管业务必须管合规"？	24
第 6 问	集团管控下，合同管理存在哪些模式？	28
第 7 问	合规要求下，合同管理应重点建立哪些制度？	31
第 8 问	如何通过合规管理"三张清单"，有效管控合同合规风险？	35
第 9 问	如何发现合同管理工作中存在的问题？	41

第二章　合同管理相关组织合规重点问题

第 10 问	首席合规官在合同管理中应发挥怎样的作用？	46
第 11 问	合同归口管理部门如何确定，其主要职责有哪些？	49
第 12 问	合同承办部门、参与部门的主要职责有哪些？	52
第 13 问	合同审查部门如何确定，其主要职责有哪些？	57
第 14 问	合同纠纷案件承办部门、参与部门的主要职责有哪些？	62

第三章　合同立项、谈判、起草环节的合规重点问题

- 第15问　在合同立项中应当怎样落实"无业务，不合同"原则？…… 68
- 第16问　如何合规选择确定合同相对方？……………………… 71
- 第17问　合同谈判有哪些合规要点？…………………………… 78
- 第18问　合同起草有哪些合规要点？…………………………… 83
- 第19问　提供格式条款有哪些合规要点？……………………… 87

第四章　合同审查环节的合规重点问题

- 第20问　合同审查应当遵循哪些主要原则？…………………… 92
- 第21问　合同承办部门提请合同审查时应当具备哪些条件？…… 94
- 第22问　对合同进行合法性审查有哪些审查要点？…………… 96
- 第23问　对合同进行合规审查有哪些审查要点？……………… 105
- 第24问　对合同还要进行哪些审查，有哪些审查要点？……… 110
- 第25问　合同审查的一般流程是怎样的？……………………… 113
- 第26问　合同审查有哪些常用检索工具？……………………… 116

第五章　合同签订环节的合规重点问题

- 第27问　合同签订环节主要存在哪些不合规问题，应如何应对？…… 122
- 第28问　办理签署合同授权书有哪些合规要点？……………… 127
- 第29问　管理、使用和核对合同印章有哪些合规要点？……… 130

第六章　合同履行环节的合规重点问题

- 第30问　合同承办部门应当怎样发挥其在合同履行中的牵头作用？… 134

第31问	如何动态跟踪合同履行情况？	141
第32问	履行合同时发现合同相关内容没有约定或者约定不明的，如何合规处置？	145
第33问	履行合同时客观情况发生重大变化的，如何合规处置？	153
第34问	履行合同时遭遇不可抗力的，如何合规处置？	156
第35问	如何合规地补充、变更、解除合同？	160
第36问	如何防范合同结算、收付款中的合规风险？	167
第37问	如何合规处置合同履行中相对方带来的合同风险？	169
第38问	己方有可能违约或者已经违约时应如何处理？	178
第39问	合同履行出现争议，应当如何处理？	181

第七章　合同纠纷案件办理环节的合规重点问题

第40问	合同纠纷案件办理环节有哪些合规要点？	186
第41问	合同纠纷案件的相关证据应如何收集、固定、保管？	189
第42问	通过诉讼处理合同纠纷，有哪些合规要点？	193
第43问	通过仲裁处理合同纠纷，有哪些合规要点？	198

第八章　合同档案管理环节的合规重点问题

第44问	合同归档，应重点注意什么？	204
第45问	合同纠纷案件结案后，应如何归档？	208
第46问	合同档案应如何合规使用？	211

第九章　合同管理信息化建设重点问题

第47问	为什么说合同管理信息化是大势所趋？	214

第48问	合同管理信息化系统的建设和使用容易出现哪些问题？	219
第49问	如何根据企业实际需求设计合同管理信息化系统？	222
第50问	如何通过信息化手段提升合同管理效率？	230
第51问	如何通过信息化系统对合同进行合规审查和风险管控？	233
第52问	合同信息化审查与签订环节有哪些合规要点？	238

第十章　企业常见合同合规审查要点

第53问	买卖合同有哪些合规审查要点？	248
第54问	房屋租赁合同有哪些合规审查要点？	256
第55问	借款合同有哪些合规审查要点？	267
第56问	保证合同有哪些合规审查要点？	273
第57问	抵押合同有哪些合规审查要点？	278
第58问	质押合同有哪些合规审查要点？	285
第59问	股权转让合同有哪些合规审查要点？	291
第60问	投资合作合同有哪些合规审查要点？	298
第61问	技术合同有哪些合规审查要点？	304
第62问	承揽合同有哪些合规审查要点？	311
第63问	委托合同有哪些合规审查要点？	318
第64问	债权转让合同有哪些合规审查要点？	323
第65问	广告合同有哪些合规审查要点？	328
第66问	运输合同有哪些合规审查要点？	333
第67问	融资租赁合同有哪些合规审查要点？	343
第68问	劳务派遣合同有哪些合规审查要点？	352
第69问	仓储合同有哪些合规审查要点？	359
第70问	中介合同有哪些合规审查要点？	363

后　记 …………………………………………………………… 366

第一章
合同管理合规重点问题总论

【导读】

　　习近平总书记强调,守法经营是任何企业都必须遵守的一个大原则,企业只有依法合规经营才能行稳致远。[①]合规背景下,合同管理应强化哪些工作?本章从合规要求对合同管理的作用和影响、合同合规管理原则等重大问题入手,针对合同管理制度建设、组织机构、首席合规官职责、"三张清单"作用等重点问题,对合规背景下的合同管理重点给出了具体可操作的建议和方法。

---

① 《国务院国资委政策法规局负责人就〈中央企业合规管理办法〉答记者问》,载中国政府网,https://www.gov.cn/zhengce/202212/content_6716701.htm,最后访问时间:2025年4月28日。

第1问　合规背景下，合同管理应重点关注哪些方面？

一、分析

2018年11月国务院国资委印发了《中央企业合规管理指引（试行）》（以下简称《合规管理指引》），2022年8月印发了《中央企业合规管理办法》（以下简称《合规管理办法》）。《合规管理办法》以国资委令的形式印发，通过部门规章对中央企业进一步深化合规管理提出明确要求：一是明确合规管理相关主体职责。按照法人治理结构，规定了企业党委（党组）、董事会、经理层、首席合规官等主体的合规管理职责，进一步明确了业务及职能部门、合规管理部门和监督部门合规管理"三道防线"职责。二是建立健全合规管理制度体系。要求中央企业结合实际，制定合规管理基本制度、具体制度或专项指南，构建分级分类的合规管理制度体系，强化对制度执行情况的检查。三是全面规范合规管理流程。对合规风险识别评估预警、合规审查、风险应对、问题整改、责任追究等提出明确要求，以实现合规风险闭环管理。四是积极培育合规文化。要求中央企业通过法治专题学习、业务培训、加强宣传教育等，多方式、全方位提升全员合规意识，营造合规文化氛围。五是加快推进合规管理信息化建设。推动中央企业运用信息化手段将合规要求嵌入业务流程，利用大数据等技术对重点领域、关键节点开展实时动态监测，实现合规风险即时预警、快速处置。[①]之

[①] 《国务院国资委政策法规局负责人就〈中央企业合规管理办法〉答记者问》，载中国政府网，https://www.gov.cn/zhengce/2022-09/19/content_5710634.htm，最后访问时间：2025年5月1日。

后,各省、市、地方国资委陆续印发了本地企业合规管理制度。

合同是市场经济中交易双方权利义务关系确定的主要载体,在企业经营管理中有着不可或缺的重要作用。在上述合规背景下,企业应重点从哪些方面加强合同管理,才能使合规要求在合同管理中落地落实,才能有效防控合同风险?

(一)合同管理相关部门及其职责是否明确

根据《合规管理办法》第五条第三项规定,企业应当"坚持权责清晰。按照'管业务必须管合规'要求,明确业务及职能部门、合规管理部门和监督部门职责……"根据这一要求,企业应当结合实际,明确包括合同归口管理部门、合同承办部门、合同审查部门(包括对合同所涉及的经营管理行为的合规审查)、合同执行部门等在内的合同管理及相关部门及其职责,并根据实际情况配备相应管理人员,确保机构到位,职责到位,人员到位,责任到位。

(二)是否制定有切实可行的合同管理制度并得到有效执行

合同管理作为一项实用性、可操作性很强的工作,在合规背景下,应落实"管理制度化,制度流程化"要求,根据企业的规模和发展阶段等实际情况,建立和完善包括基本制度、专项制度及其他相关制度在内的合同管理制度体系,确保合同管理工作"有规可依,有章可循",确保外部法律法规对合同管理的相关要求融入合同管理内部规章制度,形成务实管用的合同合规风险识别评估预警机制、合规审查机制、风险应对机制、定期检查和评价机制、问题整改和责任追究机制等,确保合同管理依法合规,相关制度得到有效执行。

特别是对合同的审查,需要在传统审查的基础上,增加合规审查内容,不仅应有合规管理部门的专职审查,还需由合同承办部门以及相关业务及职能部门按照"管业务必须管合规"要求,对合同涉及本部门的经营管理行为进行合规审查。

(三)每份合同的主体、内容、形式以及流程等是否合规

合同管理的落脚点,最终是有效防控合同风险。对合同的合规管

理，是有效防控合同合规风险的手段。因此，合规背景下，为了有效防控合同合规风险，除了重点关注每份合同的主体、内容、形式等是否合规，还要重点关注每份合同从立项、相对方选择、谈判，到签署、履行、争议解决以及合同归档等流程的合规。

（四）是否重视合同相对方的合规

合同相对方是否"靠谱"，往往会成为合同是否得到有效执行的关键。合同相对方如果不"靠谱"，不仅可能导致企业遭受经济损失、行政处罚等，还可能发生己方人员在与之交往过程中行贿受贿、失职被骗等违法、犯罪行为。因此，合规背景下，企业必须高度重视合同相对方的合规，选择"靠谱"的合同相对方，并对其提出合规要求，在防范企业合同风险的同时，防范合同管理人员因违法、犯罪被问责和受到刑事处罚等风险。忽视这一风险将导致企业自身的合规管理体系建设功亏一篑。

（五）信息化手段采用和管理效率情况

《合规管理办法》第三十四条规定："中央企业应当定期梳理业务流程，查找合规风险点，运用信息化手段将合规要求和防控措施嵌入流程，针对关键节点加强合规审查，强化过程管控。"第三十六条规定："中央企业应当利用大数据等技术，加强对重点领域、关键节点的实时动态监测，实现合规风险即时预警、快速处置。"合同管理是流程化很强的管理活动，可以通过信息化手段将合同管理合规要求和风险防控措施嵌入合同管理流程，实现关键节点的合规审查和过程管控，动态监控，及时处置，提升效率，防控风险，是企业信息化建设的重点。

（六）是否进行检查、考核与责任追究

企业是否定期进行内部审计，检查合同管理的合规性和有效性；是否接受外部审计，确保合同管理符合外部监管要求；是否建立合同管理工作考核与责任追究制度，对合同订立、履行过程中出现的违法违规行为，以及合同管理履职过程中因故意或者重大过失应当发现而未发现违规问题，或者发现违规问题存在失职渎职行为，给企业造成损失或者不良影响的单位和人员,及时开展监督问责。

（七）是否形成积极向上的合同合规文化

企业是否树立如"风险最小化、利益最大化"等符合企业实际的合同管理目标；是否加强合规宣传，定期开展务实管用、针对性强的合规和合同管理培训，提升员工的合规意识和合同管理能力；是否建立和推广合规文化，确保员工在合同管理工作中自觉遵守合规要求，营造"重合同、守信用"等合同合规文化氛围；等等。

二、实务案例与操作建议

案例： A公司强化合同管理，制定合同合规管理指引

A公司为大型央企，在国务院国资委发布《合规管理办法》后，其根据该办法"企业应当针对重点领域以及合规风险较高的业务，制定合规管理具体制度或者指南"要求，针对合同纠纷高发问题，将合同管理纳入合规管理重点领域，组织梳理合同管理每个环节应遵从的"外法""内规"等合规义务，全面梳理合同管理中的合规风险，制定了《合同合规管理指引》，规定了合同管理合规操作。

1.规范合同文本，依法合规确定双方当事人的权利义务，最大限度维护公司利益；

2.严格审批程序，按照相关制度规定履行合同审批流程，全面评估风险并将风险控制在可接受的范围内；

3.有效监控过程，加强对合同履行的监督检查，保证合同履行依法合规，全过程处于可控状态；

4.及时处理纠纷，依法最大限度地采取有效措施避免和挽回损失，并将合同管理运行机制制度化，建立并定期更新合同合规风险清单，作为本企业合规风险库的重要组成部分。

📁 案例：C公司针对合同管理普遍存在的问题，开展信息化建设

C公司针对本公司合同管理纸质化效率低下、责任不明、监控困难、归档存储和查询难，以及无法实现多维度合同分析等不足，研发合同合规管理信息系统，实现"有人负责、有据可查、有章可循、有人监督"的合同合规管理目标，并要求所属公司在运用合同合规管理信息平台中，充分运用并结合实际优化调整管理平台，建设符合本企业实际的合同合规管理信息化管控操作平台，构建"管理制度化、制度流程化、流程信息化、信息集成化"的合同合规管理方式，实现合同签署、管控、监督全过程闭环管理。

📁 案例：某集团对照常见问题清单，开展合同管理自查自纠

某集团在对合同管理进行审计、后评价等监督检查工作中，针对常见问题制定印发"合同管理常见问题清单"，要求各部门、各分公司和所属公司对照清单开展自查自纠，集团总部据此开展合同管理工作考核评价。"合同管理常见问题清单"如下：

1.未制定合同管理制度、制度不完善，或制度不切合实际、难落地，以及未严格按照制度开展合同管理工作；

2.未明确合同归口管理部门，或归口管理部门未充分发挥合同统筹职责，缺乏对合同进行全流程生命周期闭环管理；

3.合同管理授权体系不规范，未办理授权书或超越权限签订合同，或未收取对方授权书及身份信息等资质资料；

4.合同审查依赖外部律所，缺乏合规审查，以及依赖法务合规部门审查，合同承办部门没有进行内部合规审查；

5.重要合同未经评审，或承办部门未采纳合同评审意见，合同评审走过场；

6.未订立合同，提前履行合同义务，或合同倒签，评审程序未完成，就办理合同签字盖章；

7.未拟定覆盖大部分经济业务的合同范本，拟定文本效率低下，且未实现风险最小化、利益最大化；

8.合同条款与谈判结果不一致，合同约定事项与实际业务不符；实际签订合同与招标、公开比选等文件中的合同条款存在重大差异，合同内容发生重大变更，未办理合同变更或签订补充协议；

9.合同关键条款不完整（如缺乏结算方式、违约责任、保证金、纠纷解决方式、生效条件等条款）；

10.未按合同约定收取保证金，合同履行跟踪机制执行不到位，收付款记录未及时更新，合同违约未追究对方违约责任等；

11.未归档合同原件、合同遗失，合同立项、相对方来源等资料未同卷归档；

12.合同审批纸质化效率低下，合同履行预警、监控不到位，没有实现合同数据分析，合同管理信息化平台使用不规范、不充分。

案例：某集团公司合规管理先进单位评选采取一票否决制

某集团公司为营造争优创先的合规氛围，近年来开展合规管理先进单位评选。在申报和评选条件中，单独列明：凡是年度内企业违规经营，或者员工违规履职，导致企业受到严重行政处罚或班子成员被立案查处等严重情况的，一律不得参评。该一票否决事项，也显示了合规管理评价中，对有规不依造成严重后果的零容忍。

案例：某集团全体员工签署践行合规承诺书

某集团为强化个人合规履职，有效防控企业合规风险，在全集团范围内开展签署和践行合规承诺活动。合规承诺书主要内容如下：

1.认真学规，知规懂规。全面学习宪法和法律、法规，熟悉其中与履职相关的条款和国资监管规定，牢记岗位合规职责和使命，掌握与履职密切相关的企业管理制度和相关工作流程，尊崇法治和契约精神，事事讲合规，处处防风险。

2. 遵规守规，事事合规。在履职中遵守"外法""内规"，自觉对照"岗位合规职责清单""流程管控清单""合规风险清单"，对经营管理行为和个人履职行为进行合规审查，排查合规风险，遵从"应当""必须""不得"等重点合规义务，对所从事的业务和管理工作的合规性负责。

3. 严于律己，接受监督。拒绝可能影响合规履职的不当利益，自觉抵制违规行为，自觉上报违规风险事件，主动接受合规培训和检查，信守合规承诺，自觉接受合规监督。

> 📝 **案例：某公司要求合同相对方在签署合同的同时签署合规承诺**

某公司要求合同相对方在签署合同的同时签署"合规承诺"。其"合规承诺"的主要内容如下：

一、遵守外法内规

我方承诺，在合同履行期间及业务开展过程中，严格遵守中华人民共和国及业务涉及的其他国家或地区的所有相关法律法规、政策、行业标准、监管要求和企业内部规章制度，包括但不限于反腐败、反洗钱、反垄断、反不正当竞争、知识产权保护、商业秘密保护、数据保护及信息安全等方面的规定。

二、建立、完善合规管理体系

我方已建立并持续完善合规管理体系，包括但不限于合规审查、合规培训、合规流程管控等，以确保所有业务活动均符合合规要求。

三、透明与诚信

我方和我方工作人员承诺在合同履行期间及业务往来中保持高度的透明度，恪守诚信原则，不进行任何形式的欺诈、隐瞒、误导或虚假陈述，确保我方所提供信息的真实性、准确性和完整性。

四、保护商业秘密与数据信息安全

我方和我方工作人员将严格遵守商业秘密保护和数据保护相关法律法规，采取有效措施保护贵方及第三方的商业秘密、公司信息、个人信息与隐私。我方和我方工作人员承诺，未经贵方书面同意，不得擅自收集、使用、披露或泄露商业秘密或相关信息与隐私。

五、反腐败与反不正当竞争

我方和我方工作人员承诺在合同履行期间及业务往来中坚决反对任何形式的腐败行为和不正当竞争行为，不向任何单位或个人索取、接受、提供或给予任何贿赂、回扣等不正当利益，不参与串通投标、虚假广告宣传等不正当竞争行为。

六、保护知识产权

我方承诺尊重并保护贵方及第三方的知识产权，不侵犯、盗用或非法使用他人的专利、商标、著作权等知识产权。

七、违约责任

我方充分理解并自愿接受，如我方违反上述任何一项承诺，将承担相应法律责任和合同约定的违约责任，贵方有权依据合同及相关法律法规采取相应措施，包括但不限于解除合同，赔偿损失、支付违约金、承担律师费及诉讼费等其他相关费用。

本承诺函自双方签署合同之日起生效，并作为合同的附件，与合同具有同等法律效力。

第2问 为什么说合同管理是合规管理的重点领域？

一、分析

《合规管理办法》第五条第四项要求合规管理"……突出对重点领域、关键环节和重要人员的管理……"。为什么要突出对合同的合规管理？根据《合规管理办法》要求，结合企业管理实际，我们认为可以从以下几点予以说明，具体参见图1-1。

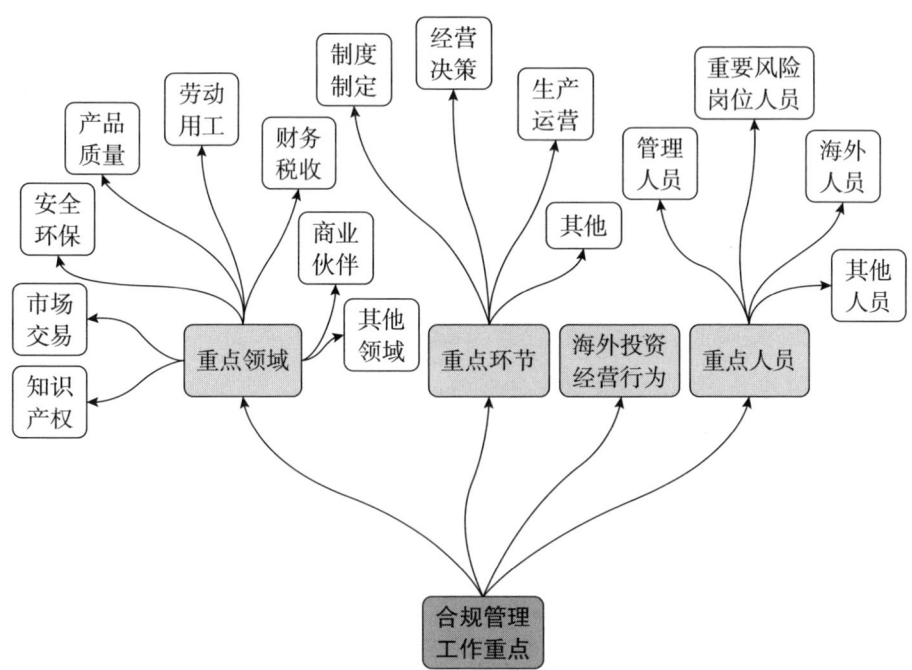

图1-1 合规管理工作重点

第一章　合同管理合规重点问题总论

（一）合同管理是企业合规风险高发领域

一方面，大量合同引发的纠纷案件败诉或胜诉判决无财产可供执行，导致企业遭受重大经济损失。同时，因投入人力、物力处理纠纷，也增大了企业运营成本。另一方面，合同违法行为使企业遭受行政处罚的案件大量存在。国家市场监督管理总局《合同行政监督管理办法》（以下简称《合同监督办法》）对"虚构合同主体资格或者盗用、冒用他人名义订立合同；没有实际履行能力，诱骗对方订立合同；故意隐瞒与实现合同目的有重大影响的信息，与对方订立合同；以恶意串通、贿赂、胁迫等手段订立合同"，以及"利用格式条款等方式作出减轻或者免除自身责任、利用格式条款等方式作出加重消费者责任、排除或者限制消费者权利，利用格式条款并借助技术手段强制交易，为合同违法行为提供证明、印章、账户等便利条件"等合同违法行为进行行政处罚。

另外，《中华人民共和国刑法》对签订、履行合同失职被骗罪，合同诈骗罪等涉及合同的犯罪有明确的刑罚规定。其他在签订、履行合同过程中的行贿、受贿、贪污、挪用资金，以及失职、渎职等犯罪行为，也将受到刑事处罚。

《合规管理办法》第三条第三款规定："本办法所称合规管理，是指企业以有效防控合规风险为目的……的管理活动。"通过强化合同管理合规要求，防控因合同而引发民事纠纷、行政处罚和刑事违法犯罪案件，符合"以有效防控合规风险"的合规管理目的。为此，四川、辽宁、山西等省的国资委印发的《合规管理办法》，要求所出资企业加强对包括合同管理在内的多个重点领域的合规管理。

（二）通过合规审查，可以促进合同涉及的相关经营管理行为合规，是企业合规能力建设的核心抓手

根据《合规管理办法》第十三条规定，业务及职能部门负责本部门经营管理行为的合规审查。根据《四川省省属企业合规管理办法》第二十条第二项规定，重视合同全过程管理，严抓合同立项环节，审慎选择交易对象并对其进行合规审查；完善合同谈判与起草工作的多部门协作；严格执

行合同审核流程协同管理；重视合同履行关键节点把控，关注合同相对方履约情况监控，及时妥善处理合同纠纷。禁止签署违法违规的合同，禁止签署可能导致国有权益受损的合同。由此可见，每份合同的背后，都对应着业务和职能部门的经营管理行为。

对合同的合规审查，需要对合同立项、相对方选择等经营管理行为进行审查。可以说，完善有效的合同合规管理工作，涉及企业大部分合规管理工作，包括对合同管理以及相关制度和合规义务的遵从。通过合规审查，可以倒逼合同立项、相对方选择等合同前端涉及的经营管理行为合规，驳回、终止不合规的合同流程，完善有瑕疵的合同流程，把住合同订立的最后关口，有效防范各种合规风险。例如，通过对合同进行合规审查，发现合同在前期立项中不符合相关要求，应该由集体决定的事项却只有领导个人签字，涉及"三重一大"事项却没有履行党委会前置研究等。在合规部门发现并中止合同流程后，合同承办和相关部门遂按照合同立项规定完善合同立项流程，该集体决策的上会审议，属于"三重一大"事项的提交党委会前置研究，待完善了相关流程手续，向合规部门提交了相关证明文件后，再重新发起合同审签流程，有效阻止和纠正了合同前期立项中的不合规问题。

（三）合同管理信息化，是合规管理信息化建设要求落地落实、切实发挥作用的重要方面

《合规管理办法》第六章以专章形式，明确要求中央企业加强合规管理信息化建设，运用信息化手段将合规要求和防控措施嵌入流程，针对关键节点加强合规审查，强化过程管控。而合同合规管理信息化，就是企业开展合规管理信息化建设的具体体现。只有把合同的审查、签订、履行、归档等环节信息化，才能让部门之间权责清晰、责任明确、信息共享、相互监督，实现规范化、透明化、标准化流程管理，才能以合同为主线，配合财务管理线条进行企业管理，通过大数据掌握企业关键信息，防控合规风险。同时，随着企业数字化升级，合同管理信息化成为合规管理的重要工具，可实现自动化合规审查（如敏感词扫描）、履行过程监控（如关键

节点提醒)、数据安全与权限管控等，大大提升了合同合规管理的效率和准确性。

二、实务案例与操作建议

案例： 某大型集团强化合同合规管理，有效防控合同风险

某大型集团数年前经常发生法律纠纷案件，其中合同纠纷案件比例超过75%。几年前，该企业在国资委的推动下，通过建立合规管理体系，对重点领域进行合规管理，特别是通过对合同进行合规管理，规范企业的合同管理行为和员工的履职行为，明确合同管理岗位合规职责，强化合同合规审查，对投资管理、资本运作、工程建设等重点领域的合同进行全生命周期合规管理，几年下来，因合同引起的纠纷和案件发生率逐步下降，有效防控住了合同风险。

案例： 某大型企业强化合同合规审查，合规管理工作见实效

某大型企业通过合同合规审查，发现合同管理中存在的问题，既包括合同附件资料不齐备、合同未分类、未编号等形式问题，也包括没有按要求对合同进行立项、立项不符合要求（如涉及"三重一大"事项合同须党委会前置研究仅通过总办会立项），以及没有按规定进行相对方选择或选择后擅自更换签约主体等实质不合规问题。通过强化合同合规审查，该企业及时纠正阻止了实质不合规的合同流程，规范了形式不合规的合同流程，合同管理体系逐渐完善，达到了系统合规要求，并最终通过了合规管理体系建设国际标准、国家标准双认证。

第3问　强化合规要求，对合同管理有什么作用？

一、分析

企业绝大部分的风险来自合同。合规管理是以有效防控合规风险为目的，以提升依法合规经营管理水平为导向，以企业经营管理行为和员工履职行为为对象，开展的有组织、有计划的管理活动，是对传统管理的创新。国际标准和国家标准如下：2021年国际标准化组织（ISO）正式发布了《合规管理体系　要求及使用指南》（ISO 37301：2021）；2022年10月等同采用国际标准的国标《合规管理体系　要求及使用指南》（GB/T 35770—2022）正式发布。因此，按照合规管理相关要求，在合同管理的各个环节嵌入合规要求，对合同管理人员进行重点管理，在进一步提升合同管理水平、有效防范合同风险的同时，能促进交易，提升企业信用和商誉。

（一）有效防范合同风险

合同合规管理，以有效防控合同合规风险为目的。强化合同合规管理，通过建立和完善合同管理、合规管理、合规审查等合同管理制度和工作流程，明确合同承办、审查、签署、执行等合同管理职能部门职责和具体岗位责任，梳理出合同从立项、签署到执行、归档等环节的风险清单，并通过合同管控流程清单、岗位职责清单和合规风险清单的有效使用，防范合同管理中的各种风险。

1.防范合同合规风险。 合同风险包括合同签订不当、履行或监控不当、纠纷处理不当、档案保管不当等，导致企业合法权益受损或声誉、形象受损等风险。通过强化对合同的合规管理，能够有效防控合同合规风险，减少合同违法导致的诉讼、罚款或合同无效的风险。例如，通过合规审查，发现并修改、完善合同条款中权责不对等、支付条款模糊等隐藏风险，提前防范，避免争议。又如，合同中未明确数据隐私条款，企业可能面临高额罚款。强化合规后，在合同文本中加入数据保护条款，避免行政处罚。

2.防范员工履职风险。一是合规尽职免责。 按照合规尽职免责相关规定，当合同出现问题的时候，未履行或未正确履行职责，造成国有资产损失或者其他严重不良后果的，经调查核实和责任认定，将对相关责任人员进行处理。当相关人员在遵守相关管理制度的情况下，可以对相关人员进行免责。国资委推动中央企业合规管理，为中央企业建立容错纠错机制提供了重要的制度保障，从而鼓励和保护了企业中想干事创业、合规尽职履责的员工。**二是防范违规履职风险。** 通过对企业员工合同管理履职行为的管理，明确员工在办理合同业务中的岗位合规职责，按照业务合规流程和合规风险清单梳理合规风险，履职行为更加公开、规范，责任更加明确，大大降低了违规履职风险。同时，通过要求合同相对方签署合规/廉洁承诺，或者将合规要求转化为合同条款，对其违反合规要求的行为追究违约责任，防范合同相对方及其工作人员拉拢、围猎己方合同管理人员的风险。

（二）促进交易

企业进行合同合规管理，旨在更好地服务于公司业务。对合同进行合规管理，不是新增管理流程和环节，而是按照"管业务必须管合规"要求，将合规要求嵌入业务流程，并通过优化业务流程，去掉不必要和多余的管理环节，以及通过明确的合规流程、模板化合同、自动化工具，缩短内部沟通和审查、批准时间，提升工作效率，提高企业运行效益，促进企业签约率和履约率提升。同时，通过对合同进行合规管理，确保交易的合法性，避免交易中止或终止，为交易的顺畅进行提供保障，进一步促进交易。

（三）提升商誉

企业如因不合规经营而导致发生重大诉讼仲裁、遭受行政处罚或国际制裁等后果，可能影响客户的忠诚度和业务合作伙伴的合作意愿，尤其是在互联网高度发达的今天，企业一旦发生被处罚、被制裁等事件，很快就会成为负面新闻，极易被客户或竞争对手检索到，成为项目开发、商务合作的潜在阻碍。同时，这些因不合规经营而导致的负面后果，也很可能使企业申请相关资质和认证时受到限制，最终影响企业的经营和发展，降低企业商誉。

反之，通过合规管理和合规经营，有利于树立企业品牌，提升企业形象，提高企业信誉，巩固企业在行业内的口碑。合作伙伴更倾向于与合规严格的企业签约。例如，四川省内某企业在参与四川省"守合同重信用"企业评选过程中，因为建立了以合同合规管理为重点的合规管理体系，满足了"合同信用管理体系健全、合同行为规范、合同履约状况良好"等评选条件而高分获评。再如，某央企在投标德国某建设工程项目时，与众多竞争对手在技术实力、项目方案等方面不分伯仲，但最终成功中标。事后得知，德国客户经过调研，了解到该央企建立了完善的合规管理体系，认为与其开展合作更放心，遂选择与其合作。合规管理提升企业商誉由此可见一斑。

二、实务案例与操作建议

案例： 某大型集团强化合同合规管理，有效防控合同风险

某大型集团在数年前经常发生法律纠纷案件，其中合同和关联合同的纠纷案件比例超过四分之三，企业遭受的绝大部分损失也是因合同管理违规操作而产生。该企业通过建立合规管理体系，对重点领域进行合规管理。在合同管理方面，进一步完善合同管理相关制度，明确归口管理部门和合同承办部门、审查部门、参与部门的职责，有效规范企业合同管理行为和员工的履职行为。在合同签订、履行等各个阶段，合同管理人员有效地识别合规风险，及时采取相关防范应对措施。几年下来，该企业因合同引起

的纠纷和案件发生率直线下降，整体发案率得到了有效控制。

📝案例： 某公司因合同管理混乱，企业遭受重大损失

某公司合同管理混乱，没有明确的管理制度和管理流程，相对方选择、合同谈判、货物验收等皆由业务部门负责，缺乏有效的监督制衡。业务负责人余某某利用管理漏洞，在开展融资性贸易中，一人进行合同谈判和对方提供的担保核查，收受对方贿赂人民币100余万元。在明知对方没有履约能力、没有真实货物以及不能提供担保的情况下，以收到对方提供的虚假入库单和验货单为由，通知公司开具信用证，导致该公司遭受人民币4000余万元经济损失。余某某在被司法机关追究刑事责任的同时，该公司相关负责人也被追责。

第4问 "依法合规"原则在合同管理中如何体现？

一、分析

依法合规是任何企业都必须遵守的基本要求，也是合同管理的一项基本原则。合规背景下，合同行为违法，可能会使合同无效或者效力待定，给企业带来经济损失、行政处罚、刑事处罚甚至国际制裁的风险，企业必须高度重视。合同管理工作坚持依法合规，应当从宏观管理层面和微观操作层面予以体现。

（一）合同管理工作必须坚持"有规可依，有规必依，执规必严，违规必究"

《合规管理办法》第三条第一款规定："本办法所称合规，是指企业经营管理行为和员工履职行为符合国家法律法规、监管规定、行业准则和国际条约、规则，以及公司章程、相关规章制度等要求。"因此，合规"合"的是法律法规与监管规定、国际条约、规则行业准则等"外规"和公司章程、相关规章制度等"内规"。

"有规可依" 是合同管理的前提。企业应当建立务实、管用的合同管理制度体系，并按照"准确及时""务实实用""落地到位"等"外规内化"的原则，结合实际将"外法"融入"内规"，确保公司合同管理有关规章制度与现行法律法规保持一致，不与其冲突，做到合同管理每个环节、每项工作都有规可依，有章可循。该原则是后三者的基本前提和基础。

第一章 合同管理合规重点问题总论

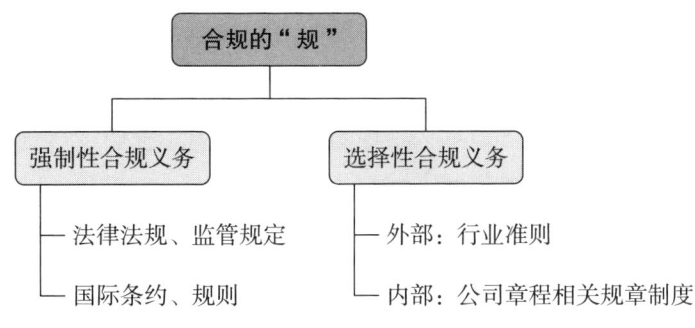

图1-2 合规的"规"

实际工作中，为了应付检查，百度搜索，或者借鉴上位制度抄抄改改的制度有之，违背制度制定初衷，不能解决实际问题，洋洋洒洒，装订精美，规定详尽，难以落地，往往沦为墙上的图画、抽屉里的废纸。精简、务实、管用、好用的制度并不多。

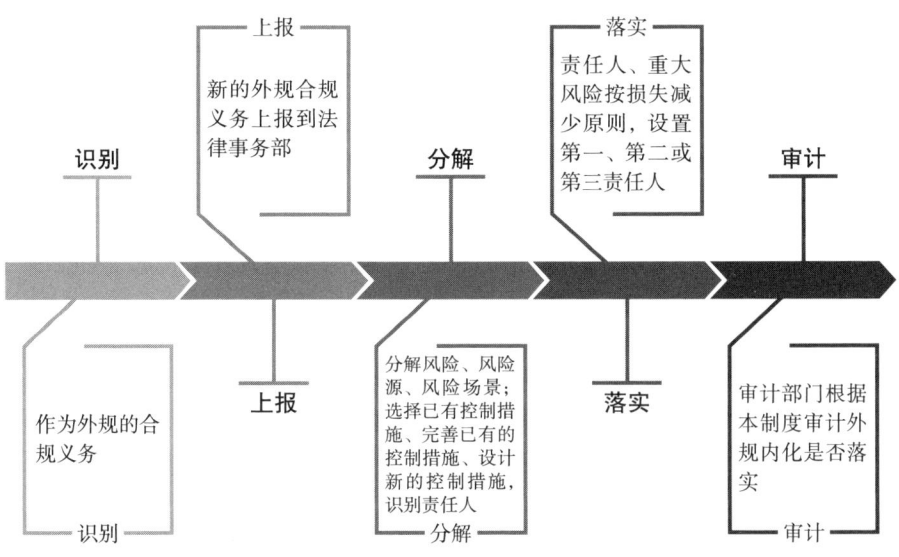

图1-3 外规内化的流程

"有规必依"是合同管理的中心环节。合同归口管理部门和合同承办、审查、订立、执行等部门和人员，在合同管理活动中必须遵守合同管理相关的外法内规。合同的起草、审批、签订、履行、变更、解除、归档等各

19

个环节，严格依照法律法规及企业合同管理制度执行，不得违规办理。为此，企业必须加强员工合同管理、合规管理培训，学习相关法律法规和规章制度，提高员工的合同意识和法律素养。确保员工掌握公司合同管理制度和流程，能够按照制度要求执行。

"**执规必严**"是合同管理的关键。合同监督、审查以及管理部门和人员，必须严格正确贯彻执行合同管理外法内规，坚决维护外法内规的权威。合同监督、审查以及归口管理部门，要严格督促合同管理各项制度的落实和各项机制的正常运行。

"**违规必究**"是合同管理的保障。任何部门和人员只要是违反了"外法""内规"，符合追责问责条件的，必须受到及时和相应的责任追究。

（二）每份合同主体、内容、形式、流程都应当依法合规

首先，合同主体应当依法合规。这意味着，合同当事人必须具备法律法规规定的主体资格，如自然人应具备相应的民事行为能力，法人应依法存续且具备履约能力。同时，特殊行业的合同主体还需具备相应的生产许可证、经营许可证或资质等。

其次，合同内容应当依法合规。合同内容必须符合国家法律、行政法规、部门规章以及国资监管规定等，不得违背公序良俗，不得损害社会公共利益。这要求企业在拟定合同时，要充分考虑法律法规的约束和限制，确保合同内容的合法性和合规性。市场监督管理总局《合同监督办法》第四条规定："经营者订立合同应当遵循平等、自愿、公平、诚信的原则，不得违反法律、行政法规的规定，违背公序良俗，不得利用合同实施危害国家利益、社会公共利益和消费者合法权益的行为。"并明确有关合同违法行为的查处方式和法律责任，加大违法行为惩戒力度。

再次，合同形式应当依法合规。《民法典》第四百六十九条规定："当事人订立合同，可以采用书面形式、口头形式或者其他形式。书面形式是合同书、信件、电报、电传、传真等可以有形地表现所载内容的形式。以电子数据交换、电子邮件等方式能够有形地表现所载内容，并可以随时调取查用的数据电文，视为书面形式。"根据财政部《企业内部控制应用指

引第16号——合同管理》(以下简称《合同管理指引》)第五条规定，企业对外发生经济行为，除即时结清方式外，应当订立书面合同。实务中，为规范管理，防范风险，多数企业采用的是《合同管理指引》关于合同形式的规定，如某企业《合同管理办法》规定"除能即时履行完毕且金额在一万元以下的外，合同应当采用书面形式"。

最后，合同流程应当依法合规。合同的谈判、起草、审核、签订、履行、变更、归档等流程，必须严格遵守有关规章制度的要求。对于需要报上级公司或有关机关批准、备案的合同，必须按照相关要求执行，确保程序依法合规。这有助于规范合同管理流程，减少合规风险。

（三）合同所涉及的经营管理行为应当依法合规

根据《合规管理办法》第十三条规定："中央企业业务及职能部门承担合规管理主体责任……（三）负责本部门经营管理行为的合规审查……"实际工作中，每一份合同的订立，都不是一蹴而就的，涉及从立项到相对方选择等很多合同前端的经营管理行为。对这些经营管理行为的审查，是合规要求下合同审查的重要内容之一。对合同的合规审查，就是对合同前端涉及的经营管理行为是否合规进行评判、检查，并对不合规的行为进行纠正。比如：该立项未立项，或者立项依据不充分，领导个人决定取代集体决策；合同相对方来源不合规，未经合规选择确定，或者选择流程不合规。

需要注意的是，法律法规分为强制性规定和任意性规定，强制性在于当事人没有自主选择的权利，必须依法办事，通俗地说即只能按照法律的规定，如法律法规中的"应当""必须""不得""禁止"等规定。任意性在于允许主体变更、选择适用或者排除该规范的适用，留给当事人意思自治的空间，如法律法规中的"可以""有权"等规定。另外，强制性规定也分为效力性强制性规定和管理性强制性规定：效力性强制性规定是指法律及行政法规明确规定了若违反这些禁止性规定将导致合同无效或者合同不成立的规范；管理性强制性规定则是指法律、法规没有明确规定违反此类规定将导致合同无效或者不成立的规范。对于违反效力性强制性规定的，合同无效；违反管理性强制性规定的，法院将根据具体情形认定合同效力。

表 1-1 违反相关法律法规规定的合同效力对照

规定种类	违反后的合同效力
任意性规定	有效
管理性强制性规定	法院将根据具体情形认定合同效力
效力性强制性规定	无效

二、实务案例与操作建议

案例： 某大型集团通过建立合同管理制度，贯彻依法合规原则

某大型集团《合同管理办法》规定，公司合同管理实行分级管理、统一授权、分工负责的管理体制，并遵循以下原则：（一）依法合规原则。严格遵守国家法律、法规和国资监管的相关规定，依法签订合同。（二）严格程序原则。严格规范合同谈判、起草、审核、签订、履行、变更、归档等程序，确保程序合法规范。（三）事前防范、事中控制原则。坚持合同相对方基本情况调查在先，谈判签约在后；坚持合同履行动态监督和检查，确保合同风险处于可控状态。

案例： 某企业严守依法合规原则，防控企业合同风险

某企业在合同管理中严格遵守依法合规原则，取得了显著成效。该企业建立健全了合同管理制度，明确了合同管理流程和职责分工；加强了合同审查，确保合同主体、内容、订立程序等的合规；定期开展合同管理培训，提高了员工的合同管理意识和能力；建立了合同动态监控和风险预警机制，有效防范了合同风险的发生。通过这些措施的实施，该企业的合同管理水平得到了显著提升，合同风险高发的现象得到有效遏制，为企业的

稳健经营提供了有力保障。

案例： A公司忽视依法合规，导致合同风险

A公司在与B公司谈判时，未充分调查B公司的经营状况和信誉情况，导致未及时发现B公司存在资金不稳定、供货能力有限等问题。因此，在签订合同时，A公司未能对合同条款进行充分审查和修改，以致合同中存在一些表达模糊、有漏洞的条款。在合同履行过程中，B公司多次出现交货延迟、产品质量不达标等问题。然而，由于A公司的合同管理办法中缺乏合同履行监督和检查机制，所以这些问题未能及时发现和处理。同时，由于合同中的违约责任条款不明确，A公司在追究B公司责任时遇到了困难。

第5问 在合同管理中怎样落实"管业务必须管合规"?

一、分析

为什么"管业务必须管合规"?因为业务和职能部门是企业合规风险管控的"第一道防线",其直接接触客户和交易,了解行业规则和监管要求,具有信息优势。管业务必须明风险、强管理、管合规,防止业务与合规"两张皮"。

合同是企业对外投资、经营业务的主要载体,合同管理是业务和职能部门工作的重要组成部分,只有坚持"管业务必须管合规"要求,明确合同承办部门、审查部门、执行部门等在合同管理中的职责和权限,落实"权责清晰"原则,才能有效防止"甩锅""背锅"现象发生,切实防控合同合规风险。

(一)合同承办部门应当对合同涉及本部门的经营管理行为是否合规负责

合同是业务工作的主要载体,业务及职能部门是企业合规管理的"第一道防线",他们直接接触客户和交易,了解行业规则和监管要求,清楚知晓业务和管理中的重点环节和风险易发、高发点,对曾经发生和正在发生的重大风险事件具有警觉性。《合规管理办法》第五条明确"管业务必须管合规"要求,因为"合规通过业务实现",否则合规管理将与业务工作形成"两张皮"。将合规义务落实到具体"一线"人员身上,坚持损失减少原则,避免业务和合规工作分离,给业务人员制造障碍,导致其重复劳动,降低工作效率;符合合规管理精准化要求,避免因合规管理职责不清、权责不分而导致的责任不明、扯皮推诿。《合规管理办法》对此作出明确规定,即"业务及职能部门承担合规管理主体责任""负责本部门经营管理行为的合规审查"。

(二)合同承办部门应当对拟提交审签的合同进行合规审查

承办部门加强合规审查是规范经营行为、防范违规风险的第一道关口,合规审查做到位就能从源头上防范大部分合规风险。《合规管理办法》明确业务及职能部门负责本部门经营管理行为的合规审查。实际工作中,除了将合规要求融入合同管理工作之中,时时、处处对照检查合同管理工作是否符合合规要求以外,在发起合同审查流程前,合同承办部门还应当对合同是否立项、相对方来源是否合规等涉及本部门的经营管理行为的内容是否合规进行最后把关,即合规审查;合同涉及其他部门的经营管理行为时,应当收集该经营管理行为合规的相关资料并确认无误后,将合同及相关附件资料一并报送,提请相关部门会审和法务合规部门进行合法性和合规性审查。

(三)合同承办部门与合规管理等职能部门应紧密协作,确保合同全流程合规

合同承办部门负责合同的起草、谈判、执行,法务合规部门提供合规支持、进行合规审查,财务、技术等部门共同参与审查,监督部门对合同管理全流程进行监督、检查。通过明确职责、加强审查、监督等措施,确保合同管理全流程合规,管控合规风险,降低法律风险,保障公司利益。

二、实务案例与操作建议

案例: 某大型企业严格执行相关制度,落实"管业务必须管合规"

某大型企业制定《合同管理办法》,严格贯彻中央《合规管理办法》

规定，明确业务和职能部门"负责本部门经营管理行为的合规审查"。其《合同管理办法》规定："合同承办部门提请合同会签审查时，应当提供完整资料，并保证相关部门有充足的审查时间。"该企业通过企业OA系统审签管理合同。在合同承办部门经办人员发起合同审签流程时，部门负责人首先发表审查意见，再由相关部门发表审签意见。对于没有上传相关附件资料的，法务合规部门在进行合规审查时可以中止流程，通知其补充上传相关附件资料后继续审签流程。无正当理由未能提供足以影响审查结论的重要附件资料的，如涉及"三重一大"事项合同未提供相对应的三会决议或纪要等立项依据，或相对方来源合规依据的，法务合规部门可直接驳回申请，终止审签流程。

案例： 某制造企业忽视合规要求，导致合同纠纷

近年来，某制造企业为了扩大市场份额，加强了业务及职能部门的业务拓展。随着企业业务量的快速增长，企业面临的合同数量也急剧增加。然而，由于业务及职能部门在合同管理上的疏忽，在与客户签订合同时，只关注业务条款和价格，而忽视了合同中的法律条款和合规要求，在某些合同中未明确双方的权利义务、违约责任和争议解决方式，导致后期执行过程中出现纠纷。

案例： 某科技公司忽视合规审查，导致法律纠纷

某科技公司（以下简称A公司）在与其供应商（以下简称B公司）签订采购合同时，由于合同承办部门对合同合规审查的疏忽，合同中未详细规定产品规格、品牌、技术参数等关键条款，所以合同中存在多处潜在风险点。在未经充分审查的情况下，A公司与B公司签订了采购合同。然而，在合同履行过程中，双方就合同中某些条款的解释和执行产生了分歧。B公司认为A公司未按合同要求支付货款，A公司则认为B公司交付的产品存在质量问题，最终引发了法律纠纷。

案例： 某公司重视合规审查，纠正违规变更合同相对方行为

某公司合同承办部门发起合同审签流程时，法务合规部门发现拟签约的相对方A公司并非公司通过比选程序中标确定的主体B公司。承办部门解释称A公司为B公司的母公司，双方系同一主体。但法务合规部门经查询后发现A、B公司之间并无股权隶属关系，且明确告知承办部门，即便是母子公司，也是独立法人主体，A公司不能代替B公司成为比选程序确定的中选人。最终该合同承办部门以B公司为相对方重新发起签约流程。

第6问　集团管控下，合同管理存在哪些模式？

一、分析

集团管控模式是指集团对下属单位所采取的管控方式。目前，最常见的集团管控模式有三种，从集权程度由高到低分别为：运营型管控、战略型管控和财务型管控。其中，运营型管控是一种高度集权的管控模式，财务型管控是一种倾向于分权的管控模式，战略型管控是介于二者之间相对平衡的管控模式。[①]强化管控、适度管控和各负其责的合同管理模式，各有优劣，适用情况也各有侧重，大型集团公司对合同管理模式的选取，很大程度上取决于集团对所属公司的管控模式。

（一）分级管理、各负其责模式

在这种模式下，集团和下属单位对各自的合同进行管理，各自独立承担法人主体责任。这种管理模式的优点是：最贴近管理场景，灵活性强，决策速度快。根据《国务院国资委关于印发〈国务院国资委授权放权清单（2019年版）〉的通知》文件精神，集团要通过对下属单位的授权放权，逐级向下，直至基层企业，确保各级企业的活力得以释放，增强市场竞争力。即便是在法人自主的情况下，多数集团也保留了对下属单位在合同管理方面的监督、指导权。

[①] 朱方伟、杨筱恬、蒋梦颖等：《子公司角色对集团内部管控模式的影响研究》，载《管理学报》2015年第12期，第1418—1428页。

（二）强化管控模式

这种模式是一种集中式的合同管理策略，其中集团对所有合同的管理过程进行严格的监督和控制。集团管控从严从紧、权力上收，合同管理亦然，对下属单位在合同审查、审批、监督等方面也如此。这种管理模式的优点是：标准化程度高，风险控制强，资源可集中利用；缺点是：灵活性低，审批流程长，效率相对较低，下属企业自主权受限。

（三）适度管控，强化重大合同监管模式

《合同管理指引》第八条第二款规定："属于上级管理权限的合同，下级单位不得签署。下级单位认为确有需要签署涉及上级管理权限的合同，应当提出申请，并经上级合同管理机构批准后办理。上级单位应当加强对下级单位合同订立、履行情况的监督检查。"这种模式是一种混合管理模式，总部与下属单位共同管理合同，总部负责关键合同，下属单位处理日常合同，旨在通过集团公司对关键合同的集中监管，确保重大决策的质量和合规性，同时给予下属企业一定的自主权，以提高灵活性和响应市场的能力，兼具集中与分散的优势，灵活性与风险控制平衡，缺点是管理复杂度高，需明确权责划分。很多集团管控模式下的合同管控采用该模式。

集团管控下的合同管控模式并非一成不变，不同的合同管控模式均适应于一定的企业管理情境。在选择合同管控模式时，应根据集团管控模式，充分权衡各项影响因素，如企业发展的阶段、参与市场化和国际化程度等重要方面，选择与自身相匹配的管控模式，并根据实际发展情况进行动态优化调整，及时应对集团化带来的问题，避免"一管就死，一放就乱"，以及"刺破法人面纱"的情况发生，最终实现高效、合规、低风险的合同管理。

二、实务案例与操作建议

案例：某集团公司分级管理，各自负责的合同管理模式

某集团公司合同管理实行分级管理、法人单位独立负责机制，除某集

团公司本部、分公司合同管理工作由集团公司各职能部门按职责承担归口管理和审查、监督指导外，所属公司以及经授权可以对外签订合同的项目筹备组织，各自对本单位的合同进行管理并独立承担法人主体责任。

某集团公司法务部门是某集团公司合同归口管理部门，负责对所属公司合同管理情况进行指导、监督。

案例： B集团公司适度管控，强化重大合同监管模式

B集团公司合同管理制度规定，集团公司负责审查的合同包括：集团公司本部的经济、技术合同；所属公司签订的项目利用外资合同，资产抵押、转让、出售、收购、租赁合同，担保合同，企业合并、兼并、联营合同，具有全局影响或数额巨大的土地使用权转让合同、投资合同，其他重大或各单位认为有必要由集团公司审查的合同；集团公司认为有必要审查的其他合同。

集团公司所属公司依据本办法规定向集团公司呈报合同草案时，应先向集团公司对口的业务部门呈报，再由该业务部门按本办法规定的程序进行审核。审核通过并经集团公司法定代表人签字同意后，由集团公司承办单位退给呈报单位，方可由其法定代表人签署合同。

案例： 某大型集团公司对所属公司合同管理"不报不理"

某大型集团公司实行分级管理、法人单位独立负责模式。但对所属公司重大合同，通过股东对项目审查，间接对合同重要条款进行审查。如果所属公司报请审批的项目附拟签订的合同文本时，该集团公司要求总部法务、财务等相关职能部门，按照总部合同管理相关制度，对合同进行审查，并发表审查意见，供所属公司参考。对其他未附拟签订合同文本的报审项目，则采取"不报不理"的方式，由所属公司自行对合同负责。

第7问 合规要求下，合同管理应重点建立哪些制度？

一、分析

企业合同管理制度建设往往出现制度悬空的问题，有些企业为了应付上级检查，企业拥有成套装订漂亮、洋洋洒洒的合同管理制度，其实是很容易的事情。只要上百度搜索一下，或者找上级公司模板抄抄改改，即可完成。现实存在的问题是，企业制度越多，规定越详尽，反而越难落地，最后往往沦为墙上的图画，抽屉里的废纸。

合同管理是合规管理的重点领域，其作为一项有组织、有计划的管理活动，应当有系列的制度予以规范，使合同管理各项工作"有规可依"。实践中，企业对合同进行合规管理的制度一般包括合同管理基本制度、合同管理专项制度，与合同管理相关的其他制度等。

（一）合同管理基本制度

合同管理基本制度是针对企业合同管理工作制定的，用于确定合同归口管理部门，明确合同拟定、审批、执行等环节的程序和要求，定期检查和评价合同管理中的薄弱环节，采取相应控制措施，促进合同有效履行的管理文件。企业需要建立一系列制度体系和机制保障，促进合同管理的作用得到有效发挥：1.建立分级授权管理制度；2.实行统一归口管理；3.明确职责分工；4.健全考核与责任追究制度。[①]"因此，合同管理基本制度内

---

① 财政部会计司解读《企业内部控制应用指引第16号——合同管理》"合同管理的总体要求"。

容应涵盖本企业合同管理模式、归口管理部门及业务和职能部门的职责分工、运行机制、考核奖惩，对合同从谈判、拟定、审批、签署、履行，到合同归档的全过程的管理，是企业合同合规管理的基础性、综合性制度。

（二）合同管理专项制度

专项制度是指针对合同管理重要环节制定的具体的专项制度，是对合同管理基本制度的进一步补充、完善和解释。例如，合同审查制度、合同专用章管理制度等。《合规管理办法》第十八条规定：企业应当针对重点领域，以及合规风险较高的业务，制定合规管理具体制度或者专项指南。某些企业制定的合同合规管理指引、合同合规审查指引等，就属于合同管理专项制度。

（三）涉及合同管理的其他制度

除合同合规管理基本制度和专项制度外，其他制度中也存在涉及合同合规管理的内容。例如，涉及合同立项和相对方选择的物资招采、产品销售、中介机构选聘、投资管理、合作方/合同相对方管理等制度。

二、实务案例与操作建议

案例： 某大型企业合同管理基本制度的主要内容

某大型企业制定的《合同管理办法》，其主要内容包括合同管理模式和"依法合规、严格程序、事前防范事中控制"等管理原则，合同管理归口管理、承办部门以及相关部门的职责，合同谈判、起草、审查、批准、签订，合同的履行、变更，合同的监督、检查、责任监督，等等。

案例： 某公司合同管理专项制度主要内容

某公司制定的《合同合规管理指引》，其主要内容包括合同合规管理相关人员及其职责对合同的订立依据、相对方来源、合同谈判、合同形式、合同订立程序等的合规管理、合规审查，以及合同签订、履行、纠纷处理、档案归档和管理等方面的合规检查。

📝**案例：** 某大型企业合同管理相关制度内容

某大型企业《商业伙伴合规管理指引》，其主要内容包括选择商业伙伴应遵循合法、诚信、择优的原则，对供应商、客户、投资合作方以及其他商业伙伴采取一般性资信调查、全面资信调查，并根据调查结果对一般风险等级、重大合规风险等级商业伙伴采取不同合规管理措施的分类、动态和评价管理等。

📝**案例：** 某企业中介机构咨询服务合同相对方确定制度

某企业制定了中介机构选聘管理制度，用于规范确定服务咨询类合同相对方流程，其选聘管理流程图如下：

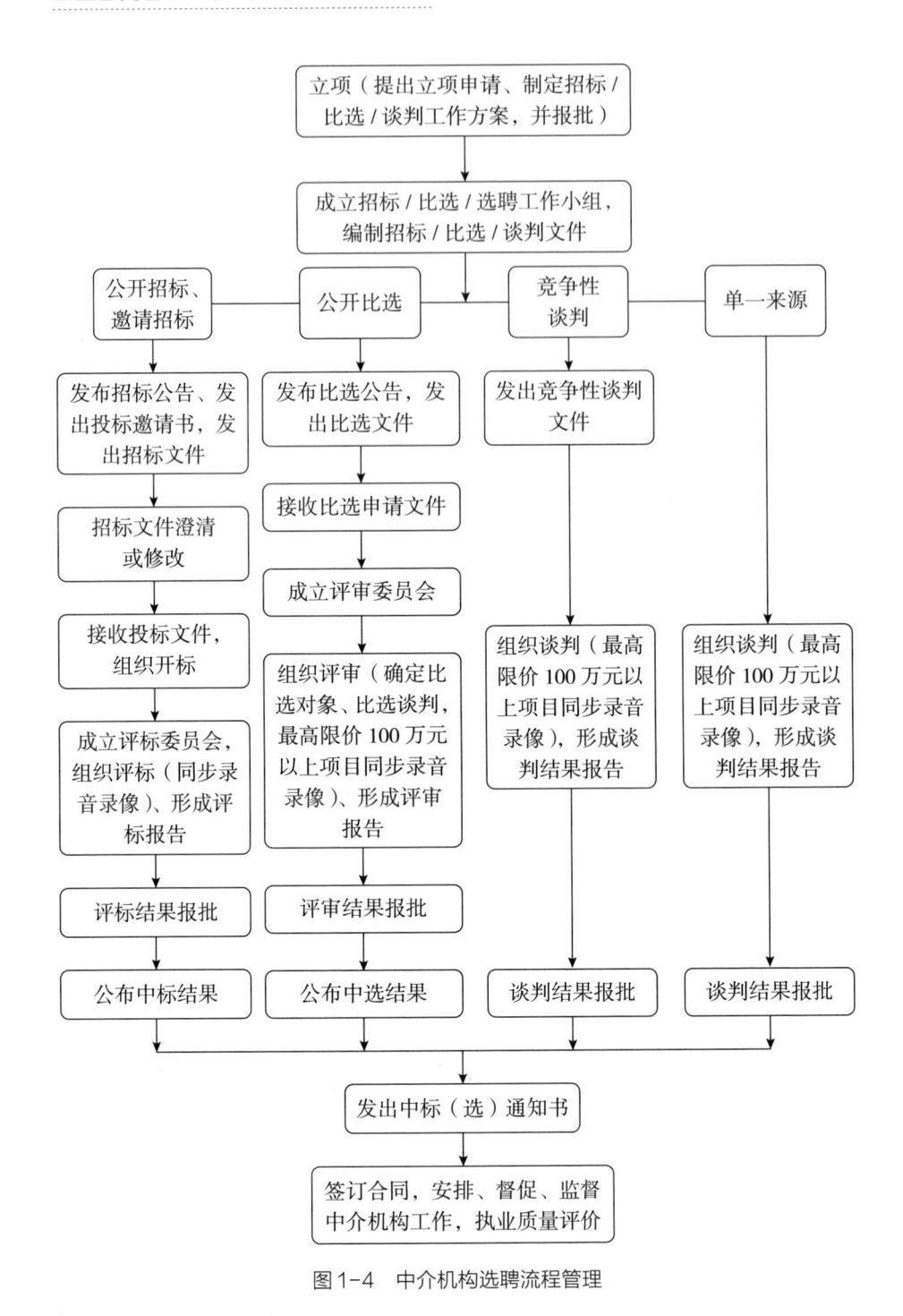

```
                    ┌─────────────────────────────┐
                    │ 立项（提出立项申请、制定招标/ │
                    │ 比选/谈判工作方案，并报批） │
                    └──────────────┬──────────────┘
                                   ↓
                    ┌─────────────────────────────┐
                    │ 成立招标/比选/选聘工作小组， │
                    │ 编制招标/比选/谈判文件       │
                    └─────────────────────────────┘
```

公开招标、邀请招标	公开比选	竞争性谈判	单一来源
发布招标公告、发出投标邀请书，发出招标文件	发布比选公告，发出比选文件	发出竞争性谈判文件	
招标文件澄清或修改	接收比选申请文件		
接收投标文件，组织开标	成立评审委员会		
成立评标委员会，组织评标（同步录音录像）、形成评标报告	组织评审（确定比选对象、比选谈判，最高限价100万元以上项目同步录音录像）、形成评审报告	组织谈判（最高限价100万元以上项目同步录音录像），形成谈判结果报告	组织谈判（最高限价100万元以上项目同步录音录像），形成谈判结果报告
评标结果报批	评审结果报批		
公布中标结果	公布中选结果	谈判结果报批	谈判结果报批

```
                    ┌─────────────────────────────┐
                    │ 发出中标（选）通知书         │
                    └──────────────┬──────────────┘
                                   ↓
                    ┌─────────────────────────────┐
                    │ 签订合同，安排、督促、监督   │
                    │ 中介机构工作，执业质量评价   │
                    └─────────────────────────────┘
```

图1-4 中介机构选聘流程管理

第一章　合同管理合规重点问题总论

第8问　如何通过合规管理"三张清单"，有效管控合同合规风险？

一、分析

2022年2月28日，国务院国资委召开中央企业强化合规管理专题推进会，会议强调"要抓紧制定一组合规管理清单，推动合规要求深度融入企业经营管理"，"一组清单"包括风险识别清单、岗位职责清单、流程管控清单。[①]2023年3月2日，国务院国资委召开中央企业深化法治建设加强合规管理工作会议，再次强调要以合规风险清单、岗位合规职责清单、流程管控清单为基础，对合规风险全面梳理、系统分类，细化职责清单，将重点岗位合规责任纳入岗位手册，将合规要求和管控措施嵌入关键节点，严把合规审查关口。[②]"三张清单"是当前国有企业合规管理体系建设的重点，是合规管理体系建设发挥作用的关键之一。

（一）什么是合规管理"三张清单"

在竞争日益激烈的市场环境中，合规管理"三张清单"作为合规管理的重要抓手和核心工具，如今已成为企业在汹涌浪潮中稳健航行的压舱石和导航系统。它不仅能帮助企业有效识别、评估和应对合规风险，还能确

[①] 《国资委：将抓紧制定合规管理清单，推动合规要求深度融入国企经营管理》，载"国资智库"微信公众号，https://mp.weixin.qq.com/s/cuWUM83TBYA-b7O1OXWsPw，最后访问时间：2025年2月5日。

[②] 《翁某出席中央企业深化法治建设加强合规管理工作会议》，载国务院国资委网站，http://www.sasac.gov.cn/n2588020/n2588057/n8800048/n8800073/c27367098/content.html，最后访问时间：2025年5月19日。

保企业在经营管理过程中始终遵循法律法规、监管要求和行业准则，维护企业的良好声誉和可持续发展。"三张清单"包括合规风险清单、岗位合规职责清单、流程管控清单。

合规风险清单：合规管理工作的基础，它以风险为导向，通过对经营管理活动应当遵守的"外法、内规"进行系统梳理，汇总违反合规义务特别是违反"应当""必须""不得""禁止"等重要合规义务的后果，明确合规风险点，并按照风险影响大小、发生概率进行排列和提出具体的应对措施，为风险应对提供依据。

岗位合规职责清单：以具体的经营管理岗位为对象，对照对应岗位履职应当遵守的"外法、内规"，将合规要求落实到岗，确保每个经营管理岗位人员都清楚知晓自己的合规履职应当遵从的合规要求和重点注意事项。

流程管控清单：通过梳理业务和管理流程，梳理出流程管控关键节点，在其中嵌入"应当""必须""不得""禁止"等重点合规义务，并增加合规审查环节，明确管控目标、责任部门和岗位人员等内容，使合规管理要求融入制度和流程之中，形成操作规范，确保企业的各项业务活动都在合规的框架内进行。

（二）"三张清单"如何有效管控合同合规风险

合同管理"三张清单"，是合同承办部门订立和执行合同，合规部门对合同进行合规审查，监督部门对合同管理行为进行监督、追责问责和容错纠错、合规尽职免责的依据。

1.合同管理岗位合规职责清单

合同管理岗位合规职责清单，明确了合同管理各岗位的合规职责和重点合规要求，将合规要求融入合同管理岗位职责，确保合同管理每个环节都有专人负责，责任落实到人。

（1）**职责设定**。明确本岗位基本情况、主要工作职责，使合规要求"落实到岗、责任到人"。

（2）**合规依据**。列举岗位职责合规义务来源，包括《民法典》等外部法律法规，公司内部规章制度等。

（3）重点合规要求。从合规的角度识别合同管理岗位职责，明确该岗位应当遵循的"外法、内规"以及含有"应当""必须""不得""禁止"字样的重点合规义务和合规履职应当遵从的重点合规要求，对行权履职过程中重大合规风险事项进行列示，特别是对可能导致公司承担刑事法律责任、重大行政处罚、重大经济损失及责任人可能被追责问责和刑事追责的行为进行列示，从而使合同管理人员在合同管理工作中有的放矢，落实合规责任。

2.合同流程管控清单

流程管控清单对合同管理的整个流程进行了规范，设置了关键风控点和合规审查环节，明确合同管理所处关键环节的责任主体和重点合规义务等，确保合同管理工作的规范和合规。

（1）**根据合同管理制度，梳理合同管理关键节点**。强化对合同立项、相对方选择、合同谈判、起草、审查、签署、履行直至归档等关键节点的管控，确保合同管理覆盖全流程，形成管理闭环。

（2）**确定合同管理关键节点责任部门**。对于合同立项、合同谈判、合同审查等关键环节应明确责任主体，确定不同环节的主责部门和参与部门，明确责任。

（3）**确定重要业务关键环节所涉合规风险识别及控制措施**。应突出不同责任部门在合同管理的关键环节的重点注意事项，和"应当""必须""不得""禁止"等重点合规义务。

某企业合同管理流程管控清单如下：

合同管理
流程管控清单

1. 制作部门： 法务风控部

2. 对应内部管理制度：
集团公司《合同管理办法》《合同合规管理指引》

3. 涉及外部法律法规：
《民法典》及其司法解释

3.合同合规风险清单

通过对合同管理流程的全面梳理，识别合同签订、履行、变更、终止等各个环节中可能存在的合规风险，运用清单快速查找、识别风险，并做好应对措施，防范和控制合同各个阶段的合规风险。

（1）**确定合规义务来源**。检索、汇集与企业业务及管理职能相关的强制适用的法律法规、政策文件，以及公司规章制度，作为合规义务来源范围。

（2）**确定合规义务，识别合规风险**。通过对企业合同管理流程的梳理，在风险易发、高发环节，结合对应的"外法、内规"，识别合规风险点，并根据风险影响大小和发生概率高低排列出来，事先制定应对措施，形成相应的合同合规风险清单，用于识别和评估与合同相关的潜在合规风险，包括但不限于合同的签订、执行、变更、终止以及合同争议解决等各个环节，从而采取相应的预防和缓解措施，减少违规的可能性和潜在的法律后果。

（3）**风险评估分级，明确责任部门**。将合规风险点与企业实际相结合，确定风险源（出现风险的环节和人员），按照风险发生概率和影响大小进行评估分级，原则上遵守"谁出现风险，谁负责管控"的模式，确定主责部门，并对每条风险提出针对性的控制措施。

某企业通过识别20%的重大合规风险点，防范80%的风险，对合同管理涉及的各个部门工作内容、合规义务等进行梳理和识别，结合合同管理流程，形成的合同管理合规风险清单如下：

表1-2 合同管理合规风险清单（法务风控部）

序号	风险环节	违规行为及后果	风险等级	相关依据	控制措施	责任部门
1	确定合同相对方	（1）未履行招投标、中介机构选聘、物资采购等流程，导致合同无效或相对方选择流程不合规。（2）相对方选择流程不符合要求，导致相对方选择标准降低，与信誉状况差的主体签约，可能导致发生无法正常履约或公司遭受损失等不利后果。	高	《合同管理办法》第十一条；《合同合规管理指引（试行）》第二十条；《中介机构选聘管理办法》第四章	（1）加强对相对方选择流程的监督检查。（2）强化对相对方尽职调查的培训工作。	合同承办部门

第一章　合同管理合规重点问题总论

续表

序号	风险环节	违规行为及后果	风险等级	相关依据	控制措施	责任部门
2	发起合同审签流程	（1）合同背景介绍不清，合同资料上传不全，导致后续审查部门不能全面了解和掌握合同情况。 （2）应当采用合同信息化系统而未采用，导致合同审查工作不能顺利开展，或不能得出准确的合同审查意见。 （3）未按要求完成承办部门内部合规审查，导致合同谈判内容与上传内容不一致等情况发生。	中	《民法典》第二百五十九条、第五百零九条、第五百七十七条等； 《合同管理办法》第十九条； 《合同合规管理指引（试行）》第十二条	加强对合同的部门内部合规审查	合同承办部门
3	合同法律及合规审查	（1）未对合同进行法律及合规审查，违反合同管理相关规定，导致合同审查工作不能顺利开展。 （2）对合同的法律合规审查不全面、不精准，导致不能得出准确的合同审查意见，合同出现不利于公司的重大法律合规风险。	中	《合同管理办法》第十九条； 《合同合规管理指引（试行）》第十二条	（1）加强对合同的法律及合规审查。 （2）进一步强化对合同审查的培训工作。	法务风控部
4	合同履行	（1）合同承办部门未及时指定承办人员负责我方履行合同义务，并协调督促合同相对方履行义务，导致无法及时、全面履行合同，造成企业利益受损。 （2）未严格按照合同约定支付款项或收取款项，导致产生合同违约金，甚至导致诉讼、仲裁，影响公司形象和信誉。 （3）未及时跟踪合同相对方履约能力，在相对方履约能力恶化且不能提供担保时未及时采取措施，导致未及时发现合同异常履行情况，未及时采取措施防止企业损失进一步扩大。	中	《民法典》第五百零九条、第五百六十三条、第五百七十七条等； 《合同管理办法》第二十七条、第二十八条； 《合同合规管理指引（试行）》第十四条	（1）加强对合同履行的监督检查。 （2）对于严重失职行为，记入不合规的事项。	合同承办部门

注：根据"二八原则"，此处仅展示风险等级为"高"和"中"的部分风险清单。

二、实务案例与操作建议

某企业合规宣传月,以**"全面梳理合规风险,明确岗位合规职责,完善合规流程管控,扎实做好'三张清单'"** 作为宣传标语,用简洁明了的语言将"三张清单"的内容、梳理方式等进行概括,深入人心。

第9问 如何发现合同管理工作中存在的问题?

一、分析

根据财政部《合同管理指引》第四条规定,企业应当定期检查和评价合同管理中的薄弱环节,采取相应控制措施,促进合同有效履行,切实维护企业的合法权益。根据《合规管理办法》第二十三条规定,中央企业应当建立违规问题整改机制,通过健全规章制度、优化业务流程等,堵塞管理漏洞,提升依法合规经营管理水平。本书第1问"合规背景下,合同管理应重点关注哪些方面?"关注这些方面,是因为在这些方面容易出现问题,所以要重点关注,对照检查,逐一消缺,落实合规管理对合同领域的各项要求。如何查找合同管理中存在的问题:

(一)调研、检查

牵头部门通过定期和不定期开展调研、交流(包括系统内、外交流和合同相对方或客户、供应商反馈),以及自查自纠和检查等,了解合同管理效率、风险防控效果及合同管理制度执行等情况。通过问卷调查、网络调查、个别和集中访谈等形式,将合同合规管理相关重点内容编制成调查问卷向三道防线人员和分公司、所属公司发放,及时发现、掌握合同管理中存在的问题和管理上的缺陷或影响效率的环节,合规要求是否落地等。例如,某企业合同合规管理调查问卷如下:

合同合规管理调查问卷（一）

（合同承办部门）

一、所在部门作为合同合规管理的第一道防线，在合同立项、谈判、起草阶段是否执行合规管理要求、落实合规义务？"管业务必须管合规"要求是如何体现在合同管理中的？

二、在合同立项、谈判、起草过程中，所在部门主要遇到过哪些合规风险？

三、所在部门主要负责的商事合同类型有哪些，管理效率如何，影响效率的主要原因有哪些？

四、所在部门是如何确定合同相对方的，对合同相对方的主体资格、资信情况及履约能力等是如何进行尽调和审查的？

五、所在部门是如何确定使用合同文本的？近三年，我方提供、对方提供、第三方提供和双方共同协商确定合同文本的占比分别是多少？

六、所在企业近三年共签订了多少份合同？采用我方版本格式合同的有多少份，占总合同的比例是多少？

七、所在部门对经办合同是如何进行法律审查的，又是如何进行合规审查的？（自行审查，律师审核，法务合规部门审核）

八、所在部门的合同审签是否实现了信息化管理？信息化审签是否已经全覆盖？如未实现，××年度信息化审签占比为多少？

九、所在部门是否了解什么是合规管理"三张清单"？是否通过"三张清单"进行合同合规管理？

十、相关意见建议？

✎案例： 某公司用制度明确查找和解决合同问题的方式方法

某公司合同管理制度规定，公司相关部门应当根据工作需要或结合每年工作年终考评，组织本公司合同管理人员采取自查、相互交叉检查等多种方式，对本公司合同规范管理情况进行专项检查，查找问题、总结经验，提高本公司合同规范管理水平。

> **案例：** 某公司对合同管理开展日常检查，发现各种问题

某公司开展合同管理合规检视工作，对推进合规管理体系建设后的合同管理相关情况以单位自查和上级抽查的形式，对企业合同管理制度建设、运行机制、人员配备、纠纷处理、信息化等方面开展合规检视，检查中发现部分企业合同管理制度陈旧，没有将合规新要求融入合同管理制度，或制定专项指引；合规审核缺失，甚至将顾问律师纳入公司内部审核流程；合同管理信息化不充分，未实现全覆盖等情况。

（二）合规内审

合规内审是推动企业合规管理体系有效运行和保持的重要手段。通过合规内审，发现合规政策执行的差异，奖励员工合规的贡献，处罚违规的个人，并追究领导的责任。通过开展合同合规管理有效性评价，针对合同合规管理中存在的共性和个性问题，通过建章立制、完善流程、教育培训、个别指导等对合规内审中发现的问题进行改进。

各部门合规管理员在部门负责人的领导和合规管理部门的指导下开展合规内审，接受内审员培训，持续提升内部审核能力和内审有效性。合规内审检查，根据 ISO 37301 国际标准要求，主要包括理解相关方的需要和期望、全面和准确识别合规义务、合规风险识别评价与控制、合同管理部门与岗位职责设定等内容。

（三）大数据分析

实现合同管理信息化的企业，可以通过合同管理信息化平台集成数据进行分析，查找合同审签、履行、归档等各个环节存在的问题。例如，对于审签环节经常驳回的合同进行分析，查找其中的原因，是违规记录还是系统设计有瑕疵，抑或管理制度或管控流程存在问题，再有针对性地加以整改；对合同履行的总体情况和重大合同履行的具体情况进行分析评估，针对分析评估中发现的不足及时加以改进；设置风险指标（如逾期付款率、违约率），定期生成风险报告；对比历史合同数据，识别异常情况（如某类合同频繁出现纠纷），通过查看合同台账，确定与某特定合同相对方是否经常发生纠纷，分析原因，提出解决方案。

（四）违规举报及整改

根据《合规管理办法》第二十四条规定，企业应当设立违规举报平台，公布举报电话、邮箱或者信箱，相关部门按照职责权限受理违规举报，并就举报问题进行调查和处理。牵头部门可以通过与举报受理部门工作衔接，收集合同管理违规信息并及时处理，发现共性和个性问题，完善合规审查、风险评估和预警系统，减少潜在的合规风险。

针对因合同而引起的所有重大法律纠纷、重大行政处罚、刑事案件、国际制裁和其他违规追责案件等进行分析，梳理问题，充分发挥案件的警示震慑作用，通过案件寻根溯源，查找、堵塞管理漏洞。

二、实务案例与操作建议

案例： 某房屋租赁公司通过查找缺陷合同，堵塞合同漏洞

某房屋租赁公司针对远高于市场同类企业的"退租潮"，开展了合同合规整改活动。在业务和职能部门的共同努力下，发现该公司现行租赁合同模板中有关退租违约金的约定显著低于市场标准。于是该公司重新修订了租赁合同，按照市场标准上调了退租罚金，提高了承租人的退租成本，"退租潮"得到明显改善。

案例： 某企业通过剖析典型案例，防范合规风险

某企业组织对法律风险案件进行剖析，追根溯源，查找发生原因，堵塞管理漏洞，以案说法，以案释规，推动企业建立"以事前防范、事中控制为主，事后补救为辅"的法律风险防范机制，防止各种风险事前、事中防控不力导致事后补救不能，最终以法律风险形式爆发，增大化解难度和不确定性，甚至转化为企业经营危机，并选取具有普遍性的典型案例汇编成册，发给每位领导干部和管理人员，充分吸取典型案例的经验教训，避免相同或类似案件再次发生。

第二章
合同管理相关组织合规重点问题

【导读】

合同管理工作涉及企业众多部门和人员，没有哪个部门或人员能够独立承担合同归口管理和承办每份合同从立项、谈判到履行和终结的全过程管控，没有哪个部门能精通业务、法律、财务、税务、技术等各个专业。同时，没有监督、制衡的合同管理也不符合《企业内部控制基本规范》的相关要求。在多个部门参与的情况下，如果权责不清、责任不明，就会造成管理混乱、推诿扯皮，增加合同风险。对合同的合规管理，正是建立在明确的合同管理机构和人员的基础之上，根据确定的管理职责，通过主责部门统筹协调，其他部门协同配合，合规履职，才能正向推动企业的合同合规管理工作。

第10问　首席合规官在合同管理中应发挥怎样的作用？

一、分析

企业决策机构是合同管理的最高领导机构，决定合同管理的顶层设计与合同管理策略的制定，并研究部署合同管理的重大事项。首席合规官领导合规管理部门为决策机构提供合规支持，在合同管理中其核心职责是确保合同管理全过程符合法律法规、行业标准和公司内部制度。根据《合规管理办法》第十二条规定，中央企业应当结合实际设立首席合规官，不新增领导岗位和职数，由总法律顾问兼任，对企业主要负责人负责，领导合规管理部门组织开展相关工作，指导所属单位加强合规管理。

自2022年《合规管理办法》施行以来，中央企业和各地方国企陆续设立首席合规官，并由企业的总法律顾问兼任。实践中，企业合同管理部门和合规管理部门通常设置在法律事务管理部门。作为领导合同管理和法务、合规部门开展工作的首席合规官，其在合同管理中可从以下几个方面发挥作用：

（一）协调推动企业合同管理顶层设计

首席合规官应当提供落实企业战略规划的合规战略，根据企业实际情况和外部环境，制定并更新合规政策，明确合规标准和要求。合规背景下，应如何加强合同管理？合同管理部门和合规管理部门应如何根据企业实际情况科学设置？合同合规审查应当由哪些部门进行、怎样进行？这些都需要从宏观和微观的层面予以分析研判。根据《合规管理办法》第十条规定，中央企业主要负责人作为推进法治建设第一责任人，应当切实履行依法合规经营管理重要组织者、推动者和实践者的职责，积极推进合规管理各项工作。首席合规官应对企业主要负责人负责，根据企业业务范围和自身实际，组织制定合同管理的合规政策和流程，统筹规划合同管理的各个方面、各个层次和各个要素，分配并协调相关各方资源，建立和完善合同合规管理体系，推动合同管理信息化建设，向高层和董事会报告合同合规情况。

（二）领导合规和合同归口管理部门开展合同合规管理工作

根据《合规管理办法》第十四条第一款规定，中央企业合规管理部门牵头负责本企业合规管理工作，主要履行以下职责：1.组织起草合规管理基本制度、具体制度、年度计划和工作报告等。2.负责规章制度、经济合同、重大决策合规审查。3.组织开展合规风险识别、预警和应对处置，根据董事会授权开展合规管理体系有效性评价。4.受理职责范围内的违规举报，提出分类处置意见，组织或者参与对违规行为的调查。5.组织或者协助业务及职能部门开展合规培训，受理合规咨询，推进合规管理信息化建设。由此可见，首席合规官应领导合同管理部门、合规管理部门开展合同管理合规审查，识别合同中的潜在合规风险，制定措施降低或消除风险，确保合同符合法律法规和公司内部管理规定和流程，推动合同管理信息化系统的正常使用和运行，利用数据分析工具监控合同合规性，受理合同违规问题的举报，组织开展合同合规相关培训和受理咨询，持续改进合同管理流程。

（三）对重大合同进行合规审查

根据《合规管理办法》第二十一条规定，中央企业应当将合规审查作为必经程序嵌入经营管理流程，重大决策事项的合规审查意见应当由首席合规官签字，对决策事项的合规性提出明确意见。该规定实际上是赋予了首席合规官对重大决策事项的一票否决权，将总法律顾问从参与决策偏事后补救的顾问角色转变为直接对企业主要负责人负责的有决策权的治理要职，对于重大合同，首席合规官应对合规性提出明确意见，并在合规审查意见上签字。

（四）牵头处理因合同引发的重大案件和风险事件

《合规管理办法》第二十二条第二款规定，中央企业因违规行为引发重大法律纠纷案件、重大行政处罚、刑事案件，或者被国际组织制裁等重大合规风险事件，造成或者可能造成企业重大资产损失或者严重不良影响的，应当由首席合规官牵头，合规管理部门统筹协调，相关部门协同配合，及时采取措施妥善应对。对于合同引发的法律纠纷案件等重大合规风险事件，首席合规官应牵头调查其中的违规行为，制定并实施纠正措施，拟定应对策略，应对可能出现的法律诉讼或监管调查。

（五）指导所属单位开展合同合规管理工作

根据《合规管理办法》第十二条规定，首席合规官对企业主要负责人负责，领导合规管理部门组织开展相关工作，指导所属单位加强合规管理。因此，首席合规官应将合同合规管理的要求传递到所属单位，指导所属单位开展合同合规管理工作，定期组织合同合规培训，提升业务、法务、财务等部门的合规意识，推动使用标准化合同模板，倡导"合规为先"的企业文化，确保全员重视合同合规。

二、实务案例与操作建议

案例： 某大型集团的首席合规官参与合同管理顶层设计和重大合同相关工作，合同合规管理成效显著

某大型集团首席合规官，通过牵头制定《合同管理办法》、《合同合规管理指引》，推动合同管理信息化建设，对重大合同进行合规审查，对其他合同进行抽查等，规范企业合同管理行为，落实合规管理在合同管理中的各项要求。特别是采用合同审签信息化系统后，积极打造"有据可查、审查留痕、责任明晰、有人监督"的合同信息化审签系统，将合同合规审查中发现的违规行为记入相关人员违规行为记录，合同管理越来越规范，违规行为得到有效遏制，合同合规管理初见成效。

第11问　合同归口管理部门如何确定，其主要职责有哪些？

一、分析

财政部《合同管理指引》第四条规定，企业应当加强合同管理，确定合同归口管理部门，明确合同拟定、审批、执行等环节的程序和要求，定期检查和评价合同管理中的薄弱环节，采取相应控制措施，促进合同有效履行，切实维护企业的合法权益。财政部会计司解读《企业内部控制应用指引第16号——合同管理》（以下简称《合同管理指引解读》）指出："企业可以根据实际情况指定法律部门等作为合同归口管理部门。"[①]中央企业《合规管理指引》第十条明确规定，"法律事务机构或其他相关机构为合规管理牵头部门，组织、协调和监督合规管理工作，为其他部门提供合规支持"。

根据以上规定，企业一般把牵头合规管理工作的法律事务机构确定为合同归口管理部门，该部门既承担合同管理牵头工作，又承担具体合同合法性、合规性审查工作。但是实践中，也有企业根据企业自身情况将非法律部门作为合同归口管理部门（如没有设置法律事务机构或者法务人员的企业）。所以，合同归口管理职能不论是否由法律事务机构承担，其主要职责是对合同实施统一规范管理，其主要职责如下：

---

① 《提高合同管理效能　维护企业合法权益——财政部会计司解读〈企业内部控制应用指引第16号——合同管理〉》，载财政部网站，https://kjs.mof.gov.cn/zhengcejiedu/201007/t20100706_325984.htm，最后访问时间：2025年2月5日。

（一）建立、完善和贯彻执行合同管理制度

牵头建立完善合同管理制度，明确合同拟定、审批、执行等环节的程序和要求，制定合同合规管理、合规审查等相关专项制度和指引，确保各项规定得到有效落实。推动合同合规管控流程、合同管理岗位职责、合同管理合规风险等"三张清单"编制，确保合同管理流程的规范化和标准化。组织开展合同管理相关的法律法规、规章制度和管控流程的宣传培训等，监督贯彻执行情况。

（二）定期检查和评价合同管理工作情况

通过调研检查、合规内审、大数据分析、合规举报等途径，查找和评价合同管理中存在的问题，采取相应控制措施，提升合同管理能力和水平。

（三）监督合同执行

监督合同的执行情况，向相关部门提示合同管理中存在的重大风险，促进合同条款得到妥善履行。

（四）推动合同管理信息化建设

《合同管理指引》第十五条规定指出，合同管理部门应当加强合同登记管理，充分利用信息化手段，定期对合同进行统计、分类和归档，详细登记合同的订立、履行和变更等情况，实行合同的全过程封闭管理。

（五）违规问题整改

针对合同引起的重大法律纠纷、重大行政处罚、刑事案件、国际制裁和其他违规追责案件等，组织相关部门进行梳理分析，通过案件寻根溯源，进而建章立制，堵塞管理漏洞。

（六）其他应当由合同归口管理部门完成的工作

例如，负责合同登记管理，定期对合同进行统计、分类和归档。

二、实务案例与操作建议

案例：某大型国有企业法务合规部门作为合同归口管理部门的职责规定

某大型国有企业制定的合同管理制度规定，公司法务合规部门是合同

归口管理部门，主要履行以下职责：

1.贯彻执行国家有关合同和合同管理的法律、法规；

2.制定、修改公司合同管理制度，并监督执行；

3.负责对公司合同进行法律审查，并在合同承办部门对送审合同进行合规审查的基础上进行合规审核；

4.负责组织公司合同管理法律业务知识培训；

5.负责对所属公司合同管理情况进行指导、监督。

案例： 某公司非法务合规部门作为合同归口管理部门的职责规定

某公司合同管理制度规定，公司计划合同部是公司合同管理归口部门，履行下列职责：

1.制定公司合同管理制度并监督执行；

2.负责组织合同订立、合同谈判，起草合同谈判纪要；

3.组织推广使用标准合同格式文本，负责合同文本的编制、合同编号；

4.组织合同文本审签、办理合同印制、合同签署和合同分发手续；

5.负责合同审查：合同项目是否立项批准并列入年度投资、预算计划，合同内容、形式是否合法，合同条款是否完备、严密、准确、可行；

6.负责办理合同变更、解除、结算审签手续，参与合同纠纷的协调、处理，配合办理合同纠纷的仲裁、诉讼等法律事务工作；

7.负责监督、跟踪合同履行情况，组织合同执行后评估，负责建立诚信合作单位和失信合作单位信息库；

8.负责建立合同台账、合同信息统计、分析，定期整理、移交合同档案资料；

9.指导、监督、检查各业务主管部门（合同执行部门）的合同管理工作。

第12问　合同承办部门、参与部门的主要职责有哪些？

一、分析

《合同管理指引解读》指出，公司各业务部门作为合同的承办部门负责在职责范围内承办相关合同，并履行合同调查、谈判、订立、履行和终结责任。《合同管理指引》多处对法律、财会、技术等其他业务和职能部门参与合同管理相关工作予以明确。可见，合同承办部门是正常情况下合同全生命周期的主责部门。相关业务和职能部门根据合同管理制度和部门职责，参与合同管理相关工作。企业合同管理相关制度应当对合同管理承办部门、参与部门的权责予以明确。

（一）合同承办部门承担主责

业务和职能部门作为承办部门在承办合同时，应全程跟进和处理所承办合同的管理事务，包括从前期的立项、谈判、起草阶段，一直到最后合同归档。

1.合同立项、谈判、起草环节：**负责发起合同立项流程，牵头选择合同相对方，牵头组织合同谈判和文本起草**。包括：按照"无业务不合同"原则，对合同进行立项；牵头依法合规地选择合格的合同谈判对象；提请相关部门按职能职责参与合同谈判，牵头相关部门和人员进行合同谈判，商定合同并对商务条款把关；明确合同承办人员、责任人等。

2.**合同审查环节**：完成合同涉及的经营管理行为的合规审查，发起

合同审批流程。包括：对合同涉及的经营管理行为进行审查（含审查并落实和收集事前审批决策程序证明文件，如根据国家相关规定已履行项目立项批复、可行性报告批复、招投标批复、核准或备案、项目注册等，根据公司相关规定，已经完成合同涉及事项的决策、审批程序文件资料）；审查相对方来源合规文件；根据需要提请法务合规部门进行合法合规性审查，财务、技术以及其他业务和职能部门对合同相关内容进行审查。

3. 合同签订环节：推动、完成合同签署相关工作。包括：**校核合同文本**。重点对文字、数字、修改意见等进行校对，校核不得对内容进行实质性修改；**核实合同相对方信息**。签署前应重点注意合同相对方资格、资质及签字代表的授权，避免资格资质欠缺或超越授权等带来的合同效力瑕疵；**办理合同签署授权**。对于法定代表人授权他人签署的合同，合同承办部门根据授权相关制度要求，办理授权；**提请有权签署人签字**。承办部门提请公司法定代表人或授权委托代表签署合同，并协助签署人员了解、掌握合同内容后再签字，重点关注合同内容是否已按会审意见修改，核心利益需求是否已经覆盖，并确认合同文本无漏页、缺页，条文内容完整无空白，避免文本在签署前被篡改、调换或在签署后被添附等。

4. 合同履行环节：牵头合同履行和处理合同纠纷。包括：组织相关部门按合同约定**及时、全面、恰当履行合同义务**；督促合同相对方全面履行其合同义务，做好保密工作，防止己方或合同相对方的商业信息、商业秘密被泄露；及时处理合同诉讼、仲裁以外的争议和纠纷；提请法务部门处理合同涉诉案件。

5. 合同档案管理环节：**建立合同管理台账和合同档案材料归档**。编写合同编号，整理合同档案，形成合同台账。合同签订后的合同正本原件应及时交档案归口管理部门存档。合同承办部门应明确兼职管理人员，负责将合同原件扫描存档，形成电子文件，确保合同信息的数字化和便捷查询；按照公司合同及档案相关制度规定，合同承办部门需将合同原件及其他证明资料进行归档，并填列合同签收表，确保合同档案的完整性和规范性；

合同承办部门还需协助档案管理员对合同档案文件建立统一电子汇总表，以便于后续查找和利用。

（二）合同参与部门协助承办部门相关工作

合同参与部门在合同管理过程中，根据工作需要和合同承办部门提请，按照部门职能参与合同管理，协助合同承办部门相关工作。对此，《合同管理指引》以及其他相关制度有较为具体的规定：

1.**参与合同谈判**。在合同订立过程中，对于影响重大、涉及较高专业技术或法律关系复杂的合同，应当组织法律、技术、财会等专业人员参与谈判，必要时可聘请外部专家参与相关工作。

2.**参与合同起草**。合同文本一般由业务承办部门起草、法律部门审核。重大合同或法律关系复杂的特殊合同应当由法务等相关部门参与起草。

3.**负责合同中相关内容审查**。企业对影响重大或法律关系复杂的合同文本，应当组织内部相关部门进行审查。相关部门提出不同意见的，应当认真分析研究，慎重对待，并准确记录；必要时应对合同条款作出修改。内部相关部门应当认真履行职责。

4.**合同用印管理**。企业应当建立合同专用章保管制度。合同经编号、审批及企业法定代表人或由其授权的代理人签署后，方可加盖合同专用章。

5.**参与合同执行，监督合同履行**。企业财会部门应当根据合同条款审核后办理结算业务。未按合同条款履约的，或应签订书面合同而未签订的，财会部门有权拒绝付款，并及时向企业有关负责人报告。

二、实务案例与操作建议

案例： 某大型集团公司强化合同管理，明确合同管理职责

某大型集团公司印发的《合同管理办法》规定，公司各部门、各中心、各分支机构是其业务涉及的合同谈判、起草、签订、履行、变更或解除的承办部门。主要履行以下职责：

第二章　合同管理相关组织合规重点问题

1.按照交易的效益性、安全性、合法性原则，进行或组织进行必要的市场调查，审查或组织审查合同相对方主体资格、资信情况及履约能力；

2.组织合同的谈判、起草、签订、履行等工作；

3.负责合同初审工作，主要包括合同内容是否与协商谈判结果一致，是否与投标文件、比选申请文件、竞争性谈判文件一致，有无加重公司义务、减少公司权利的情况；

4.发起合同审核会签流程，负责完成合同签订、履行、变更、解除流程；

5.履行或组织履行合同，督促合同相对方履行合同，处理合同争议，协助办理合同纠纷案件；

6.负责所承办合同的管理，建立合同档案；

7.履行其他合同管理职责。

案例： 某大型企业合同承办部门的职责规定

某大型企业合同管理办法对合同承办部门职责规定如下：

合同经办部门是合同全过程管理的责任部门，承办部门负责人是直接责任人，在将合同提交法律事务部门审核前，应对合同进行严格审查把关，确保内容真实、材料完善，方可提交审查。合同经办部门作为合规管理的第一道防线，主要职责如下：

1.执行国家相关法律、法规和公司合同管理制度；

2.负责对合同商业风险进行评估，对合同的可行性、合理性负责；

3.在授权范围内，负责合同文件的草拟、谈判、签署、履行；

4.按规定履行合同管理的审批程序；

5.负责合同履行，牵头处理合同履行中发生的各类问题，做好履行过程中相关信息和资料的收集与整理，负责合同执行中的档案管理；

6.负责部门合同档案管理、移交等工作；

7.按照公司内幕信息管理要求，配合做好内幕信息及内幕知情人管理工作。

案例： 某公司因职责不明致合同遗漏，履约受阻

某公司近年来业务量迅速增长，涉及多个大型工程项目，合同数量激增。但是，随着公司规模的扩大，合同档案管理主责部门与参与部门（如采购部门、技术部门、质量部门等）之间的职责划分变得模糊，导致档案管理混乱。某次，采购部门在签订合同时未能及时将合同信息传递给档案管理部门，导致部分合同未能及时归档。由于档案管理混乱，导致后续履约时无法查询到合同。

第13问 合同审查部门如何确定，其主要职责有哪些？

一、分析

（一）关于合同审查的相关上位规定及规范

截至目前，合同审查应当由哪些部门进行、审查什么、怎样审查等，尚没有统一的规定、规范和标准，合同审查的实际工作中基本由企业根据实际情况自行制定制度予以规范。合同审查的上位规定和相关要求散见于国家部委相关规定和文件中，主要有：

1.国务院国资委《国有企业法律顾问管理办法》（以下简称《法律顾问办法》）第二十四条将"管理、审核企业合同，参加重大合同的谈判和起草工作"作为企业法律事务机构的职责之一。

2.根据财政部《合同管理指引》第六条第二款规定，合同文本一般由法律部门审核，对影响重大或法律关系复杂的合同文本，应当组织内部相关部门进行审核，相关部门应当认真履行职责。《合同管理指引解读》对"合同审核"的解读为："合同文本拟定完成后，企业应进行严格的审核。……第一，审核人员应当对合同文本的合法性、经济性、可行性和严密性进行重点审核，关注合同的主体、内容和形式是否合法，合同内容是否符合企业的经济利益，对方当事人是否具有履约能力，合同权利和义务、违约责任和争议解决条款是否明确等。第二，建立会审制度，对影响重大或法律关系复杂的合同文本，组织财会部门、内部审计部、法务部、业务关联的相关部门进行审核，内部相关部门应当认真履行职责。第三，慎重对待审核意见，认真分析研究，对审核意见准确无误地加以记录，必要时对合同条款作出修改并再次提交审核。"

3.《中华全国律师协会办理合同审查业务操作指引》（以下简称《合同操作指引》，从内容和程序等多个方面对律师合同审查业务进行规范，既为律师从事商务类合同审查业务提供基本参考依据，也为企业法务合同审查提供参考。

（二）合同审查涉及的部门及其任务分工

合同审查，除合同承办部门对本部门承办的合同进行全面审查外，还涉及法务部门对合同的合法性等进行审查，财税部门对收支及税收等条款进行审查，经济管理部门对合同经济性进行审查，以及其他业务及职能部门对本部门业务及职能的相关内容进行审查。合规背景下，合同审查还包括对合同涉及的经营管理行为的合规审查。合同审查涉及部门及任务分工具体如下：

1.承办部门

合同承办部门作为合同主责部门，应当对合同进行全面审查，主要完成以下工作：

（1）**综合性审查**。在提交其他审查部门进行合同审查前，应先行对合同文本内容进行审查核对，重点核对合同相关内容与谈判协商结果是否一致，有无加重公司义务、减少公司权利的情况，并对合同文本内容进行综合性审查。

（2）**合规审查**。这是合规背景下新增加的审查要求，即按照合规管理"负责本部门经营管理行为的合规审查"要求，完成对合同所涉及本部门的经营管理行为的合规审查，也包括审查并落实和收集事前审批决策程序证明文件，如根据国家相关规定已履行项目立项批复、可行性报告批复、招投标批复、核准或备案、项目注册等，根据公司相关规定，已经完成事项的决策、审批程序文件资料，相对方来源合规文件等。

（3）**取舍审查意见**。根据财政部《合同管理指引》第七条规定，企业对影响重大或法律关系复杂的合同文本,应当组织内部相关部门进行审核。相关部门提出不同意见的,应当认真分析研究,慎重对待,并准确记录;必要时应对合同条款作出修改。因此,针对审查部门的一般审查意见,合同承办部门应当自行判断并决定是否采纳,因为合同前期谈判、条款的协商主要由承办部门进行,其最清楚哪些条款已经协商一致,没有再行协商的余地,哪些尚未最终定稿。审查人员总想让合同条款尽善尽美,但现实中根本不存在完美无缺的合同。

但是,对相关部门以书面形式反馈的重大审查意见,合同承办部门应当组织相关讨论,必要时邀请审查部门参与,充分征求意见后,决定取舍。对于审查部门发现的合同存在违反法律法规效力性强制性规定,以及违反内部规章制度中含有"应当""必须""不得""禁止"等字样条款,可能导致合同无效或重大合同风险的,应当充分吸收,按要求进行修改完善。

2.法务合规部门

企业法律事务机构是合同审查的必经部门。国务院国资委《合规管理指引》第十条规定:"法律事务机构或其他相关机构为合规管理牵头部门……"实践中,很多企业把合规管理牵头工作放在企业法律事务机构。为了化繁为简,本文把法律事务机构、合规管理部门在合同审查中的职责一起阐述。

(1)**合法性审查**。(详见本书第22问"对合同进行合法性审查有哪些审查要点?")

(2)**合规审查**。(详见本书第23问"对合同进行合规审查有哪些审查要点?")

(3)**其他审查**。对涉及法务合规部门的其他内容进行审查。(详见本书第24问"对合同还要进行哪些审查,有哪些审查要点?")

3.财会部门

根据《合同管理指引》第十四条规定,企业财会部门应当根据合同条款审核后办理结算业务。未按合同条款履约的,或应签订书面合同而未签订的,财会部门有权拒绝付款,并及时向企业有关负责人报告。由此可见,财会部门在合同管理中的重要作用。因此，某些企业将财会部门作为有收支义务的商务合同的必审部门之一。其常见的审核事项主要包括：

（1）合同价款约定是否完备；

（2）价款的结算支付方式是否明确、具体、合法和符合内部财务管理制度；

（3）资金收支等相关条款是否具有财务可行性；

（4）按照合同约定即将发生的费用支出，是否符合公司批准的预算规定等；

（5）以及其他相关审查内容。

（三）其他部门

内部审计、业务关联的相关部门是否参与合同审查，取决于合同内容是否涉及需要根据这些部门的职能职责进行审查的内容。如果涉及，合同承办部门应按相关制度要求提交该涉及部门审查。

合同承办部门在没有将合同提交涉及部门审查时，合规管理部门应予以提出，以促进和确保相关部门合规履职，防止对合同的相关内容审查缺失。

实践中，合同涉及的其他审查主要涉及技术、经济管理等部门。

二、实务案例与操作建议

案例： 某大型国有企业强化合同合规管理，有效进行合同审查

某大型国有企业合同管理制度规定，合同签订前应当进行以下审查：

1.合同承办部门初审。由合同承办部门审查合同文本是否规范，标的是否明确，责任是否清楚，用语是否准确，内容是否与合同谈判内容一致，条款内容是否完备，是否与相关行业规定冲突以及其他应由承办部门审查的专业性、技术性内容。

2.法律事务机构合法性审查。由法律事务机构负责对合同主体、合同内容、合同订立程序进行合法性、合规性审查。涉及重要法律问题时，法

律事务机构应当出具书面意见。

3.其他相关部门会审。需要其他部门在其职责范围内进行审查的，合同承办部门应当同时提交相关部门会审。相关部门应当根据其职责范围签署审查意见。

4.重大分歧条款会商。合同承办部门与其他部门的审查意见不一致的，除违反法律、行政法规、国资监管规定及公司规章制度的条款应当根据修改意见和建议进行修改、调整外，对于其他条款的修改意见和建议，承办部门可根据实际情况决定是否采纳。必要时，承办部门可召集相关部门进行会商，并可邀请相关专家对分歧条款进行论证。

案例：某大型国有企业强化合同合规审查，履行审查职责

某大型国有企业合同管理制度规定，非格式合同审批程序……公司相关部门会签……经营财务部：重点对价款、税率、开票信息、付款方式、履约保证金、质保金等内容进行审查。……

某大型国有企业合同管理的内部监督和职能管理具体如下：

资金财务部。资金财务部除履行相应业务合同主管职责外，还应负责审查所有涉及资金收付、资产价值管理及担保类的合同内容，履行以下职责：

1.审查合同条款是否符合国家财经法规，是否符合公司相关财务规定；

2.复核合同资金来源是否符合财务预算；

3.审查合同价款结算条款、税率和税票要求是否合规；

4.审查担保事项是否符合国家及公司有关规定；

5.审查财务部门认为应当审查的其他内容；

6.按照合同约定，负责办理结算审签及相应的资金收付；

7.参与合同谈判和合同后的评估工作。

第14问 合同纠纷案件承办部门、参与部门的主要职责有哪些？

一、分析

国务院国资委《中央企业法律纠纷案件管理办法》第七条规定："中央企业总法律顾问牵头案件管理工作，研究解决重点难点问题，领导法务管理部门完善工作机制，指导所属单位加强案件管理。"根据《合同管理指引》第十三条规定，合同纠纷经协商无法解决的，应当根据合同约定选择仲裁或诉讼方式解决。企业内部授权处理合同纠纷的，应当签署授权委托书。纠纷处理过程中，未经授权批准，相关经办人员不得向对方当事人作出实质性答复或承诺。

(一) 法务部门承办

根据《法律顾问办法》第二十四条规定，企业法律事务机构受企业法定代表人的委托，参加企业的诉讼、仲裁、行政复议和听证等活动。国务院国资委《中央企业法律纠纷案件管理办法》第八条规定："中央企业法务管理部门负责拟订案件管理制度，组织开展案件应对，对案件反映的管理问题提出完善建议，选聘和管理法律服务中介机构，推动案件管理信息化建设等工作。"结合企业实践，合同纠纷案件由法务部门主导，合同承办部门参与，相关部门配合。总法律顾问牵头案件管理工作，研究解决重点难点问题，通过诉讼、仲裁、调解、和解等多元化纠纷解决机制妥善处理案件。

其主要职责： 负责拟定案件管理制度；调查了解相关情况，收集相关证据，组织开展案件讨论，拟订应对方案组织开展案件应对；办理相关授权，派员出庭参加庭审活动；签收相关法律文书，对是否起诉（或申请仲裁）、上诉、申请再审提出专业意见，并根据实际需要和相关规定选聘律师事务所代理相关案件，同时对其工作进行监督和评价；结案后，根据案件反映的管理问题提出完善建议，对典型案件进行剖析。

（二）相关部门、参与部门。

国务院国资委《中央企业法律纠纷案件管理办法》第九条规定："中央企业业务和职能部门应当及时与法务管理部门沟通可能引发案件的有关情况，配合开展证据收集、案情分析、法律论证、案件执行等工作，针对案件反映的管理问题完善相关制度，改进工作机制，推动以案促管。"据此，合同纠纷案件的参与部门包括合同承办部门和相关部门，其主要职责包括：及时向法务部门通报相关情况，回答相关提问；及时向法务部门复制、移交相关证据材料；配合开展证据收集、案情分析、法律论证；参与代理律所的选聘工作；根据案件需要，出庭参加或旁听案件审理；配合案件执行等；针对案件反映的管理问题完善相关制度，改进工作机制，推动以案促管。

二、实务案例与操作建议

案例： 某大型企业法务部门在案件管理中的职责规定

某大型企业法律纠纷案件管理办法对法务部门职责规定如下：

1.承办法律纠纷案件，签收、发送法律文书；

2.调查、收集、整理相关证据材料，就案件情况询问相关部门知情人员，查询相关档案，拟订案件办理方案及起诉状、上诉状、答辩状、代理意见等法律文书；

3.建立诉讼案件工作台账和档案；

4.指导业务部门及所属公司的法律纠纷案件管理工作；

5.指派公司律师、法务人员担任一般法律纠纷案件代理人或参与庭审；

6.协调业务部门熟悉情况人员共同担任一般法律纠纷案件代理人或参与庭审；

7.牵头组织重大或疑难法律纠纷案件处理涉及的律师选聘工作；

8.办理法律纠纷案件处理过程中所需的授权委托书。

案例： 某大型企业业务部门在案件管理中的职责规定

某大型企业法律纠纷案件管理办法对业务部门职责规定如下：

1.负责提供法律纠纷案件涉及的事实情况及证据材料；

2.参与案件讨论；

3.根据需要承担法律纠纷案件处理的部分事务工作；

4.参加案件的商谈和解工作；

5.执行生效法律文书。

附件： 某大型企业案件启动程序审批表

表2-1 案件启动法律程序审批

涉案部门		我方诉讼地位	
涉案标的		案件性质	
对方当事人名称		联系地址	
法定代表人		联系电话	
案件基本情况	业务部门经办人： 年 月 日			
涉案部门负责人意见	业务部门负责人签字： 年 月 日			
法律事务机构意见	法律事务机构负责人签字： 年 月 日			

第二章　合同管理相关组织合规重点问题

续表

总法律顾问 （分管领导）	总法律顾问 （分管领导）签字：　　　　　　　　　　　　　年　　月　　日
主要领导 （重大案件）	主要领导签字：　　　　　　　　　　　　　　　　　　　年　　月　　日

附件： 某企业法律纠纷案件管理流程管控清单

表2-2　法律纠纷案件管理流程管控清单

序号	责任主体	流程关键环节	重要合规义务	合规义务来源
1	涉案部门、法务风控部	主动维权/被动应诉	（1）主动维权。业务部门应当对案件的时效负责，最迟应在诉讼时效到期三个月前向法务风控部提交《案件启动法律程序审批表》及相应的证据材料，确保诉讼、仲裁案件在法定的诉讼时效内启动法律程序。 （2）被动应诉。法务风控部应在收到法律文书起三个工作日内，通知案件所涉及的业务部门，并告知提供与案件有关的证据材料。	（1）法律纠纷案件管理暂行办法 （2）民事诉讼法
2	法务风控部	审查并出具意见	法律风控部应在三个工作日内进行审查。	法律纠纷案件管理暂行办法
3	法务风控部、相关部门	案件处理	法务风控部负责应诉工作，相关业务及职能部门应确定人员协助办理。根据案件重要和复杂程度报集团公司确定外聘律所或自行代理。	（1）法律纠纷案件管理暂行办法 （2）中介机构选聘管理办法 （3）民事诉讼法

续表

序号	责任主体	流程关键环节	重要合规义务	合规义务来源
4	法务风控部、涉案部门	取得裁判或调解文书	（1）取得裁判或调解文书后，法务风控部应将一般性案件结果报告公司分管领导；对重大案件，还应报告公司主要领导。 （2）如需提起上诉或申请再审，报分管领导或主要领导审批后按前述流程办理。	（1）法律纠纷案件管理暂行办法 （2）民事诉讼法
5	相关部门、法务风控部	履行裁判义务（督促对方履行义务）	（1）裁判文书生效后，由相关业务部门负责履行裁判文书确定的义务或督促对方履行义务，法务风控部应按业务部门的需求提供法律咨询意见。 （2）如需申请强制执行，按前述流程办理。	（1）法律纠纷案件管理暂行办法 （2）民事诉讼法
6	法务风控部、业务及职能部门	案件剖析与整改	案件办结后，法务风控部、业务及职能部门应对案件进行剖析，总结经验，吸取教训，查找管理漏洞，有针对性地提出防范和改进建议，以案促改。	法律纠纷案件管理暂行办法
7	法务风控部、办公室	结案归档	案件终结后，案件承办人应对全案材料进行整理，按要求移交档案室。	法律纠纷案件管理暂行办法

第三章

合同立项、谈判、起草环节的合规重点问题

【导读】

合同合规管理中,合同在立项、谈判、起草环节的风险是业务及职能部门所要直接面对的。作为合同的承办和主责部门,业务及职能部门对守住相关合规风险底线起着至关重要的作用。本章对合同立项、相对方确定、谈判、文本起草等存在的风险和问题进行分析,提出了解决问题的思路和方法,并对使用格式条款合同有关问题进行了探讨,具有较强的实践意义。

第15问 在合同立项中应当怎样落实"无业务，不合同"原则？

一、分析

"无业务，不合同"原则，通常指合同的真实性和合法性要求，强调企业对外签订合同必须符合经营管理的实际需要，合同必须基于真实的业务关系或交易目的订立，而非虚假或非法目的，避免因此而产生的法律风险、财务风险和舞弊行为。企业在合同立项中应做到以下要求：

（一）合同订立须以真实业务为基础

合同的存在必须基于企业经营管理的实际需求，如果存在不真实业务背景，如虚构交易、虚开发票、逃避监管等，可能因缺乏真实意思表示或合法目的而无效，甚至构成违法。例如，企业为套取贷款签订虚假购销合同，或为规避税收签订阴阳合同，或空转贸易合同，均违反"无业务，不合同"原则，可能被认定为无效，甚至构成违法。

合同有效的前提是当事人意思表示真实。虚构业务可能导致意思表示不真实（如通谋虚伪表示），合同无效。无真实业务的合同可能涉及非法目的（如洗钱、逃税），导致其无效。《民法典》第一百四十三条规定："具备下列条件的民事法律行为有效：（一）行为人具有相应的民事行为能力；（二）意思表示真实；（三）不违反法律、行政法规的强制性规定，不违背公序良俗。"

（二）合同应当有立项依据

合同立项依据，是基于企业经营管理的实际需要，反映需求部门或单位以订立合同为实现该需求的方式而形成的需求真实性、审批合规性等材料，如物资/服务采购申请及审批单/批示单等，涉及"三重一大"事项的还包括相关会议决议等。对于特定事项的合同，需要单独的立项依据；有的立项依据可能适用于多份合同。没有立项依据、立项依据不充分，以及没有合理事由事后补充立项依据的行为，都可能违反企业相关制度规定，且不符合合同合规管理要求。

二、实务案例与操作建议

案例： 某大型国企签订合同要求有依据，不能无故签订合同

某大型国企制定的《合同合规管理指引》规定："签订合同应当符合公司生产经营实际或其他工作需要。在合同谈判前，业务部门应按照相关要求对所涉事项按程序报批立项。立项依据主要包括董事会决议、总办会纪要、公司批复、预算审批编号以及经审核通过的其他材料等。无立项依据，不得签订合同。"

案例： 某公司合同立项按照业务类型，可按年度，也可按单次

某公司将合同立项按照业务类型，分为：（1）按年度，开展年度高值耗材集中采购项目，由承办业务部门统一进行采购论证和立项，确定年度采购内容、最高控制金额等，一次立项对本年度的该项采购均有法律效力，本年度产生的高值耗材采购，不再重复立项、签合同，均通过《采购单》《送货单》等进行交易结算；（2）按单次，如果业务内容均有不可复制性，则属于单次立项。公司股权收购项目，由战略投资部门进行业务的论证及立项工作，该立项仅对本次股权收购项目有合规效力，如果收购的标的发生改变，则需要重新立项。

📝 **案例：** 某公司在无立项的情况下签订合同，存在舞弊风险

某公司在采购设备时，在缺乏有关签订合同立项、相对方来源选聘方式的明确规定情况下，直接与意向单位签订合同，涉及金额170余万元。此后公司接受巡查、内控专项审计时，均被指出该事项存在采购舞弊风险。导致该风险发生的主要原因是该公司招标管理制度机制不完善，合规意识不强，未能建立采购监督机制与流程。此后该公司按照要求开展整改，重点对招标采购法律法规进行业务培训，强化全层级合规意识，成立集采议价委员会，举一反三开展招标采购领域专项整治，全面排查所属公司自成立以来在工程建设和生产经营过程中招标采购领域的问题。

📝 **案例：** 某大型国有集团公司"一把手"擅自作决策，导致国有资产流失

某大型国有集团公司在下属公司开展对外合作项目时，公司"一把手"个人违反议事规则，在未经总办会和董事会集体研究决定的情况下，擅自签字同意出借国有资金投资合作项目，涉及金额6000万元。借款发生后，该项目叫停，导致该借款一直未能收回。该集团公司另一家下属公司在开展买卖项目合作时，因流动资金不足向集团公司借款，依然没有经过应有的程序，仅靠"一支笔"同意借款，涉及金额1.5亿元，借款后资金回收出现困难，致使公司遭受损失，国有资产流失。最终，该公司"一把手"因涉嫌构成受贿罪被提起公诉，追究刑事责任。

第三章 合同立项、谈判、起草环节的合规重点问题

第16问 如何合规选择确定合同相对方?

一、分析

合规选择确定合同相对方,是确保合同有效和降低风险的关键步骤。《合同管理指引解读》指出,合同订立前,应当充分了解合同相对方的主体资格、信用状况等有关内容,确保对方当事人具备履约能力。

合同相对方的选择非常重要。选择"靠谱"的相对方,合作就成功了一半;选择"不靠谱"的相对方,会给合同埋下隐患,无数纠纷案件因此而发生。和"不靠谱"的相对方合作,出问题是迟早的,不但实现不了合同目的,还有可能造成经济损失。即使通过法律手段打赢了官司,执行不了的案件也比比皆是。因此,合同立项后,选择"靠谱"的相对方至关重要。如何合规确定合同相对方?需要重点注意以下几点:

(一)选择确定遵循公开、公平、公正的原则,按照规定的流程进行

选择相对方的方式和流程,必须符合法律法规、监管要求和内部规章制度的规定,遵循公开、公平、公正的原则。选聘方案和结果等,需要报审的应当报审。选聘记录需要保存备查。例如,进行大型基础设施、公用事业等关系社会公共利益、公众安全的项目,全部或者部分使用国有资金投资或者国家融资等项目,包括这些项目的勘察、设计、施工、监理以及与工程建设有关的重要设备、材料等的采购,必须按照《中华人民共和国招标投标法》(以下简称《招标法》)进行招标。这类合同的相对方选择程序是法定的。又如,某企业物资采购制度规定:物资采购根据物资种类、

金额大小等情况采用招标、邀请招标、公开比选、竞争性谈判、单一来源谈判等进行。再如，某集团《合同管理办法》规定：根据国家有关法律、法规的规定以及内部规章制度要求，应当通过招采程序采购、选聘的，按照相关程序确定合同相对方。除此之外的其他合同相对方，承办部门应当根据物资采购、投资、融资等相关管理制度要求，选择资质完备、信用良好、履约能力强的谈判对象作为候选合同相对方，并按规定履行确认程序。

（二）严禁以化整为零、降低标准等方式违规确定相对方

严禁先确定相对方，再补选择流程；严禁以公开比选替代公开招标和以单一来源谈判替代竞争性谈判等情况发生。不能出现未按标准评标、评标依据不充分、招标现场临时调整商务或技术要求等可能导致招标不合规或影响招标结果的情况。例如，《招标法》第四条规定："任何单位和个人不得将依法必须进行招标的项目化整为零或者以其他任何方式规避招标。"只有在有明确规定可以降低等级的情况下，确定相对方才合规有效。《中华人民共和国招标投标法实施条例》第八条第一款规定："国有资金占控股或者主导地位的依法必须进行招标的项目，应当公开招标；但有下列情形之一的，可以邀请招标：（一）技术复杂、有特殊要求或者受自然环境限制，只有少量潜在投标人可供选择；（二）采用公开招标方式的费用占项目合同金额的比例过大。"只有在此两种情形下，才可以邀请招标，否则违规。

（三）进行相应的尽职调查

尽职调查的内容，应根据相对方选择的方式，以及合同的性质、资质要求、履行期限长短等确定，主要核实其是否具备履行合同所需的资质和许可，以及过往项目经验，核查是否有违法违规记录或法律诉讼等情况，评估其财务和信用状况，确保其具备合法签约资格，良好的信用和履约能力。此外，在选择合同相对方时，还要注意利益冲突排查，是否存在关联关系和竞业限制等情况。对合同相对方的尽职调查程度，要根据合同目的、类型、重要程度、金额大小、风险等级等因素确定。例如，某公司《商业伙伴合规管理指引》，针对不同类型的商业伙伴，按照风险等级，分别开展一般性资信调查或全面资信调查。

二、实务案例与操作建议

案例： 某大型国企合同相对方来源合规的制度规定

某大型国企合同管理制度规定，合同相对方来源应当合规，必须遵守以下规定：

1.工程建设项目包括项目的勘察、设计、施工、监理以及与工程建设有关的重要设备、材料等的采购，应严格遵守《招标法》、《中华人民共和国招标投标法实施条例》（以下简称《招标实施条例》）等规定以及公司内部关于工程建设相关管理规定。对于必须通过招投标的项目，依法通过招标方式选择合同相对方。

2.会计、审计、法律、资产评估、管理咨询等中介机构的选聘，应严格遵守国资委和集团公司中介机构选聘管理的相关规定，依法采取公开招标、公开比选、邀请招标、竞争性谈判、单一来源选聘等方式选择合同相对方。

3.就其他类型的合同相对方选择，应本着最大限度维护公司利益的原则，按照相关法律法规规定及公司物资采购、投资、融资等相关管理制度要求，选择资质完备、信用良好、履约能力强的商业合作伙伴。

案例： 某企业运用"中介机构选聘流程管控清单"，防控中介机构咨询服务类合同前端合规风险

某企业制作的中介机构选聘流程管控清单如下：

表3-1　中介机构选聘流程管控清单

序号	责任主体	流程关键环节	合规管控事项	合规义务来源
1	承办部门/集团公司领导或决策机构	立项	选聘事项应当符合公司经营实际或工作需要，选聘方式符合制度规定，资格要求合理、不得设置限制	（1）中介机构选聘管理办法 （2）招标投标法等相关法律

续表

序号	责任主体	流程关键环节	合规管控事项	合规义务来源
			排斥潜在参选人条款；推荐邀请招标、竞争性谈判、单一来源的邀请或谈判对象理由充分，前2项的邀请对象应具有可比性。	
2	承办部门	成立工作小组，编制招标、比选或谈判文件	（1）选聘文件中选聘内容应清晰、委托方式明确；资格要求及评审办法设置合理，无限制、排斥潜在参选人情形；参选中介机构应符合制度规定的选聘条件，且不得接受利益相对方就同一事项的委托，并应出具相关承诺书。（2）经公开招标变更为其他选聘方式的，不得增加选聘最高限价、数量以及降低服务品质等。（3）原则上不得将最低报价作为唯一选聘标准。（4）列入集团公司"黑名单"的中介机构，三年内不得再聘用其从事中介服务。	（1）中介机构选聘管理办法（2）招标投标法等相关法律
3	承办部门	发布采购公告，发出招标、比选或谈判文件	采用公开招标、比选方式的，应当通过集团公司外网或省国资委阳光采购平台等渠道发布采购公告。公开招标、公开比选应分别于投标截止20日前、比选报名截止5日前发布公告。	（1）中介机构选聘管理办法（2）阳光采购管理指导意见

第三章 合同立项、谈判、起草环节的合规重点问题

续表

序号	责任主体	流程关键环节	合规管控事项	合规义务来源
4	承办部门	接收采购申请文件，成立评标或评审委员会	（1）公开招标、邀请招标、公开比选项目的采购申请文件应当在招标或比选截止时间前递交。 （2）单个服务项目或单笔服务费最高限价在人民币100万元以上的公开招标项目，应邀请外部专家进入评标委员会，且外部专家人数不少于评标委员会总人数的60%。 （3）评标或评审委员会成员不得来自同一部门或同一下属单位，聘请的评标或评审专家不得存在违反制度规定的情形，与中介机构有利害关系的应当主动回避。	中介机构选聘管理办法
5	承办部门	组织评标、评审或谈判	（1）工作人员在选聘工作中应遵守廉洁自律规定，与中介机构有利害关系的在选聘工作中应主动回避。 （2）评标或评审专家在评标或评审过程中不得与外界接触或联系。 （3）比选谈判中，谈判的任何一方不得透露与谈判有关的其他比选对象的技术资料、价格等信息。 （4）单个服务项目或单笔服务费最高限价在人民币100万元以上的，应当对评标、评审或谈判全过程同步录音录像。	中介机构选聘管理办法

续表

序号	责任主体	流程关键环节	合规管控事项	合规义务来源
6	承办部门/集团公司领导	选聘结果报批，发布中标或中选结果公告及通知书	（1）选聘结果及其全过程资料应报集团公司领导审批。 （2）选聘结果经审批后，应在采购公告发布网站公示，并向中标或中选人发出中标或中选通知书。	中介机构选聘管理办法
7	承办部门/使用部门或单位	资料归档，中介机构执业质量评价	（1）选聘全过程资料（含录音录像资料）应移交办公室归档管理。 （2）在中介机构服务结束后应对其执业质量作出评价，每年将评价结果提交至集团公司审计部，评价结果为"差"的应及时反馈。	中介机构选聘管理办法

案例：李某没有履行相对方选择流程，被追究刑事责任

李某在代表深圳××公司对外开展移动数据流量业务的过程中，利用其担任公司数据融合事业部总经理的职务便利，在选择合作对象、设计交易模式时由其个人说了算，未按照相关要求进行合同相对方的选择和确定，先后签订了两份虚假合同，达到了非法占有合同业务款的目的，最终被追究刑事责任。

案例：某公司根据不同的项目要求，采用不同的尽调方式

某公司在确定合同相对方时，可以根据项目的重大程度来选择法律尽职调查的方式：对于非"三重一大"类项目，对相对方的背景核查，可以由法务部门在合同管理信息化系统中，关联"执行信息查询"（中国执行信息公开网）、"天眼查"进行查询。对于"三重一大"类项目，则由法务部门选聘专业中介机构进行法律尽职调查并出具报告，报告作为会议决策的依据之一。

✏️案例： 某公司对相对方尽职调查不到位，造成巨额损失

某公司拟对某上市公司进行股权收购，在开展的法律尽职调查过程中，发现该上市公司出现存疑关联交易、对固定某几家公司存在大量的应收账款，但未对相关的交易真实性进行进一步核实，未实地走访核查，仅作为风险事项在尽职调查报告中进行了提示。某公司完成对该上市公司并购后，发现其存在利用关联壳公司虚假交易进行资金占用的情况，资金早已被实际控制人使用，给公司造成了无法弥补的巨额损失。

第17问 合同谈判有哪些合规要点？

一、分析

《合同管理指引解读》指出，初步确定准合同对象后，企业内部的合同承办部门将在授权范围内与对方进行合同谈判，按照自愿、公平原则，磋商合同内容和条款，明确双方的权利义务和违约责任。

《合同管理指引》第五条第二款、第三款规定："对于影响重大、涉及较高专业技术或法律关系复杂的合同，应当组织法律、技术、财会等专业人员参与谈判，必要时可聘请外部专家参与相关工作。谈判过程中的重要事项和参与谈判人员的主要意见，应当予以记录并妥善保存。"

实践中，除了采用公开招标、比选以及其他方式，且招标、比选以及其他方式的相关文件中包含合同文本的，合同起草前应当和合同相对方进行协商谈判，就合同条款内容协商一致。通常而言，企业在合同谈判环节的合规要点有：

（一）确定己方谈判人员

谈判前，要明确己方主要谈判人员，并经公司明确授权，要求在授权范围内行使合同谈判的职权。谈判人员需披露潜在利益关系（如亲属关联），必要时回避。谈判一般应避免由1人进行。2人及2人以上参与谈判，协作配合，相互监督，防止舞弊和商业贿赂行为。对于影响重大、涉及较高专业技术或法律复杂的合同，应当组织法律、技术、财会等专业人员参与谈判，必要时可聘请外部专家参与相关工作。

第三章　合同立项、谈判、起草环节的合规重点问题

（二）确认相对方谈判资格

与己方依法合规确定或者符合要求的谈判对象进行谈判，确认相对方谈判人员身份，查看、核对授权情况和权限范围，是否有冒用他人名义参与谈判等。

（三）遵循平等自愿、诚实信用、依法合规等原则

《民法典》第四条至第八条规定："民事主体在民事活动中的法律地位一律平等。民事主体从事民事活动，应当遵循自愿原则，按照自己的意思设立、变更、终止民事法律关系。民事主体从事民事活动，应当遵循公平原则，合理确定各方的权利和义务。民事主体从事民事活动，应当遵循诚信原则，秉持诚实，恪守承诺。民事主体从事民事活动，不得违反法律，不得违背公序良俗。"遵循这些原则，追求互利共赢，维护企业声誉和长期利益，避免短视行为和谈判失败、合同无效等情况发生。

（四）围绕合同核心条款和关键内容进行

合同内容具体包括合同标的的数量、质量或技术标准，合同价款及其确定与支付方式，履约期限和方式，违约责任和争议的解决方法、合同变更或解除条件，以及其他关注的重点等。如系由招标（比选）人与中标人通过招标投标或比选方式确立合同相对方，应按照招标（比选）文件和中标人的投标文件进行谈判。招标（比选）人和中标人不得再行订立背离合同实质性内容的其他协议。谈判过程中的重要事项和参与谈判人员的主要意见，应当予以记录并妥善保存，以备审计或争议发生时使用。

（五）不能随意签署中标通知书、备忘录、纪要等，导致承担合同责任

一是在招标、拍卖、公开挂牌交易情形下，虽未签订合同，但符合相关条件时，合同已成立，需承担合同责任。[①]二是随意签订备忘录、会议纪要等形式文件，导致承担合同责任。合同在磋商过程中，经常也采用会议

---

① 《最高人民法院关于适用〈中华人民共和国民法典〉合同编通则若干问题的解释》第四条规定。

纪要或者备忘录的方式记录磋商细节。需要注意的是，会议纪要或合作备忘录在盖章或签署、当事人对会议议题达成一致、内容明确具体，设定了具体的权利义务关系的条件下，同样会产生合同法律效力。所以，企业要规范签署中标通知书、备忘录、纪要中标通知书的签署行为。它标志着合同关系的确立和法律责任的产生。各方在签署中标通知书时都应谨慎行事，确保遵守法律规定和合同义务。

二、实务案例与操作建议

案例：某大型国有企业对合同谈判的制度规定

某大型国有企业制定的合同管理制度规定，合同谈判应当遵守以下规定：

1.己方谈判人员确定。公司在对外合同谈判时，应当明确承办部门和谈判人员，由其统筹负责合同谈判事宜。公司一般谈判合同，应当由二人以上进行；涉及投资并购、资产置换、合资合作、融资担保等重大合同谈判，应当由相关部门和人员组成谈判工作小组进行。对谈判结果需要履行请示、决策流程的，按相关规定办理。

2.谈判对象确定。公司应当根据国家有关法律、法规和内部规章制度的规定，通过招标、比选、竞争性谈判、询价等方式，确定合同谈判对象。

3.谈判对象调查。合同谈判前应对谈判对象的基本情况进行调查，包括但不限于：资质情况，即是否为具备有效的工商、税务登记手续的合法经营主体，是否具有从事合同约定项目的相关资格；资信状况，即对外经济交往中的诚信、征信、声誉、涉诉等情况；履行能力，即生产、经营、资金、资产规模等情况。根据法律法规和公司内部规定，应当聘请中介机构对谈判对象进行尽职调查的，按照规定程序选聘中介机构进行尽职调查。

4.对方谈判人员身份确认。合同谈判时，应对对方谈判人员身份及相关佐证资料进行审核，即是否具备有效的书面授权和权限范围等。

5.其他需要了解确认的事项。

> **案例**：某企业合同管理制度中关于谈判小组分工及重点注意事项的规定

某企业合同管理制度规定，应根据合同的性质和复杂程度，组建由法律、财务、技术等相关专业人员组成的谈判小组。在谈判前，应进行充分的准备，包括收集信息、了解对手情况、制订谈判计划、确定谈判目标等。

谈判小组应确认一名负责人，负责整个谈判工作，制定谈判策略，与对方主要谈判代表进行直接对话。其他人员分工如下：法律人员，提供法律方面的咨询和指导，确保谈判过程符合法律法规，保护企业权益；财务人员，负责价格核算、支付条件、支付方式等财务相关问题；技术人员，负责技术方案、产品性能、质量标准等技术问题的谈判；商务人员，负责商业贸易、市场行情、价格形势等商务方面的工作。

> **案例**：某企业将反商业贿赂要求写入合同条款

为了落实反腐倡廉和合规管理相关要求，某企业合规管理部门和纪检监察部门联合，将以往要求合同相对方签署的"廉洁承诺"，改为"合规承诺"，明确将反商业贿赂要求写入合同条款，合同相对方及其工作人员如果发生对己方及其人员的行贿、宴请等行为，即构成违约，视情况承担扣减"保证金"、拉入黑名单，直至解除合同等违约责任。企业与合同相对方合作，在合同谈判时必须确认这一要求。

> **案例**：甲公司某中层干部一人谈判谋私利，导致公司遭受损失

甲公司系国有企业，在与乙公司（民企）开展大宗贸易业务中，甲公司总经理安排其信任的中层干部耳某某一人与乙公司磋商合同并督促履行。耳某某在收受乙公司好处后，对于乙公司的考察流于形式，未对其资产状况、履约能力进行核实，在其明知乙公司没有用于双方贸易的真实货物，而对甲公司隐瞒真相，并配合制作虚假的货物凭证，在没有落实具体

担保的情况下，向乙公司开出巨额信用证，导致甲公司遭受重大损失。最终，耳某某被人民法院以受贿罪、国有公司人员滥用职权罪追究刑事责任，甲公司总经理被追责。

案例： 乙公司因谈判内容未授权，协议内容被否决

甲公司系国有企业，与乙公司（民企）合作共同和A市洽谈某招商引资项目，应A市招商局要求签订三方框架协议。谈判过程中，乙公司在无甲公司授权情况下代甲公司对招商政策进行承诺（涉及金额、知识产权许可使用、开发规模、违约责任承担）并形成书面协议。该框架协议提交甲公司审核盖章时，因谈判内容未授权，超权限承诺（相关内容需要经过董事会决策）而被否决。

第三章 合同立项、谈判、起草环节的合规重点问题

第18问 合同起草有哪些合规要点？

一、分析

根据《合同管理指引》第六条第二款规定，合同文本一般由业务承办部门起草、法律部门审核。重大合同或法律关系复杂的特殊合同应当由法律部门参与起草。通常而言，企业在合同起草时，主要关注以下几点：

（一）争取合同起草主动权

取得了合同起草的主动权，可以带来如双方没有磋商诉讼或仲裁的解决纠纷方式的情况下，己方可以根据情况选择诉讼或仲裁，且将管辖地约定在己方所在地，让己方便于参加诉讼或仲裁，不至于遇到争议时"东奔西跑"增加诉讼或仲裁成本；可以在双方没有约定交货地点的情况下，将货物交付地点约定在己方公司所在地，让己方公司免予承担货物运输中毁损、灭失的风险；等等。

当然，能否取得合同起草主动权甚至更多主动权，往往依赖于所在公司的实力。如果己方公司是强势方，合同起草人员则要在合法、合理的前提下，通过合同内容设计尽量让己方拥有更多主动权，但不能将合同内容设计成"霸王条款"。如果己方公司是弱势方，起草人员则不能一味地强调"主动权"而使己方公司无法签下合同。如果双方"旗鼓相当"，起草人员则可通过合同内容设计力争让己方公司的主动权多一些。

（二）围绕谈判结果，条款要合法、完整，可供执行

合同内容不得违反法律强制性规定、公序良俗、监管要求的规定。《民法典》第四百七十条规定："合同的内容由当事人约定，一般包括下列条

款：（一）当事人的姓名或者名称和住所；（二）标的；（三）数量；（四）质量；（五）价款或者报酬；（六）履行期限、地点和方式；（七）违约责任；（八）解决争议的方法。当事人可以参照各类合同的示范文本订立合同。"

一般来说，起草经济合同，可以参照买卖合同的基本要素，梳理审查合同双方的权利义务。《民法典》第六百四十六条规定："法律对其他有偿合同有规定的，依照其规定；没有规定的，参照适用买卖合同的有关规定。"《民法典》第五百九十五条规定："买卖合同是出卖人转移标的物的所有权于买受人，买受人支付价款的合同。"

起草合同时，合同内容及其他注意事项应与合同审查内容相同。

（三）参照合同示范文本应根据实际情况审查修改

《民法典》第四百七十条第二款规定："当事人可以参照各类合同的示范文本订立合同。"根据《合同管理指引》第六条第二款规定，国家或行业有合同示范文本的，可以优先选用，但对涉及权利义务关系的条款应当进行认真审查，并根据实际情况进行适当修改。各部门应当各司其职，保证合同内容和条款的完整准确。对于合同当事人谈判确定的内容，应当体现在合同文本中。比如，双方商定了反商业贿赂合规条款，该要求应当被写入合同文本。

（四）合同形式合规

《合同管理指引解读》指出，企业对外发生经济行为，除即时结清方式外，应当订立书面合同。从企业签订合同的实践来看，书面形式是合同的主要采用形式，且合同要签字盖章。《民法典》第四百六十九条第二款、第三款规定："书面形式是合同书、信件、电报、电传、传真等可以有形地表现所载内容的形式。以电子数据交换、电子邮件等方式能够有形地表现所载内容，并可以随时调取查用的数据电文，视为书面形式。"

本文所称起草合同，是指双方或多方在合同谈判达成初步协议后，由一方或双方共同制定合同文本的过程。该合同形式为事前的书面形式，并非事后"视为书面形式"。

（五）防控合同草拟中的其他风险

主要管控措施：第一，严格审核合同需求与国家法律法规、产业政策、企业整体战略目标的关系，保证其协调一致；考察合同是否以生产经营计划、项目立项书等为依据，确保完成具体业务经营目标。第二，通过统一归口管理和授权审批制度，严格合同管理，防止通过化整为零等方式故意规避招标的做法和越权行为。第三，由签约对方起草的合同，企业应当认真审查，确保合同内容准确反映企业诉求和谈判达成的一致意见，特别留意"其他约定事项"等需要补充填写的栏目，如不存在其他约定事项时注明"此处空白"或"无其他约定"，防止合同后续被篡改。第四，合同文本须报经国家有关主管部门审查或备案的，应当履行相应程序。

二、实务案例与操作建议

案例： 合同条款存在重大疏漏，导致甲公司合法利益受损

甲公司（国企）与乙公司（民企）、丙公司（民企）共同设立新公司，因甲公司占股48%，乙、丙公司合计占股52%，甲、乙、丙三方商定由甲公司进行财务并表工作，甲、乙公司签订董事会《一致行动协议》，乙公司与甲公司委派的董事在董事会表决时采取一致行动。在合同草拟时，因对合同主体、合同生效要件的理解不透彻，所以在拟定《一致行动协议》时，便将该协议的主体定为当时甲公司委派至新公司的两名董事而不是甲公司。两年后，该两名董事离职，乙公司以协议失效为由，不再履行《一致行动协议》，导致甲公司在董事会层面表决陷于被动。

案例： 合同交易背景的准确描述，有助于解决重大争议[①]

在××房地产开发公司（出租方）与韩××（承租方）房屋租赁合同纠

---

① （2017）青民终33号民事判决书，载中国裁判文书网，https://wenshu.court.gov.cn/website/wenshu/181107ANFZ0BXSK4/index.html?docId=22m03dGVsbmb9VY/hiHKUbg2MRFF5nG+g6uNqaYAFkOfKn2aujLFb5O3qNaLMqsJXi3UgeTvCWZK2a488pRh9hF/dermEo5BSKRtMkouPWQrF3uTueZKv/VovHsmIfdb，最后访问时间：2025年1月24日。

纷中，双方在合同总则中约定案涉建设工程及建筑物已通过建设部门、消防部门的验收。根据合同约定，消防验收应当由出租方进行，但出租方未实际进行消防验收。二审法院认为，双方当事人签订的上述合同是双方合意的意思表示，所约定的条款对双方当事人均有约束力，特别是合同首部的约定是契约的总则，只有总则中的基本原则、实质内容的确定，才能形成合同具体条款的约定，因此，合同首部的约定属于合同的纲要，对合同缔约方均有约束力。故，出租方应当承担消防未验收的主要责任。

案例：某公司将合规要求作为法律责任，在合同条款中予以明确

某公司将合规要求作为法律责任，在合同条款中予以明确。一旦违反，违约方将向守约方承担法律责任。该合同条款内容如下：

第××条　双方依法合规签订、履行合同

（一）合同在签订、履行过程中，双方应当严格遵守中华人民共和国及业务涉及的其他国家或地区的所有相关法律法规、政策、行业标准、监管要求和企业内部规章制度，包括但不限于反腐败、反洗钱、反垄断、反不正当竞争、知识产权保护、商业秘密保护、数据保护及信息安全等方面的规定。

（二）合同在签订、履行过程中，双方及其工作人员不得以任何形式向对方单位或个人索取、收受、提供、给予任何贿赂、回扣或合同约定外的任何利益，包括但不限于现金、实物、购物卡、有价证券、旅游或其他非物质性利益等。

（三）任何一方违反本条规定，都将承担包括但不限于扣减保证金、解除合同、赔偿损失（含守约方因此产生的合理的律师费、诉讼费及其他相关费用）、支付违约金、拉入黑名单等违约责任。

第三章　合同立项、谈判、起草环节的合规重点问题

第19问　提供格式条款有哪些合规要点？

一、分析

《民法典》第四百九十六条规定："格式条款是当事人为了重复使用而预先拟定，并在订立合同时未与对方协商的条款。采用格式条款订立合同的，提供格式条款的一方应当遵循公平原则确定当事人之间的权利和义务，并采取合理的方式提示对方注意免除或者减轻其责任等与对方有重大利害关系的条款，按照对方的要求，对该条款予以说明。提供格式条款的一方未履行提示或者说明义务，致使对方没有注意或者理解与其有重大利害关系的条款的，对方可以主张该条款不成为合同的内容。"

（一）格式条款提供方面临的风险

1.格式条款可以被主张不成为合同的内容。根据《民法典》第四百九十六条规定，提供格式条款的一方未履行提示或者说明义务，致使对方没有注意或者理解与其有重大利害关系的条款的，对方可以主张该条款不成为合同的内容。

2.格式条款无效。《民法典》第四百九十七条规定："有下列情形之一的，该格式条款无效：（一）具有本法第一编第六章第三节和本法第五百零六条规定的无效情形；（二）提供格式条款一方不合理地免除或者减轻其责任、加重对方责任、限制对方主要权利；（三）提供格式条款一方排除对方主要权利。"

3.作出不利于提供方的解释。《民法典》第四百九十八条规定："对格

式条款的理解发生争议的，应当按照通常理解予以解释。对格式条款有两种以上解释的，应当作出不利于提供格式条款一方的解释。格式条款和非格式条款不一致的，应当采用非格式条款。"

4.行政处罚。根据国家市场监督管理总局《合同监督办法》第七条规定，经营者与消费者订立合同，不得利用格式条款等方式作出减轻或者免除自身责任的规定；不得利用格式条款等方式作出加重消费者责任、排除或者限制消费者权利的规定。经营者采用格式条款与消费者订立合同的，不得利用格式条款并借助技术手段强制交易。

（二）格式条款提供方的合规义务

根据国家市场监督管理总局《合同监督办法》第六条规定："经营者采用格式条款与消费者订立合同，应当以单独告知、字体加粗、弹窗等显著方式提请消费者注意商品或者服务的数量和质量、价款或者费用、履行期限和方式、安全注意事项和风险警示、售后服务、民事责任等与消费者有重大利害关系的内容，并按照消费者的要求予以说明。经营者预先拟定的，对合同双方权利义务作出规定的通知、声明、店堂告示等，视同格式条款。"

1.遵循公平原则。制定合同时应遵循公平原则，避免该条款因违反公平原则而被法院确认为无效或予以变更。公平原则要求格式条款提供方不得单方面免除或减轻己方责任（如"概不负责""不承担任何后果"），不得加重对方责任或限制对方主要权利（如不合理违约金、排除索赔权），避免"霸王条款"，如"最终解释权归我方所有"等可能被认定为无效的内容。

2.尽到合理提示义务。要注意采用合理的方式提示相对方，如订立合同时采用足以引起相对方注意的文字、符号、字体等特别标识（如加粗、下划线等），并按照相对方的要求对该格式条款予以说明并保留证据，以规避合同被认定无效的风险。

3.尽到合理说明义务。采用格式条款订立合同的，提供格式条款的一方应采取合理的方式提请相对方注意免除或者限制其责任的条款；按照相对方的要求，对该条款予以说明。而且，提供格式合同的一方需要对已经尽到合理的提示及说明义务承担举证责任。

4.按要求及时进行备案。根据规定，部分格式条款提供者应当在合同订立之前，将格式条款文本报核发其营业执照的工商行政管理部门备案的合同主要包括：（1）房屋买卖、租赁及居间、委托合同；（2）物业管理、住宅装修装饰合同；（3）旅游合同；（4）供用电、水、热、气合同；（5）有线电视、邮政、电信合同；（6）消费贷款、人身财产保险合同；（7）旅客运输合同；（8）省人民政府规定应当备案的其他含有格式条款的合同。经备案的格式条款内容需变更的，提供者应当按照前款规定将变更后的格式条款文本重新备案。因此格式合同的提供者在订立、使用、变更上述合同时，一定注意及时按要求进行备案，避免因此遭受行政处罚和面临合同无效的风险。

二、实务案例与操作建议

案例：某大型企业制定和使用格式合同的制度规定

某大型企业印发的《合同管理办法》规定：企业可以根据经营管理工作的需要，对经常性对外经济行为，参照国家有关部门制定的合同示范文本，结合本公司的实际情况，由公司业务部门与法律事务机构、外聘法律顾问共同起草、制定格式合同。格式合同原则上不得擅自更改。特殊情况需要更改的，视为非格式合同，应按照本办法的规定进行会签审查。

案例：某上市公司防范格式条款风险的举措

某上市公司在规范合同管理时规定：1.在使用本单位提供的范本合同时，虽经相对方确认了所有条款内容，但是为了防范格式条款有关风险，仍明确在对外签署的合同上不能使用本公司商标；2.如果是本单位提供的范本合同，相对方不同意而进行了修订，则应按照普通合同流程进行会签审查。

第四章
合同审查环节的合规重点问题

【导读】

合同审查是确保合同合法、有效并保护当事人权益的重要环节。合同审查是审查人员就待审合同及相关资料,在职责范围内,通过检查、核对、分析等方法,对合同是否合法、有效,是否存在问题和缺陷,以及如何完善、改进,提出意见和建议,防范潜在风险,维护当事人合法权益。本章根据合规管理办法关于合规审查的要求,结合《合同管理指引》合同审查相关要求和企业合同审查工作实际,从合同审查的原则、不同的审查及其审查要点等入手,系统回答了合规背景下如何对合同进行不同的审查等问题。

第20问 合同审查应当遵循哪些主要原则？

一、分析

合同审查应遵循的原则，既是参与合同审查的部门和人员在合同审查工作中应当遵守的共同要求，也是合同前期相关部门在合同立项、相对方选择、谈判、合同起草阶段相关工作的重要参考。全面理解、掌握、运用这些原则，能有效防止制度漏缺、部门职责不清等情况下相互之间的推诿扯皮，更好地完成合同审查及其他相关工作，防范合同风险。

（一）依法合规原则

合同一定要依法合规，这是合同审查的关键和核心。在合同审查工作中，不管是合同承办部门自行审查，还是法务合规部门或相关部门的审查，都应围绕合同主体、形式、内容、流程等，审查其是否符合外部法律法规（包括根据合同的涉外属性等需适用的国际条约、规则和所在国法律法规、监管规定等。下同）和内部规章制度的规定，是否违反强制性规定，是否有引起合同无效或虽然未必导致合同无效但可能导致企业承担不利后果等条款。

（二）公平合理原则

合同审查人员在审查合同时，应尽力维护己方的利益，实现己方利益最大化、风险最小化。同时，审查人员需要根据己方在交易中的地位，秉持公正立场和公平原则，平衡双方在合同中权利义务和风险分配，避免一方承担过多义务或享有过多权利与风险，不能过分维护己方权利而忽视相对方利益和风控需求，导致双方的交易难以进行，甚至丧失合作伙伴，失去商业机会，同时避免合同因显失公平而被撤销或达不到合同目的。

（三）风险控制原则

审查合同，防控风险是主要目的。审查部门和人员在审查合同时应当运用专业知识和方法，发现合同中存在的各类风险及不利条款，特别是有可能加重己方责任、导致合同无效或部分无效、约定不明可能导致重大争议等条款，识别合同中的潜在风险，并通过条款设计防范、规避、转移风险。除审查既有条款外，还应根据合同性质或交易目的充分关注应予约定而未约定，或影响双方重大权益的其他约定不明、前后矛盾甚至冲突等条款。通过审查、修改、完善合同，使合同条款明确具体，避免模糊或歧义，并具有可操作性。涉及商业秘密或敏感信息时，还应约定保密条款，明确保密义务的范围、期限和违约责任，避免未来争议。

（四）审查意见明确原则

审查部门和审查人员在完成合同审查、签署审查意见或出具审查报告时，其意见或建议应当明确、具体，并与相关方沟通确认。结论意见应当文字通顺，依据充分，不得使用"原则同意"等模糊性语言，并保留审查过程中的记录，便于追溯和参考，用专业体现责任和担当。

第21问 合同承办部门提请合同审查时应当具备哪些条件？

一、分析

实践中，合同承办部门在送审合同时，存在很多不合规的情况，如合同草案及相关材料不完整，未遵循企业内部的审批流程或决策程序，合同背景说明及工作目标不清晰，不能及时、完全提供合同所需的附件、与合同有关联的资料等。为提高审查效率和质量，作为合同管理主责部门的合同承办部门在提请合同审查时，应当具备以下条件：

（一）核对合同文本，完成综合性审查和合规审查

（详见本书第13问"合同审查部门如何确定，其主要职责有哪些？"）

（二）收集完备送审资料，答复审查询问

送审的合同资料一般包括：拟签订的合同文本及附件资料（如商务谈判纪要、盖章的报价单）、合同立项依据、相对方来源材料等。送审部门应当对送审合同及附件资料的真实性、关联性、全面性负责。财务、技术、法务合规等部门在审查时可根据工作需要，要求承办部门承办人提供与合同有关的补充证明材料。送审部门应根据审查需要，答复审查询问，补充完善相关材料。

（三）发起审查流程，预留审查时间

按照公司相关制度及时发起合同审查流程。对于已经完成合同管理信息化建设的企业，应采用信息化平台发起和开展合同审查及相关工作（具

体要求详见本书第九章"合同管理信息化的合规重点问题"),并给审查人员预留充足的审查时间。虽然企业合同审查制度规定中一般都有能够满足审查工作的时限规定,但实践中常出现送审部门在送审时以时间紧急为由,催促审查部门在不合理的时间内出具审查意见,导致审查质量不高,甚至出现问题时相互推诿扯皮。审查人员在明显不合理的时限内无法完成审查工作的情况下,应慎重出具审查意见,并注明相关情况备查。

二、实务案例与操作建议

案例: 某公司强化合同审查,有效防范合同风险

某公司合同审查制度规定:合同承办部门(单位)应对其提供材料的真实性和完整性负责。合同审查部门在审查时可根据需要,要求合同承办部门(单位)提供与合同有关的补充材料。报审合同及相关附件是外文文本的,需同时提交准确的中文翻译件。

对缺少合同相对方公司签约主体资格必要材料、履约能力调查不明、缺乏合同经济性论证以及未按照本指引规定审查程序和要求报审的,合同审查部门(单位)有权退审,并责成合同承办部门(单位)补充相关材料,重新提交审查。

第22问　对合同进行合法性审查有哪些审查要点？

一、分析

合法性审查是企业法务部门"三项审查"内容之一。但是，实践中很多没有设置法务部门或法务岗位的企业通常把对合同的合法性审查工作交由常年或专项法律顾问律师进行。《合同操作指引》明确，律师在审查合同时应当注意，除法律、司法解释、行政法规、部门规章外，还需关注与合同的签订及履行相关的地方性法规、自治条例、单行条例及地方政府规章、地方政府规范性文件中的相关规定。据此，合同的合法性审查，应主要关注以下内容：

（一）合同主体的合法性

对于有主体资格要求的交易，审查人员应当审查合同各方从事该交易所应具备的各类法定条件，主要包括：

1.**营业执照审查**。审查人员应当通过企业信用信息公示系统核查合同相对方的营业执照、工商登记信息，以确认对方是否具备法人资格、是否依法存续、是否被列入经营异常名录或严重违法失信名单（黑名单）。同时，还需关注合同相对方的注册资本是否与本次交易规模相匹配，公司的经营范围是否涵盖本次交易等。

2.**资质许可审查**。审查人员应当对合同相对方所持资质证书进行严格审查，确保其合法性、有效性。例如，《房地产开发企业资质管理规定》（2022年修正）第三条第二款规定："未取得房地产开发资质等级证书（以下简称资质证书）的企业，不得从事房地产开发经营业务。"第十五条第一款、第二款规定："一级资质的房地产开发企业承担房地产项目的建筑规模不受限制。二级资质的房地产开发企业可以承担建筑面积25万平方米以下的开发建设项目。"审查人员在审查房地产合作开发协议等文件时，应当审慎核查房地产开发企业是否具备与项目规模相匹配的资质证书，且资质证书尚在有效期内。

3. 从业人员资格审查。针对涉及特定专业资格的交易，应结合合同内容和履行方式，对履行合同所需的人员的专业资格进行审查，以保证其符合合同约定和行业标准。例如，《监理工程师职业资格制度规定》第十三条规定："国家对监理工程师职业资格实行执业注册管理制度。取得监理工程师职业资格证书且从事工程监理及相关业务活动的人员，经注册方可以监理工程师名义执业。"第十五条规定："经批准注册的申请人，由住房和城乡建设部、交通运输部、水利部分别核发《中华人民共和国监理工程师注册证》（或电子证书）。"审查人员在审查工程监理合同时，应当对具体负责履行合同的监理工程师的专业资格进行审查，确保其可以从事工程监理业务。

对于合同主体的合法性审查，合同承办部门作为第一道防线应当把好关口，进行相对方选择时必须审查其主体资格、资质许可，以及是否有被纳入监管"黑名单""行业禁入"等一票否决事项等，法务合规部门作为第二道防线进行复审。

（二）合同订立程序与形式的合法性

1. 审查合同订立程序。合同订立程序是否符合法律规定，是否需要经过有关机关批准、登记或公示，如需经批准、登记或公示，是否履行了批准、登记或公示手续（如涉及上市公司的有关交易需要审查公示事项）；对必须进行招标的事项，应当依照《招标法》等相关法律法规履行严格的招投标程序；针对国有资产转让事项，必须依照《企业国有资产交易监督管理办法》（以下简称《交易监督办法》）等法律法规履行可行性研究、方案论证、审计评估、进场交易等相关程序等。另外，国有企业签订合同时，还需对合同的订立、生效是否获得上级单位、政府部门的批准等进行审查。公司对外签订担保合同时，还应审查该担保事项是否已经根据《中华人民共和国公司法》及公司章程的规定，经过股东会、董事会的审批，避免担保合同无效。

2. 审查合同生效条件。合同中约定须经公证后合同方能生效，应审查合同是否经过公证机关公证；如果合同附有生效期限，应审查期限是否届至。

3. 审查合同担保。如果合同约定第三人为保证人，担保方为自然人的，以审查担保方式是否明确以及签字是否真实为主；担保方为企业法人的，应结合《中华人民共和国公司法》第十五条、《民法典》有关担保制度的解释等相关规定，对担保是否符合法律、司法解释和公司章程的规定和是否需要，以及有无决议进行审查。仅有盖章没有决议的担保极有可能因构成越权担保而不发生法律效力。采用抵押方式担保的，如果法律规定或合同约定必须办理抵押物登记的，应审查是否办理了登记手续；采用质押担保方式的，应按照合同中约定的质物交付时间，审查当事人是否按时履行了质物交付的法定手续。

《中华人民共和国公司法》第十五条规定："公司向其他企业投资或者为他人提供担保，按照公司章程的规定，由董事会或者股东会决议；公司章程对投资或者担保的总额及单项投资或者担保的数额有限额规定的，不得超过规定的限额。公司为公司股东或者实际控制人提供担保的，应当经股东会决议。前款规定的股东或者受前款规定的实际控制人支配的股东，不得参加前款规定事项的表决。该项表决由出席会议的其他股东所持表决权的过半数通过。"

4. 审查合同形式。《民法典》第四百六十九条第一款、第二款规定："当事人订立合同，可以采用书面形式、口头形式或者其他形式。书面形式是合同书、信件、电报、电传、传真等可以有形地表现所载内容的形式。"根据法律法规及公司规章制度，必须订立书面合同的交易，应当签订书面合同，确保合同形式的合法性。

（三）合同内容的合法性

合同审查人员应当根据相关法律、行政法规、司法解释等，对合同内容的合法性进行审查，主要包括：

1.交易模式的合法性

审查人员应审查合同交易本身是否违背法律或行政法规的强制性规定，以保证交易的合法性。例如，根据国务院国资委《中央企业违规经营投资责任追究实施办法（试行）》（以下简称《违规追究办法》）第九条第三项规定，购销管理方面违反规定开展融资性贸易业务或"空转""走单"等虚假贸易业务的，依法追究责任。国务院国资委《关于加强地方国有企业债务风险管控工作的指导意见》指出，严控低毛利贸易、金融衍生、PPP等高风险业务，严禁融资性贸易和"空转""走单"等虚假贸易业务。因此，审查部门在审查买卖合同时应当结合上下游合同和融资性贸易的特征认真识别，认定名为买卖实为融资性贸易的，应当立即停止退出。又如，对于有固定回报的投资合同，审查时应提示该合同有被认定为"名为投资，实为借贷"，投资将不受保护的风险。

2.合同标的的合法性

审查人员应当审查合同标的是否受到法律的禁止或限制，确保交易标的不违反任何法律法规。例如，根据《最高人民法院关于审理城镇房屋租赁合同纠纷案件具体应用法律若干问题的解释（2020年修正）》（法释〔2020〕17号）（以下简称《房屋租赁合同司法解释》）第二条规定，出租人就未取得建设工程规划许可证或者未按照建设工程规划许可证的规定建设的房屋，与承租人订立的租赁合同无效。根据第三条规定，出租人就未经批准或者未按照批准内容建设的临时建筑，与承租人订立的租赁合同无效。审查人员在审查房屋租赁合同时应当关注标的房屋是否按工程规划依法建设、是否为未经批准建设的临时建筑，避免租赁合同无效。又如，毒品、珍稀野生动物等被法律明文禁止交易的物品，不得作为合同约定的标的。

此外，审查人员还应确保交易标的物的质量标准符合法律的明确规定及强制性标准的具体要求。例如，买卖合同的标的物应当符合《中华人民共和国产品质量法》（以下简称《产品质量法》）第二十七条的规定，产品或者其包装上的标识必须真实，并符合下列要求：（1）有产品质量检验合格证明；（2）有中文标明的产品名称、生产厂厂名和厂址；（3）根据产品的特点和使用要求，需要标明产品规格、等级、所含主要成份的名称和含量的，用中文相应予以标明；需要事先让消费者知晓的，应当在外包装上标明，或者预先向消费者提供有关资料；（4）限期使用的产品，应当在显著位置清晰地标明生产日期和安全使用期或者失效日期；（5）使用不当，容易造成产品本身损坏或者可能危及人身、财产安全的产品，应当有警示标志或者中文警示说明。裸装的食品和其他根据产品的特点难以附加标识的裸装产品，可以不附加产品标识。作为买方的审查人员，应在合同中明确标的物不得违反《产品质量法》等相关法律法规的强制性规定，否则不予接收。

3. 合同条款的合法性。审查人员应当仔细审查合同条款及其签订过程，确保不存在《民法典》《最高人民法院关于适用〈中华人民共和国民法典〉合同编通则若干问题的解释》（以下简称《合同编通则司法解释》）等法律法规和司法解释规定的合同无效、合同可变更或撤销的情形。例如，《民法典》第一百四十四条规定："无民事行为能力人实施的民事法律行为无效。"第一百四十六条第一款规定："行为人与相对人以虚假的意思表示实施的民事法律行为无效。"第一百五十三条规定："违反法律、行政法规的强制性规定的民事法律行为无效。但是，该强制性规定不导致该民事法律行为无效的除外。违背公序良俗的民事法律行为无效。"第一百五十四条规定："行为人与相对人恶意串通，损害他人合法权益的民事法律行为无效。"

4. 法律术语的准确性。审查合同中使用的法律术语和技术术语，确保其与标准解释或通常理解保持一致。例如，《民法典》第五百八十七条规定："债务人履行债务的，定金应当抵作价款或者收回。给付定金的一方不履行债务或者履行债务不符合约定，致使不能实现合同目的的，无权请求返还定金；收受定金的一方不履行债务或者履行债务不符合约定，致使不能实现合同目的的,应当双倍返还定金。""定金"作为专业的法律术语,与"订金""预付款"等词语的含义、法律效果不同,缔约方如欲实现违约时没收定金或双倍返还定金的效果,则只能在合同中使用"定金"一词。

5. 合同名称与合同内容的一致性。《合同编通则司法解释》第十五条规定:"人民法院认定当事人之间的权利义务关系,不应当拘泥于合同使用的名称,而应当根据合同约定的内容。当事人主张的权利义务关系与根据合同内容认定的权利义务关系不一致的,人民法院应当结合缔约背景、交易目的、交易结构、履行行为以及当事人是否存在虚构交易标的等事实认定当事人之间的实际民事法律关系。"因此,合同审查人员应当关注合同的名称与合同的内容是否一致,避免因合同名称与合同内容不一致而导致合同争议与履约风险。例如,甲、乙双方签订了一份名为《房地产项目投资合作协议》的合同,合同内容却约定:若项目发生亏损,乙方不承担经济损失,若项目获得盈利,乙方也不分享收益,而是按照实际投资本金的15%每年收取固定收益。该合同属于"名为投资,实为借贷"。作为审查人员,应当对合同名称进行调整,使之与合同内容相匹配,避免今后双方因合同性质而发生争议。

6. 权利义务与违约责任的明确性。合同权利是指合同一方依据合同而享有的请求对方为一定行为的权利。合同义务是指合同一方当事人基于合同约定或法律规定而应当为一定行为的义务。合同权利义务构成了合同的主要内容,审查人员应当根据交易实际,对合同权利义务的明确性进行审查,主要包括:

第一,履行内容的明确性。履行内容是合同当事人主要权利义务的体现,审查人员应当结合交易背景、交易目的审查履行内容是否明确具体、可衡量,避免使用含糊不清的措辞。例如,《物业服务合同》应当明确物业服务的内容、标准,并将相关标准列为合同附件,以便在物业服务质量不达标的情况下,可依据合同追究物业服务单位的违约责任。

第二,履行环节的明确性。合同应当明确合同主体在各环节应履行的内容、先后顺序、时限等。例如,《房地产项目方案设计服务合同》应当明确设计单位的工作进度,如"设计进度分为概念规划方案设计阶段与报规方案设计阶段。设计单位应当在合同签订后启动概念规划方案设计,并在委托方提供完整资料后15日内提交设计成果;设计单位应当在概念规划方案经委托方认可后启动报规方案设计,并在委托方提供完整资料后15日内提交工作成果。各设计阶段的具体进度计划安排,按照双方签署的附件执行"。明确设计单位各阶段的工作进度后,合同可以约定设计费分阶段支付进度、逾期完成设计成果的违约责任等,以便在设计单位拖延工作时,委托方可以依据合同追究设计单位的违约责任。

第三,违约责任与权利义务的匹配性。针对合同主体的主要权利和义务,应当匹配有相应的违约责任条款。例如,在买卖合同中,卖方的主要义务是按照合同约定的质量标准、交货期限完成货物交付,故合同需约定卖方逾期交货、货物质量不合格的违约责任条款;买方的主要义务是按照合同约定期间足额支付货款,故合同需约定逾期付款的违约责任条款。在约定违约责任条款时,应当对违约行为所造成的损失有所预估,避免约定的违约金过低,导致损失无法弥补。同时,针对违约程度的不同,还需约定单方解除合同的触发条件,例如"卖方逾期交货的,每逾期1日应当按合同总金额的千分之一向买方支付违约金;超过30日的,买方还有权单方解除合同。"

7.对合同保密条款的审查。对于涉及商业秘密或敏感信息的合同,审查人员应当关注合同是否约定了保密条款,以及保密条款的相关内容是否充分。例如,"双方须对本协议内容保密,对于在履行本协议过程中所知悉的对方商业、管理或技术信息或其他归对方所有的专有信息均负有保密义务,未经对方书面许可,不得擅自向任何第三方披露,但法律、法规规定必须披露的除外,或各方因履行本协议需要论证、决策、报批而进行的披露除外(此时披露方应当确保接收信息一方履行保密义务)。"

8.对争议解决条款的审查。合同争议解决方式包括和解、调解、仲裁、诉讼。若合同缔约双方拟通过仲裁方式解决争议,则应当在合同中约定仲裁条款，审查人员应当根据《中华人民共和国仲裁法》的相关规定避免仲裁条款无效情形。常见的仲裁条款如"凡因本合同引起的或与本合同有关的任何争议，均提交××仲裁委员会，按照该会的仲裁规则进行仲裁。仲裁裁决是终局的，对双方均有约束力"。若合同缔约双方拟通过诉讼方式解决争议，则应当在合同中约定诉讼管辖条款。例如，"本合同在履行过程中发生争议，由双方当事人协商解决；协商不成的依法向项目所在地人民法院起诉"。审查人员在审查诉讼管辖条款时应当根据《中华人民共和国民事诉讼法》关于专属管辖、级别管辖的相关规定，避免条款与之冲突而无效。

9. 对合同附件的审查。如果合同包含附件，审查人员应当关注附件内容是否与合同正文存在冲突，以及合同中是否已经规定了冲突解释的顺序。例如，某企业的《燃料煤采购合同》将企业的燃料煤采购定价办法、对相关方的行为要求通告、HSE［健康（Health）、安全（Safety）和环境（Environment）］管理协议书作为附件，考虑到合同正文与附件可能存在不一致，为保障企业权益，合同对冲突解释顺序进行了约定，如"《××公司燃料煤采购定价办法》《××公司对相关方的行为要求通告》及《HSE管理协议书》等附件为本合同的有效组成部分，与本合同享有同等的法律效力，上述文件与本合同内容如有不一致的，以规定的内容较为严格的为准"。

二、实务案例与操作建议

案例："名为投资、实为借贷"——SY公司、付某借款合同纠纷案[①]

2015年，SY公司（甲方）与付某（乙方）签订《投资合作协议》，约定：(1)甲方融资后，项目建设期经营费用超出部分由甲方负责，乙方不追加投资。(2)乙方投资1300万元，建设期满后按3000万元计算分红，超过

---

① 参见（2020）最高法民申7050号民事裁定书。

3000万元按实际净收益计算，甲方承诺四年内支付乙方的收益达到乙方投资额度，实际未达到的，用甲方收益弥补。（3）"违约责任"约定：因甲方经营管理不善造成亏损，乙方不承担经济损失，并按约定标准计算投资收益。

协议签订后，付某通过银行转账支付投资款1300万元。协议履行过程中，付某多次向SY公司要求支付其固定收益，但SY公司均未履行。双方经多次协商未果，付某遂向法院起诉请求解除《投资合作协议》，并由SY公司向付某偿还1300万元借款及相应利息。

法院经审理认为：当事人之间签订的《投资合作协议》并不具有共同经营、共享收益、共担风险的投资合作特征，而是约定一方出资后，无论SY公司经营情况如何，是否亏损，均按标准计算并享有固定投资收益，双方之间法律关系的性质为"名为投资、实为借贷"。最终法院判决：解除《投资合作协议》，并由SY公司向付某偿还1300万元借款及相应利息。

第23问 对合同进行合规审查有哪些审查要点？

一、分析

合规，是指企业经营管理行为和员工履职行为符合国家法律法规、监管规定、行业准则和国际条约、规则，以及公司章程、相关规章制度等要求。因此，对合同进行合规审查，除了依据"外规"外，还要依据"内规"进行；不仅要对合同主体、形式、流程和文本内容进行审查，还要对合同涉及的经营管理行为是否合规进行审查。由此可见，真正意义上的合规审查，其内容涵盖合法性审查的全部内容。之所以将合法性审查与合规审查分别阐述：一是因为企业的合规管理职能不一定放在法务部门，某些企业单独设置了合规管理部门；二是合法性审查是多年来就有的合同审查内容；三是按照"业务及职能部门负责本部门经营管理行为的合规审查"要求，承办和涉及合同的业务及职能部门人员并非法律专业人员，其合法性审查专业能力不足，实践中普遍将专业性强的合法性审查交由企业法律事务机构或外部法律服务机构进行，对合同涉及的经营管理行为的合规审查工作，由承办和涉及合同的业务或职能部门和合规管理部门等人员进行。本问主要从内部人员如何进行有别于可由内外部法律专业人员进行的合法性审查外的其他审查内容进行探讨。

（一）合规审查的主要内容

合同文本从企业需求到形成合同文本，经历了较多的环节和较长的过程。按照"业务及职能部门负责本部门经营管理行为的合规审查，合规管理部门负责规章制度、经济合同、重大决策等重要事项的合规审查[1]"的要求，对合同的合规审查，就是对合同文本及其涉及的经营管理行为是否合规进行评判、检查，并对不合规的文本内容和合同行为进行纠正。实践中，合规审查的重点内容主要包括以下几点：

1. 审查合同订立是否有依据，以及订立依据是否充分

按照"无业务，不合同"原则，审查合同涉及的相关事项是否经过立项，立项依据是否充分，有无分拆合同标的进行立项、规避法律法规和监管要求的行为。涉及"三重一大"事项的重大合同，是否按"三重一大"相关制度和清单进行立项，立项依据是否有决策文件或签批依据予以支撑。

2. 审查合同相对方来源及其主体资格是否合规

审查是否按照投资、融资、招投标、中介机构选聘、物资采购等相关管理制度要求，选择确定资质完备、信用良好、履约能力强的商业合作伙伴作为合同相对方，是否有相对方选择确定的依据材料。不得选择与主体资格不合法、资信状况不好、履约能力差、经营状况不良、资不抵债或涉及重大债务纠纷的相对方签订合同。

针对工程建设项目（包括项目的勘察、设计、施工、监理以及与工程建设有关的重要设备、材料等）的采购，应严格遵守《招标法》《招标实施条例》等的相关规定以及公司内部关于工程建设相关的管理规定。对于必须通过招投标的项目，应依法通过招标方式选择合同相对方。

针对会计、审计、法律、资产评估、管理咨询等中介机构的选聘，应严格遵守国资监管部门和企业关于中介机构选聘管理的相关规定，依法采取公开招标、公开比选、邀请招标、竞争性谈判、单一来源选聘等方式选择合同相对方。

针对其他类型的合同相对方选择，应本着最大限度地维护公司利益的原则，按照相关法律法规规定及公司物资采购、投资、融资等相关管理制

---

[1] 《国务院国资委政策法规局负责人就〈中央企业合规管理办法〉答记者问》，载中国人民政府网站，https://www.gov.cn/zhengce/2022-09/19/content_5710634.htm，最后访问时间：2024年12月31日。

度要求，选择资质完备、信用良好、履约能力强的商业合作伙伴。

3.审查合同内容、形式是否符合国资监管和企业内部规章制度

在合同合法性审查的基础上，审查人员还应按照企业合规审查相关制度要求，审查合同是否遵从内部合规义务，特别是有无违反国资监管和企业内部有关规章制度的规定，避免因外部法律机构的合法性审查未覆盖合规审查范围而导致审查漏项。

4.审查合同流程是否合规

涉及相关职能和业务部门的，相关部门是否进行审查，审查意见是否得到合理采纳；影响重大或法律关系复杂的合同文本，是否经相关部门会审；须经登记、公示或进场交易等特殊程序的合同，是否已完成登记、公示和在依法设立的产权交易机构中公开进行等流程。例如，物业服务合同、政府采购合同以及工程建设项目的中标合同等需要按相应程序进行公示，接受监督；转让专利申请权或者专利权的，当事人应当订立书面合同，并向国务院专利行政部门登记，由国务院专利行政部门予以公告。

二、实务案例与操作建议

案例：某企业《合同合规管理指引》规定

某企业《合同合规管理指引》规定，"审查合同订立程序是否合法，应从以下几个方面进行：（1）审查合同是否需要经过有关机关批准或登记或备案，如果有关法律、法规规定需要履行上述手续的，应审查是否履行了上述手续；（2）是否按照公司内部制度要求履行相关的会签手续；（3）如合同中约定经公证合同方能生效，应审查合同是否经公证机关公证；（4）如果合同附有生效期限，应审查期限是否届至；（5）如果合同约定第三人为保证人的，应审查是否有保证人的签字或盖章，采取抵押方式担保的，如法律规定或合同要求必须办理抵押物登记的，应审查是否办理了登记手续；采取质押方式担保的，应按合同中约定的质物交付时间，审查公司是否履行了质物交付的约定"。

📝案例：某大型企业《合同合规管理指引》规定

某大型企业《合同合规管理指引》规定，合同相对方来源有以下几种情况：（1）工程建设项目包括项目的勘察、设计、施工、监理以及与工程建设有关的重要设备、材料等的采购，应严格遵守《招标法》《招标实施条例》等的相关规定以及公司内部关于工程建设相关的管理规定。对于必须通过招投标的项目，依法通过招标方式选择合同相对方。（2）会计、审计、法律、资产评估、管理咨询等中介机构的选聘，应严格遵守四川省国资委和集团公司中介机构选聘管理的相关规定，依法采取公开招标、公开比选、邀请招标、竞争性谈判、单一来源选聘等方式选择合同相对方。（3）针对其他类型的合同相对方选择，应本着最大限度地维护公司利益的原则，按照相关法律法规规定及公司物资采购、投资、融资等相关管理制度要求，选择资质完备、信用良好、履约能力强的商业合作伙伴。

📝案例：某公司未按要求修改合同，造成合同签订时间迟延

某公司拟为新进职工采购一批劳保用品，需要在15日内完成。该公司人力资源部在5日内完成谈判并起草了合同，合同会签过程中，外聘法律顾问提出需增加劳保用品的质量标准和违约金条款，人力部未作修改，法务部门在合规审查时发现人力部未按法律审查意见修改，且未提供供应商授权书和谈判纪要，遂将合同退回人力部门修改完善并补充资料，导致合同签订时间延迟，劳保用品未能在15日内完成采购。

📝案例：以律所法律审查代替合规审查，合规管理部门未履职

某大型企业在对所属公司开展合同合规管理调研检查的过程中，发现极个别企业因受工资总额限制，没有专职合规部门和人员，以外部常驻律师对合同文本的法律审查代替合规审查，对合同是否经合规立项、是否合规选择合同相对方等重点审查内容，均未做合规审查，遂以未履行合规部

门合规审查职责为由，向个别企业发出合规整改通知书，涉事企业限期整改，收到良好效果。

评析：合同的法律审查和合规审查是两个不同的概念。法律审查主要关注的是合同是否符合法律法规的要求，根据《合同操作指引》，律师的合同审查依据主要是外部的法律法规、司法解释、部门规章，以及地方性法规、自治条例、单行条例及地方政府规章、地方政府规范性文件中的相关规定。[①]其对合同的审查依据并不包括公司内部规章制度等内规。而合规审查的规，既包括外法，也包括内规，还包括行业标准、规范和企业对外所作的合规承诺。因此，不能以律师对合同的法律审查（或律所出具的法律意见书），代替内部人员对合同的合规审查。

---

① 《中华全国律师协会律师办理合同审查业务操作指引》2.1第一款　律师在审查合同时应当注意，除了法律、司法解释、行政法规、部门规章外，还需关注与合同的签订及履行相关的地方性法规、自治条例、单行条例及地方政府规章、地方政府规范性文件中的相关规定。

第24问 对合同还要进行哪些审查，有哪些审查要点？

一、分析

《合同管理指引解读》指出，审核人员应当对合同文本的合法性、经济性、可行性和严密性进行重点审核。

实践中，除了对合同是否合法、合规进行审查以外，还要进行包括经济性、可行性和严密性在内的其他审查。

（一）经济性审查

经济性审查是指对合同相关条款进行评估，以确保合同不仅在法律上是合规的，而且在经济上对企业是合理和有利的，符合合同经济性目的，确保合同带来的经济效益能够覆盖成本，并为企业带来正向的财务回报，确保企业不会承担不合理的风险。经济性审查通常需要合同承办部门、经济管理部门或财务税收部门以及相关业务部门等多个部门的协作，以确保从不同角度对合同进行全面的审查、评估。通过这种审查，企业可以更好地理解合同对其财务状况的影响，并作出更加明智的决策。某大型企业合同管理制度规定合同经济性审查内容：

一要评估合同的经济效益，包括市场需求情况、投入产出核算、成本、收益和潜在风险等。

二要审查合同中的价格条款，包括价款、酬金确定的合理性和对价内容的明确性，以及定价机制、价格调整、货币汇率变动等条款。

三要审查资金来源的合法性,包括资产的所有权是否明确、合法,资金使用和资产动用的审批手续是否合法,资金、资产的用途及使用方式是否合法。

四要考虑合同的结算条款,主要关注合同结算条款是否符合公司财务管理的相关规定,特别是对于预付款项、付款进度、验收款的管理要求,如付款方式、付款时间、收付款账号等是否明确,以及是否含税和发票开具要求。

五要考虑合同条款对企业税务负担的影响,包括税收优惠政策、税务筹划机会等。主要关注合同中约定的税负承担、发票开具等条款是否符合国家税收法律法规的要求。

(二)可行性审查

合同应当具有可行性。各方签订合同是为了达成并完成交易,合同是否具有可操作性,影响着后续合同的履行和交易目的的实现。实践中,部分合同约定的权利义务条款、交易程序条款等过于抽象,导致合同履行混乱,甚至出现履行严重障碍,进而影响了合同目的的实现。因此,审查人员应当结合交易背景、内容、程序等审查合同约定的内容是否与实际交易需求相符,避免合同脱离实际,成为一纸空文。在合同审查过程中,我们应根据企业的行业特性、交易特点以及合作方的情况,由各部门审查人员依据其职责,对合同中可能引发争议的条款进行细致的实用性评估。主要包括以下几个方面:

1.交易内容与方式的适应性。审查合同中关于交易内容和方式的约定,确保这些条款不仅符合交易标的的特性和需求,而且能够有效促进交易目的的实现。

2.预见性与问题解决。结合交易的具体情况和背景,基于常规的商业判断,对可能出现的问题或争议进行充分的预见,并在合同中设定相应的条款,以保护公司的利益并提升交易的安全性。

3.条款的便利性与适用性。确保合同条款的设置既便于交易的顺利进行,条款的内容具有可操作性,也便于在违约情况下追究责任,同时考虑到合同各方的实际情况，以实现条款的公平性和实用性。

（三）严密性审查

审查人员在相关审查中应关注合同条款是否表述准确、用语规范、标点符号恰当，避免合同条款不全和过于简单、抽象，给履行带来困难，为以后发生纠纷埋下隐患。审查要点主要包括：

1.语言歧义的排除。审查合同条款，确保不存在可能严重影响交易目的实现或合同履行的语言歧义，避免同一语句存在不同的语义解释。

2.履行义务的明确性。在合同条款中，确保履行义务的主体、内容、对象明确无误，代词的指代关系清晰，或通过合同的相关条款可以明确确定。

3.语法和标点的规范性。检查合同条款中使用的语法和标点符号是否规范、准确，避免语法或标点不规范、不准确导致权利义务判断困难或不明确。

4.术语和用语的一致性。确保合同中使用的术语、特定用语以及对同一事物的表述方式在不同条款中保持完全一致，避免表述差异引起混淆。

5.条款序号和页码的连贯性。审查不同层级条款序号的使用是否符合规范或习惯，确保各层序号连贯并清晰显示层级关系，同时页码也应连贯，以便于合同的查阅和引用。

第25问 合同审查的一般流程是怎样的？

一、分析

企业应建立完善的合同审查制度，明确合同审查的流程、标准和要求，确保合同审查工作的规范和高效。在审查合同过程中，审查人员应充分了解送审目的，确保流程规范严谨，责任明确，意见表达清晰，风险防控得当，并根据合同特点和需求，通过疑问、说明、提醒、建议和警告等分类审查意见，优化合同内容。

（一）规范交件、接件

送审部门、审查部门和人员应按相关要求，规范提交和接收合同文本及附件资料，确保审查流程的严谨，责任明确。

1.确定审查时间与交付方式。 在接收合同稿件之初，送审部门与审查部门应根据企业内部规章制度要求，明确审查工作的完成时限及提交成果的方式。

2.纸质文档的妥善保管。 所有接收的纸质文档应通过装订等方式集中管理，避免遗失或散乱。同时，建立详尽的文档目录，记录接收日期、合同编号、预期完成时间以及审查的具体要求，以便于工作的安排和档案的系统化管理。若审查后需归还文件，应确保双方在归还时共同签字，以证明文件的交接和归还状态。

3.电子文档的规范存储。 对于电子文档，应将其集中存放于指定的电子文件夹中，并保持原稿的完整性。同时，将文件名重命名为能够反映文档核心内容的标准格式，如包含委托方名称、文件标题等关键信息。此外，建立电子文档目录，记录与纸质文档目录相似的关键信息，以便于未来的工作安排、管理和快速检索。

4. 通过信息化平台审查。对于有条件的企业，应当建立合同审签信息化平台，通过信息化平台完成合同审查等相关工作。本书第八章将详细阐述。

（二）进行必要的沟通交流

在进行合同审查工作前，审查部门和人员应与送审部门和人员交流、沟通，充分了解合同的背景和相关方面的情况，为全面、准确审查合同做准备：

1. 了解合同背景。在接收送审部门提交的合同文档及相关背景材料等附件时，应主动询问合同文本的形成过程或文本提供方、已方在交易中的地位等关键信息，以及合同主体、履行地、适用法律、争议解决等是否具有涉外属性等信息。通过与送审部门的沟通，深入了解交易目的和主要问题，以便准确判断工作内容和重点。

2. 收集必要的补充资料。如审查需要，应要求送审部门提供合同所需的附件、相关联的资料、合同空白处的预填内容、主体资格情况以及交易标的所属行业的相关规定等，这些资料对于形成正确的审查意见至关重要。

3. 加强沟通。对于重大或法律关系复杂的合同，或在认为必要时，应主动与送审部门沟通，了解交易背景和工作目标，以确保得出准确、全面的审查结论，妥善完成审查任务。

（三）先进行形式审查，再进行专业审查

1. 形式审查。主要包括：完整性审查，包括合同立项、相对方来源等附件资料完整、齐备，合同文本形式完备，包含必要条款；格式审查，确认合同格式规范，条款编号、段落结构清晰，合同前后条款逻辑和表述一致，等等。

2. 专业审查。根据部门职能，围绕合法性、合规性、经济性等方面进行深入细致审查（详见本章第22—24问）。

（四）常用方法

在处理送审合同的过程中，可以遵循以下方法，确保审查工作的准确和高效：

1.**在复制件上审查**。对于纸质合同送审稿，所有审查工作应在复印件上进行，并将所有文件统一存档，以便于管理。如条件允许，可将纸质文稿转换为电子文档，以便于在保留原稿的基础上进行审查。对于送审的电子合同文稿，应另存为包含送审部门（人员）、合同类型等关键信息的副本文件。在审查过程中，应保持其他辅助性电子文档、背景文件、参考文件的原状，避免因修改而产生误导。

2.**清晰表达审查意见**。审查纸质文档时，应使用规范的校对符号注明审查意见，并注意在空白处书写。必要时，可在问题处加注序号，并另附纸张详细说明各序号下的问题；审查电子文档时，可采用批注、修订等方式提交意见，或通过改变字体、颜色等手段标示修改情况，以提高原稿与审查意见的可识别性。对于表述不清或用意不明的条款，可通过问询送审部门获得明确答复后提供审查意见。或者在审查意见中直接指出该条款或措词的不明确性，并提供审查意见。对于再次提交审查的合同，应特别关注来稿针对上次审查意见的调整情况，并核对其他部分是否与上次的来稿保持一致，以避免因忽略变化而导致误判。

3.**审查意见的分类与应用**

疑问：用于指出合同中未明确说明或难以理解的部分，提出疑问以求得澄清。

说明：对审查意见的依据进行描述，或纠正合同条款中的错误，如措辞不当、法律引用错误等。

提醒：对可能对己方不利的条款或缺失的条款进行提醒，提请送审部门予以关注。

建议：提供合同以外的新方案或思路，以优化原合同的方案或表述方式，供送审部门参考。

提示：指出合同中的重大不利情况或法律风险，提醒送审部门引起高度重视。

第26问 合同审查有哪些常用检索工具？

一、分析

合同审查检索工具一般涉及主体信息查询工具、涉诉信息查询工具、合同文本起草、审查查询工具、经济性审查查询工具等。这些工具和资源能有效提升合同审查的效率和准确性。

（一）主体信息查询工具

1. 国家企业信用信息公示系统

由国家市场监督管理总局主办，也被称为"全国企业信用信息公示系统"。公示的主要内容包括全国企业、农民专业合作社、个体工商户等市场主体的工商登记基本信息：①注册登记、备案信息。具体包括公司统一社会信用代码（注册号）、法定代表人、公司类型、注册资本、成立日期、住所地、营业期限、经营范围、登记机关、经营状态、投资人信息、公司主要备案的高管人员名单、分支机构、清算信息、行政处罚信息等；②动产抵押登记信息；③股权出质登记信息；④行政处罚信息；⑤其他依法应当公示的信息。这些信息都应当自产生之日起20个工作日内在该系统予以公示。另外，企业年度报告也将通过该系统予以公示。

2. 各省、市级信用网

部分省、市级信用网可以通过法定代表人姓名查询到各企业，这是与"全国企业信用信息公示系统"不同的查询方式。除基本的企业信息外，还汇总了工商之外二十多家部门的公示信息、纳税信息、企业资质等各种信息，同时提供个人、事业单位、社会组织的相关信息或信用的查询和公示服务。

3.国家市场监督管理总局

可以查询相关企业的食品、药品、化妆品、医疗器械、医疗广告、互联网药品等注册信息（可查询公司名下一类、二类、三类医疗注册证）（医疗生产经营许可证见各省的食品药品监督管理网站）。

4.全国组织机构代码管理中心

可以查询全国范围内所有领取有统一信用代码（组织机构代码证）的信息，显示与实体组织机构代码证完全一致。

（二）涉诉信息查询工具

1.中国裁判文书网、人民法院案例库

根据《最高人民法院关于人民法院在互联网公布裁判文书的规定》，自2014年1月1日起，中国裁判文书网成为全国法院公布裁判文书的统一平台。2024年2月，人民法院案例库正式上线，用于收录经最高人民法院审查认为对类案具有参考示范价值的案例，并将持续更新。适用于对已届判决阶段的案件查询。

2.各省级高院网站、各级地方法院网

中国裁判文书网仅限于已判决文书的查询，且数据取决于地方上报，地方法院网站可作为补充查询。同时，地方法院网站会发布开庭公告、执行信息等情况，属于调查所需要的涉诉信息。

3.人民法院公告网

按目前我国法院管辖的现状和公告要求，需要公告送达的，如果被告不属于本省的，一般要求在全国的报纸公告，而一般都是人民法院报，据此可以查询到大量公告信息，了解调查对象的涉诉情况。我们在合同主体审查、合同谈判环节可使用人民法院公告网。

4.全国法院失信被执行人名单信息查询系统

对于不履行或未全部履行被执行义务的被执行人，自2013年10月24日起，可于系统中查询失信被执行人的履行情况、执行法院、执行依据文

书及失信被执行人行为的具体情形等内容，但实践中部分法院上传数据或有迟延。

（三）合同审查查询工具

1.国家法律法规数据库

"国家法律法规数据库"共收集近十万篇法规，可检索我国自中华人民共和国成立以来颁布的各种法律、法规、部门规章、地方法规和地方政府规章，以及最高人民法院、最高人民检察院颁布的司法解释和案例、我国参与和签订的各种国际条约、双边条约等。其他如中国法律服务网、北大法宝、威科先行等，也能提供全面的法律法规、司法解释和案例检索。

合同起草环节、合同审查环节以及后续合同履行环节均可使用，也可查询合同订立依据、合同内容有无违反法律法规强制性规定。

2.国际法律数据库

Westlaw，收录主要包括英、美、法、澳、加拿大、韩国和欧盟等国家和地区的判例、成文法；LexisNexis，法律、专利、税务和商业资讯服务商，涵盖全球法律法规和案例。适合涉外合同审查，提供全面的法律法规、司法解释和案例检索。

3.合同模板库

国家市场监督管理总局合同示范文本库，目前已收录各类合同示范文本近500种，针对每种示范文本在使用中可能遇到的问题，文本库设有专门的风险提示，进一步帮助公司减少交易风险；国家标准全文公开系统，提供各行业标准，帮助审查涉及行业标准的合同；行业协会网站，其发布的规范和指南，适用于特定行业合同。

合同示范文本的条款内容，是对交易中各方权利义务分配、责任划分、纠纷解决等作出的示范性规定，参照示范文本订立合同时，应当在全面理解合同内容、各方充分协商的基础上，根据实际情况对示范文本条款进行补充和修改，以避免可能发生的纠纷。

4.在线法律咨询平台

如法大大、法律快车等平台，提供在线法律咨询服务，解答合同审查中的疑问。

（四）经济性审查查询工具

对合同进行经济性审查时，可查看类似标的的招股说明书，分析、比对、参考相关数据。招股说明书是公司公开发行股票前必须向投资者披露的重要文件，通常可在以下几个途径查询到：

1.中国证监会网站：中国证监会（中国证券监督管理委员会）的官方网站会公布上市公司的招股说明书和其他相关信息。

2.巨潮资讯网：巨潮资讯网（www.cninfo.com.cn）是中国证监会指定的信息披露网站，提供上市公司的公告、招股说明书等信息。

3.交易所网站：上海证券交易所（www.sse.com.cn）和深圳证券交易所（www.szse.cn）的官方网站也会公布各自交易所上市公司的招股说明书。

4.公司官网：上市公司的官方网站通常会在其投资者关系部分发布招股说明书。

5.金融信息服务商：如Wind、同花顺、东方财富等金融信息服务商也会提供招股说明书的查询服务。

6.证券公司：投资者可以通过自己的证券账户所在的证券公司查询到招股说明书。

7.雪球网：提供实时行情、新闻资讯、数据查询等服务，帮助投资者获取市场信息和作出投资决策。

第五章
合同签订环节的合规重点问题

【导读】

合同签订是合同全生命周期管理中不可忽视的重要环节，经过前期的合同谈判、起草、审查、修订，本环节已形成可签订的合同正式文本。合同签订并非简单形式上的过程，而是对一项法律关系建立的重要约定，是确保合同法律效力和避免后续纠纷的重要保障，谨慎对待至关重要。在法律规范的指引下，合同的签订过程需要仔细审查核对各项要素，确保双方权益得到充分保障。

本章主要从合同签订中的主责部门和参与部门及其职责、合同签订环节主要存在哪些合规问题及如何应对、出具和核对授权委托书以及使用和核对合同印章的合规要点等方面加以阐述。

第27问 合同签订环节主要存在哪些不合规问题，应如何应对？

一、分析

合同签订是企业合同管理的关键环节，关系到企业的法律权益和经济利益。实践中，合同签订过程主要存在以下不合规情况：1.未完成内部审批流程；2.未进行合同签署人员的身份核实与权限确认；3.重大合同无正当理由未进行面签；4.签署合同不填写日期或者倒签；5.签署文本与审批文本不一致；6.签署合同印章使用不规范或使用不具备签约资格的部门章；7.签署合同空格内容空白，被一方恶意篡改；8.以传真方式签署合同，未保留相关证据；9.合同未按规定办理批准、登记等手续。为确保合同的真实性、合法性和有效性，企业在签订合同时，应注意以下几点：

（一）确保拟签订的合同完成内部审批流程

对于拟签订的合同，需确保其经过了公司承办部门初审、法务部门合法合规性审查、其他相关部门会审等内部审查流程，在完成公司制度要求的全部审查流程后，合同承办部门方可提请公司领导审核、签署意见，公司领导签署同意签订合同的意见后，呈送公司法定代表人或授权代表签字。前述流程完成后，公司印章管理部门方能用印盖章。

（二）核实合同相对方签署人员身份和权限

签订合同时，公司合同承办部门、承办人员应当仔细核对合同相对方签约人是否为合同相对方法定代表人/负责人或授权代表，有无法定代表人/负责人身份证明文件或授权书、被授权人有效身份证明文件。同时，还要核对授权内容是否包括签订合同，是否在授权期限内，有效识别合同相对方有无权限及超越权限或期限问题。

（三）重大合同原则上应当进行面签

对于重大合同，在不熟悉合同相对方当事人特别是首次合作的情况下，原则上应当面签署合同，核实身份及授权，核对合同用印，确保合同签订的真实性，避免给公司造成损失。若确因无法克服的重大原因，导致面签不可行，应采取办理邮寄公证措施来为合同的顺利履行保驾护航。办理邮寄公证后，公证书会附明邮寄主体、文件内容，通过公证的方式将各条款固定，实现对合同文本事前的固定，确保合同签署的真实性和合法性。

（四）明确填写签署合同日期，避免倒签

签订合同时应对合同签署时间进行关注。若合同首部对合同签署时间进行了约定，则应按照约定签署，以保持一致。对于合同倒签行为，即使法律尚无禁止性规定，也需加以限制。特别是对于需要备案的合同（如建设工程施工合同）或者法律对于合同签订期限有规定（如《中华人民共和国政府采购法》第四十六条第一款、第四十七条）的，应当据实签署。对于普通的民事合同，如合同订立之前，当事人确已与合同相对方达成口头协议并已实际开始履行的，可考虑采用以下方式处理：在合同中确认各方先前就合同交易事项已经达成口头协议的事实和已经履行的情况，同时约定各方依据前述口头协议的内容订立本合同，本合同之内容亦适用于各方在本合同订立之前已经发生的履行（或不履行）行为。

（五）确保签署文本与审批文本一致

一方面，在用印审批时，承办部门人员再次核对确认拟用印合同文本与审批通过的文本一致，并签字确认，再予以用印。另一方面，信息化合同审核系统可以很好地解决上述问题。承办部门人员直接在线上打印出最终版本用印，进行线上文件的核对，从而避免合同版本不一致。

（六）签署合同时规范使用印章

一方面，仔细核对印章，确保合同使用的是合同专用章或公司公章，避免使用不规范的印章。另一方面,对印章进行清晰盖印,并在必要时加盖骑缝章或合同虎符章,以防止被篡改。

(七)签署合同时避免空格内容空白

一方面,确保合同中所有空白处均已填写完整或用斜线划去,避免留有可被篡改的空间。另一方面,对于合同的修改,要求双方签署确认,并在修改处加盖印章。

(八)以传真方式签署合同时,保留相关证据

一是保留送货单、提货单等其他证明,以备不时之需;也要留存好能印证合同内容的其他文件,如电子邮件、微信聊天记录、电话录音、往来函件、意向合同、付款凭证、发货凭证等,并设定合理的保存期。二是切勿使用容易褪色的热敏纸,需用A4纸,且传真件要求字迹、印章清晰、内容明确。除盖章外,还应要求相关负责人在合同上签字,在页眉或页尾应显示双方的传真号码、传真日期等内容,以便在合同相对方否认时能依此内容进行调查。三是重大合同如采用传真件签订的,在紧急事项消除后,应当及时补签书面的合同,双方签字盖章,保留合同的原件。

(九)按规定办理批准、登记等手续

首先,企业应充分了解与合同相关的国家法律、行政法规,明确哪些类型的合同需要特定的批准或登记手续。其次,在合同谈判环节就需考虑到所有必要的批准和登记时间,确保合同中约定的完成时间点之后有足够的时间来完成这些手续。再次,在合同中设计条款,应明确指出合同生效的条件,包括所有必要的批准和登记手续的完成。最后,一旦合同签署,应立即启动批准和登记程序,避免因延迟而产生法律风险。

二、实务案例与操作建议

案例: 某大型央企关于合同签订环节的有关规定

某大型央企《合同管理办法》规定,项目组、指挥部、工作组、筹备

组等临时性机构和公司内设机构，未经书面授权，不得对外签署合同。分公司应在授权范围内对外签署合同。

在通过审批后，合同承办人应当在合同正文及相关附件的每一页上小签（合同经办人的姓名），确认合同文本，但是通过信息化系统导出的合同、相对方提供的格式合同等情况除外。

案例：某大型省属国企关于合同签订环节的有关规定

某大型省属国企《合同管理办法》规定，在合同会签审查流程完成、合同文本内容确认无误后，合同承办部门应当提请分管领导审核、签署意见，公司分管领导签署同意签订合同的意见后，呈送公司法定代表人或授权代表签字。前述流程完成后，公司印章管理部门方能用印盖章。

对外签订合同，应当以公司名义进行，各部门、各中心、各分支机构不得以自己的名义对外签订合同。

同时，该企业《合同合规管理指引》规定，合同签订应确保有据可依，确保内部会签审查流程完成。在签订合同时，公司合同承办部门、人员应当仔细核对合同相对方签约人是否为合同相对方法定代表人/负责人或授权代表，有无法定代表人/负责人身份证明文件或授权书、被授权人有效身份证明文件，所盖公章是否与合同相对方名称一致，是否加盖骑缝章，附件是否齐全，落款日期是否填写，法定代表人或授权代表是否签字等。

案例：某企业未面签核实身份，导致巨额资金被骗取

某企业为了快速推进业务，与合同相对方签订合同时，未履行面签程序，也未有效核实合同相对方的真实身份。由于这一疏忽，被他人冒用身份签订了合同，并骗取了巨额资金。当企业发现这一情况时，已经遭受重大经济损失。

案例：某公司项目部因资料章超范围使用，而使《借款协议》无效

某公司借贷纠纷案中，最高人民法院认为：实际施工人与项目部签订

《借款协议》，尽管诉争借款用于涉案工程，但借款合同与建设工程施工合同是两个不同的合同关系。实际施工人对外借款不是对涉案项目建设工程施工合同的履行，《借款协议》不属于工程项目资料，公司项目部资料专用章仅可用于开工报告、设计图纸、会审记录等有关工程项目的资料，故在《借款协议》上加盖公司项目部资料专用章，超越了该公章的使用范围，在未经公司追认的情况下，不能认定《借款协议》是公司的意思表示。

第28问 办理签署合同授权书有哪些合规要点？

一、分析

授权行为原则上属于单方法律行为，在法律上，其赋予代理人在一定范围内以被代理人名义进行民事活动的权利，代理人在代理权限内实施的民事法律行为，对被代理人发生效力。实践中，对外正式订立的合同应当由企业法定代表人或由其授权的代理人签名或加盖有关印章。授权签署合同的，应当签署授权委托书[①]。

（一）出具授权委托书的合规要点

授权文件的合规出具、使用应当满足以下几个要素：**一是明确委托人和受托人的基本信息**。基本信息尽量完备和详细，以便核对相关信息及相关事项的通知，一般应包含委托人、受托人的名称或姓名、工作职务、身份证号码（企业社会信用统一代码）、联系地址、联系电话等。**二是明确委托事项及权限**。委托代理事项区分为一般代理和特别代理，应当尽量明确委托人授权委托代理的民事法律行为的范围，以便达到控制风险的目的。原则上，一般代理仅针对相关事务的处理和业务办理，特别代理除一般代理权限事项外，还包括可能会对被代理人的相关权益进行处分的事项，如承认债务、放弃债权等。**三是授权书内容合法合规**。确保授权书不违反法律法规强制性规定。**四是严格控制转授权**。包括合理确定转授权

[①] 《合同管理指引》第八条对合同签署的有关规定。

人员层级，控制转授权人员范围。**五是明确授权委托书有效期**。委托期限尽量表述明确，一般可以表述为"委托期限自某年某月某日至某年某月某日"；如果事先不能确定或无法确定委托事项的完成时间，委托期限可以表述成"委托期限自委托人签署授权委托书之日起至受托人完成委托事项之日止"。**六是被代理人签名或盖章**。委托人是自然人的，应当由委托人本人签字并按指印；委托人是法人或其他组织的，最优的署名方式为盖法人公章，并由法定代表人或负责人签名。**七是其他事项**。如授权委托书份数、签发时间、致送单位等。**八是严格加强授权监督**。包括授权系统自动控制、签字资格审核、签约人信息登记、签约授权文件留档备案。

（二）核对授权委托书的合规要点

对于合同约定采取授权代理人签字（包括"签字并盖章"）的签署形式时，应要求该方当事人提供由其签署的书面授权文件。审核要点分为以下三部分：**一是核对格式**。核实是否按照公司格式文本出具。**二是核对主体**。通过营业执照、国家企业信用信息公示系统、信用中国及身份证复印件等核查授权人、被授权人身份，防止出现"双方代理"等情形。**三是核对内容**。该授权文件中的代理权限，应含有"代为订立合同"的内容，确保授权事项清晰明确、授权期限明确。多个被授权人授权事项重叠的，要求确认唯一性；对授权期限过期的要及时要求展期；授权人和被授权人同时签字，原件留存。

二、实务案例与操作建议

案例： 某大型央企关于合同授权委托的有关规定

某大型央企《合同管理办法》规定：

法定代表人授权委托代理人签订合同时，必须签署授权委托书。

授权委托书必须明确委托权限和期限，禁止使用"全权代理"一类的文字。

涉及下列合同时，须每次单独一次性特别授权：

1.担保合同；

2.资产抵押、租赁、转让、出售、收购合同；

3.投资合同、股东协议、出资协议；

4.电力项目利用外资合同；

5.企业合并、兼并、联营合同；

6.需要授权的其他合同。

案例：因授权委托书不规范，合同无效，某公司损失较大

某公司与供应商签订了一份材料供应合同。由于该公司的合同经办人未获得正式的授权委托书，且在合同签订过程中使用了个人签名而非公司公章，所以合同在法律上被认定为无效。供应商在供应了大量材料后，因合同无效而无法从该公司获得相应货款，该公司也因此面临材料供应中断，导致项目延期并产生额外成本。

案例：某技术公司因核对授权委托书不严，导致代理权争议

某技术公司委托一名销售代表与客户签订服务合同。销售代表出示了一份看似正规的授权委托书，但公司内部未对其进行严格核对。后来发现该销售代表的授权委托书系伪造，其签订的合同因此受到质疑，客户拒绝支付服务费用，并要求赔偿因合同无效而导致的损失。

案例：某公司授权委托书已过期，但未更新，造成交易失败

某公司授权其海外代理参加国际招标。授权委托书明确了代理的有效期，但由于管理疏忽，该公司未在授权到期前更新委托书。其海外代理在不知情的情况下参与招标并中标，但授权委托书已过期，该公司无法合法地承认其海外代理的代理行为，所以中标结果被撤销，该公司错失重要商业机会，并面临信誉损失。

第29问　管理、使用和核对合同印章有哪些合规要点？

一、分析

根据《民法典》第四百九十条规定，当事人采用合同书形式订立合同的，自当事人均签名、盖章或者按指印时合同成立。合同印章是企业对外签订合同时的重要法律凭证，其合规使用对于确保合同的法律效力、维护企业合法权益具有至关重要的作用。在合同签署过程中，企业必须严格遵守相关法律法规，加强内部管理，确保合同印章的正确使用和管理，防止印章使用不当导致的法律风险。

（一）管理使用合同印章的合规要点

一是规范印章的刻制备案。由公司统一刻制、编号、颁发，严禁任何人私自刻制、使用。公司应确保公司印章的唯一性，尽管可以存在不同功能的印章，但总体上每种功能的印章应有明确的使用范围，避免交叉使用产生纠纷。**二是规范印章的使用。**合同签约、履行、变更、转让、解除等合同专项工作中，应当使用合同专用印章或者公司公章，**不得使用内部部门章、财务专用章、项目专用章等其他印章。**使用合同印章时，还应关注：填写印章使用登记（登记印章使用时间、合同主要内容、批准人，并由印章使用人签字）；持有合同评审通过的合同评审单；不存在空白合同加盖合同章情形；合同盖章份数及盖章后的合同原件符合合同约定份数。**三是规范印章的管理。**严格合同专用章保管制度，合同经编号、审批及企业法定代表人或由其授权的代理人签署后，方可加盖合同专用章。用印后保管人应当立即收回，并按要求妥善保管，以防止他人滥用。保管人应当记录合同专用章使用情况以备查，如果发生合同专用章遗失或被盗现象，应当立即报告公司负责人并采取妥善措施，如向公安机关报案、登报声明作废等，以最大限度消除可能带来的负面影响。**四是采取恰当措施，防止已签署的合同被篡改**。如在合同各页码之间加盖骑缝章、使用防伪印记、使用不可编辑的电子文档格式等。

（二）核对合同印章的合规要点

为防范合同相对方违法违规使用印章，在审查合同上加盖的印章时，应注意以下几点：**一是判断印章是否真实**。加盖的印章应清晰可辨，若模糊不清，难以辨明印章真伪的，有必要进一步鉴别。可以要求合同相对方提供《印章备案回执》，或通过查询合同相对方所在地的印章备案查询网站进行验证。**二是判断印章类型是否正确**。针对不同的事项，单位会有不同的专用章。如果合同本应加盖合同专用章却加盖了财务或项目专用章，或本应加盖总公司印章却加盖了分公司印章，那么该文件上加盖的合同相对方印章的真实性或者公司用章的本意都需要高度关注。**三是判断印章的单位名称与合同当事人的名称是否完全一致**。印章所示单位名称应与合同当事人名称完全一致，如合同当事人名称与印章名称不同，司法实践中一般以公章所示单位作为合同当事人。

二、实务案例与操作建议

案例： 某大型集团公司关于合同印章管理的有关规定

某大型集团公司《合同管理办法》规定：

根据经营管理工作实际需要，公司可刻制一枚至数枚（编号）公司合同专用印章，用于合同签约、履行、变更、转让、解除等合同专项工作。凡涉及合同以外的公司其他经营管理工作，均不得使用合同专用印章。

为明确责任，公司合同专用印章应当指定专门部门和专门人员进行管理；各部门之间未经本公司各分管领导书面批准，不得相互借用本部门保管、使用的合同印章；合同专用印章的使用应当按照上述审批程序审批后，方可使用。印章保管人员应当对印章使用时间、合同主要内容、批准人等相关情况进行登记；印章使用人员应当在登记册上签字确认。

公司应当根据本公司经营管理工作的实际情况，制定合同专用印章管理制度，并严格规范管理制度的执行。

案例：私刻印章的法律效力

在宁夏YZ矿业有限公司、陈某利合同纠纷再审审查与审判监督民事裁定书［最高人民法院（2020）最高法民申615号］中，最高人民法院认为：案涉《土石方剥离工程承包协议书》和《承诺书》以YZ公司名义签订并加盖YZ公司的合同专用章，有时任法定代表人王某玲的签字，《收据》亦加盖YZ公司的财务专用章。基于王某玲法定代表人的身份，本案中其使用的合同专用章、财务专用章即使为私自刻制，也不影响其职务行为的成立和YZ公司对外责任的承担。二审据此认定，王某玲以YZ公司法定代表人的身份从事的上述行为为职务行为，YZ公司对此应承担相应的民事责任，该认定并无不当。

《全国法院民商事审判工作会议纪要》第四十一条［盖章行为的法律效力］确立的"看人不看章"的基本原则，即便公司法定代表人在对外签订的合同中加盖的是其私刻的本公司合同专用章、财务专用章，也不影响其职务行为的成立和其公司对外责任的承担。因法定代表人以其身份从事的上述行为属于职务行为，代表了公司的意思表示，公司对此应依法承担相应的民事责任。

第六章
合同履行环节的合规重点问题

【导读】

签订一个好的合同只是合同合规管理的开始，把合同真正履行好才是合同合规管理的关键。本章从合同履行的主责部门入手，围绕动态跟踪合同履行情况、合同约定不明的处置、发生情势变更和遭遇不可抗力时的处置、合同补充、合同变更和解除、合同结算和收付款、合同违约处理、合同履行环节的争议解决等进行分析，并介绍了相关的合规风险和应对措施，为企业合同履行环节的合规管理提供参考。

第30问　合同承办部门应当怎样发挥其在合同履行中的牵头作用？

一、分析

《合同管理指引》第十一条第一款规定："企业应当遵循诚实信用原则严格履行合同，对合同履行实施有效监控，强化对合同履行情况及效果的检查、分析和验收，确保合同全面有效履行。"

承办部门作为合同履行的主责部门，对合同全生命周期负责，协调各方资源、明确分工，避免责任推诿。必须树立强烈的法律意识、责任意识，在合同进入履行环节后，定岗定责，安排责任心和执行、协调能力强的人员，具体承办合同履行管理工作：一是按照"重合同、守信用"原则，组织协调己方相关业务和职能部门，全面、准确、及时地履行己方合同义务；二是关注对方履约能力变化，督促合同相对方履行合同义务，及时发现并解决合同履行中的纠纷；三是组织学习并遵照执行合规履职要求以及所签署的合规承诺或合同中的合规责任条款。作为合同履行的主责部门，主要应当从以下几个方面，发挥在合同履行中的牵头作用：

（一）组织相关部门按合同约定履行己方义务

1.认真研读合同条款，防止合同尚未生效就开始履行合同。合同履行的前提条件是合同已经依法成立并生效，如果合同尚未生效，双方就开始履行合同，则容易导致纠纷。根据《民法典》第五百零二条第一款规定，依法成立的合同，自成立时生效，但是法律另有规定或者当事人另有约定的除外。根据《民法典》第一百四十三条规定，一般情况下，合同的生效要件有：（1）行为人具有相应的民事行为能力；（2）意思表示真实；（3）不违反法律、行政法规的强制性规定，不违背公序良俗。特殊情况下，除了具备前述要件之外，还须满足以下条件，合同才能生效：（1）附生效条件或者生效期限的合同，生效条件已经达成或者生效期限已经届满；（2）法律、行政法规规定应办理批准、登记等手续的合同，相关手续已经完成。不过，根据《民法典》第五百零二条第二款规定，未办理批准等手续影响合同生效的，不影响合同中履行报批等义务条款以及相关条款的效力。应当办理申请批准等手续的当事人未履行义务的，对方可以请求其承担违反该义务的责任。

对此，承办部门应当在开始履行合同前，确认合同的生效条件是否已经全部达成，尤其是附生效条件或者生效期限的合同，需要确认生效条件是否已经达成、生效期限是否已经届满，需向相关部门办理批准、登记等手续才生效的合同，相关手续是否已经办理完成。如果合同生效条件尚未满足，则应暂缓履行，待合同生效后再开始履行。

2.及时、全面、恰当履行合同义务。《民法典》第五百零九条第一款、第二款规定："当事人应当按照约定全面履行自己的义务。当事人应当遵循诚信原则，根据合同的性质、目的和交易习惯履行通知、协助、保密等义务。"合同承办部门是合同合规管理的第一道防线，为了使己方全面、准确、及时履行合同，承办部门应当充分理解合同约定含义，准确收集履行中的各种信息，按照合同约定牵头履行己方的义务，如协调财务部门配合收付款、仓库管理部门配合收发货物、法务合规部门配合审阅变更文件等。其中，合同的收付款及结算如未按约定履行，很容易引起争议。特别是对于框架性、履行期限较长的合同，收付款和结算相对较为复杂，容易出现超付、漏付的情况，从而导致合同未全面履行。这方面的常见风险具体包括：未按约定对合同标的物进行检测、未按约定内容结算（如未按合同约定对不合格产品进行扣款结算，或未按合同约定在供应商延迟交货时进行扣款结算等）、合同资金约定与合同资金执行不一致、合同签订主体与财务结算主体不一致,存在资金流、票流和物流"三流"不一致。为了确保企业对合同的有效履行,应当对合同履行实施有效监控,强化对合同履行情况及效果的检查、分析和验收。合同承办部门应当关注合同中约定的重要时间节点,并在合同信息化系统录入相关节点,在履行期限届满前及时予以提示,及时协调己方其他相关部门按约定履行合同。针对收付款及结算等容易产生争议的环节,应当首先明确合同条款约定,其次加强财会部门监督,定期复核财务台账、财务凭证等。

3.妥善保存履行合同的各种证明材料。合同履行是一个动态过程,最终的履行结果可能和当初书面约定大相径庭,因此,需要注意留下过程性材料,充分留痕,为后期可能发生的合同变更、合同争议解决等提供证据。例如,双方需要通过邮件、函件的形式对于合同履行条件变更进行确认,随后再通过补充协议等方式固定双方合意。又如,对于一个供货合同,对于供货方而言,合同相对方的签收、验收文件是供货方证明其完全履行供货义务的材料,若未获得这些材料,将很难证明其已经完全履行了供货义务。因此,在合同履行过程中注意充分留痕,尽量采用函件或邮件等书面方式与合同相对方进行沟通,如有口头沟通也应当及时用书面方式进行确认,为后期可能发生的合同变更、合同争议解决等提供证据。同时,要注意尽量收集原件、原物,并妥善保管。合同履行证据资料的范围一般应包括合同文件、双方往来函件等,如实物采购类合同应妥善保管送货单、购销凭证、到货验收单、发票签收记录等资料;工程类合同应妥善保管施工日志、监理日志、工程签证单、竣工验收等资料。否则,若履行出现争议,将难以证明己方已全面、准确履约。

(二)及时督促合同相对方全面履行其合同义务

合同履行环节的合规风险不仅来自企业内部,更需要关注外部风险,特别是对于长期履行的合同和重大合同,对合同相对方的履约能力及时进行评估,是合同能否顺利履行的重要因素之一。对于长期性合同,如果未能及时、持续地跟踪合同相对方履行能力,可能会因此造成履行障碍甚至导致遭受损失;对于重大合同,有时需要在己方履行前先跟踪、调查合同相对方的履行能力,才能避免在后续履行中出现不利情况或产生争议。这方面的常见风险具体包括:合同台账核心信息登记不完整;合同履约异常时,未严格执行合同履约异常审批流程、未在合同台账中进行登记;未关注合同相对方是否按照合同约定及时缴纳安全保证金或质量保证金;合同履约中多个环节衔接不畅,同一项目由不同部门登记手工台账,导致台账信息重叠或不一致,信息不对称;合同履约跟踪难,信息滞后脱节,履约风险不可控;履约信息不透明,与财务、业务难以形成联动。

对此,合同履行中应强化以下措施:**第一,强化对合同履行情况及效果的检查、分析和验收**。在全面适当履行己方义务的同时,敦促相对方积极履行合同,确保合同全面有效履行。**第二,对合同相对方的合同履行情况实施有效监控**。一旦发现有违约可能或违约行为,应当及时提示风险,并立即采取相应措施将合同损失降到最低。一般而言,承办部门需要跟踪、关注的信息包括但不限于:合同相对方是否有大量的诉讼、强制执行信息增加;合同相对方或主要关联方是否有大量的负面舆情增加;合同履行是否存在异常,如付款或交付存在严重迟延、货物质量存在严重瑕疵等。**第三,根据需要及时补充、变更甚至解除合同**。同时,可以通过合同管理信息化建设,建立合同管理台账、建立合同履行情况跟踪与评估机制,动态跟踪合同履行情况,及时提醒、督促相对方履约。尤其注意在合同履行的重要时间节点,如每期付款前,关注合同相对方的履行能力。如发现有确切证据证明合同相对方已经出现诉讼频发、被申请强制执行、经营状况严重恶化、转移财产或者抽逃资金以逃避债务、丧失商业信誉、有丧失或者可能丧失履行债务能力的其他情形的,应当及时中止履行合同并通知合同相对方,要求合同相对方提供适当担保。中止履行后,合同相对方在合理期限内未恢复履行能力并且未提供适当担保的,应及时解除合同。

(三)做好保密工作,防止己方或合同相对方的商业信息、商业秘密被泄露

《民法典》第五百五十八条规定:"债权债务终止后,当事人应当遵循诚信等原则,根据交易习惯履行通知、协助、保密、旧物回收等义务。"

合同履行过程中，承办人员应当对合同内容和所涉及的商业信息、商业秘密严格保密，不得向无关人员泄露及不正当地使用这些商业秘密或信息。侵犯商业秘密的形式主要包括：（1）以盗窃、贿赂、欺诈、胁迫、电子侵入或者其他不正当手段获取权利人的商业秘密；（2）披露、使用或者允许他人使用以前项手段获取的权利人的商业秘密；（3）违反保密义务或者违反权利人有关保守商业秘密的要求，披露、使用或者允许他人使用其所掌握的商业秘密；（4）教唆、引诱、帮助他人违反保密义务或者违反权利人有关保守商业秘密的要求，获取、披露、使用或者允许他人使用权利人的商业秘密。这一方面常见的合规风险包括：未签订保密协议或未在合同中约定保密条款，对合同履行过程中产生的纸质文档、网络及电子数据管理不善导致泄密。

对此，合同承办部门在合同履行前应注意核查是否已签订保密协议或在合同中约定保密条款；与合同履行环节的涉密人员签订竞业限制协议；涉密合同文件及信息的传递、使用应当采用严格的信息安全措施，如设置文件获取权限、网络访问权限，设置并动态更新密码，必要时设置专门的涉密会议室或电话室；定期对员工开展保密教育培训，督促员工熟悉并遵守企业制定的各项商业秘密管理制度。

（四）及时处理合同争议和纠纷

根据《合同管理指引》第十三条规定，企业应当加强合同纠纷管理，在履行合同过程中发生纠纷的，应当依据国家相关法律法规，在规定时效内与对方当事人协商并按规定权限和程序及时报告；企业内部授权处理合同纠纷的，应当签署授权委托书。纠纷处理过程中，未经授权批准，相关经办人员不得向对方当事人作出实质性答复或承诺。

《合同管理指引解读》指出，加强合同纠纷管理，在履行合同过程中发生纠纷的，应当依据国家相关法律法规，在规定时效内与对方当事人协商并按规定权限和程序及时报告。合同纠纷经协商一致的，双方应当签订书面协议；合同纠纷经协商无法解决的，根据合同约定选择仲裁或诉讼方式解决。企业内部授权处理合同纠纷，应当签署授权委托书。纠纷处理过程中，未经授权批准，相关经办人员不得向对方当事人作出实质性答复或承诺。

因此，如合同履行中发生纠纷，承办部门应当引起高度注意，及时按照规章制度向相关职能部门、法务合规部门及管理层进行报告，并根据内部决策和合同履行异常的程度，采取发函催告、中止或变更合同、财产保全、行使合同抗辩权利等方式积极主张和保障自身权益。实务中，经常出现合同承办部门未及时发现、报告异常情况，导致错失最佳维权时点，造成企业损失。同时，若己方履行能力出现问题，承办部门也应当及时履行上报程序，根据决策及时变更或解除合同。

（五）组织学习并遵照执行合规承诺或合同中的合规责任条款

对于与合同同时签署的"合规承诺"/"廉洁承诺"，或者合同中的合规责任条款，一定要组织合同管理人员认真学习并遵照执行，避免己方及其工作人员违反相关条款被追究违约责任。例如，向合同相对方管理人员行贿，在对方人员被立案查处的同时，合同相对方依据合同条款，追究己方的违约责任。

二、实务案例与操作建议

案例： 未及时动态跟踪合同相对方履行能力，导致损失

A公司与B公司签订了一份三年的框架性供货合同，第一年A公司如约供货。后，因市场急剧变化，第二年年末，A公司开始偶尔逾期交付，交付质量也远不如从前，基于之前的合作关系，B公司仅是口头催告，因供货基本能满足需求，也并未过多调查。第三年年初，A公司开始经常性违约，交付质量已经远远无法满足B公司需求（此时B公司已经预付了半年的货款），B公司业务员经多次催告无果后，多年来第一次前往A公司面谈，发现A办公区和厂区仅有寥寥数人，后经查A公司早已有多起诉讼和执行信息，经评估已经丧失继续履行能力。可见，若B公司在合同履行过

程中及时评估A公司的履行能力，及时变更或终止合同，在出现违约之初采取措施，将可避免预付款损失。

案例： 发生违约情形时未及时采取措施，导致损失扩大

2022年年底，某工程结束后，吊机提供方和业主方就建筑吊机租赁合同的租金支付发生纠纷，吊机提供方仅拆卸了其中2台吊机，滞留了2台吊机在原处，并将滞留的吊机租赁费用计算至2023年。通过多次索要无果后，吊机提供方将业主方告上法庭，主张全部吊机租金、滞纳金等费用。最终法院认定，虽然双方就租赁合同的租金支付产生纠纷，但合同履行期限届满后，吊机提供方未在合理期限内将剩余的2台吊机拆走，导致产生扩大租金损失、吊机配件丢失损失，该部分扩大的损失等不应得到支持。可见，当可能产生违约情形时，合同相对方应当采取及时措施，防止损失扩大。

案例： 未保留交付证明材料，导致被认定未全面履行合同

某企业向合同相对方交付货物后，未要求合同相对方提供完整交付证明材料。后，合同相对方称合同交付未完成，要求该企业提供某个配件。虽然该配件成本很低，但是若要生产该配件需要定制模具，而该企业已经转让模具，重新生产该配件将花费甚巨。故，双方因交付是否完成而产生争议诉至法院，该企业虽然已经实际完成交付，但无法提供完成交付的证据，最终被认定为未全面履行合同而败诉。

第六章 合同履行环节的合规重点问题

第31问 如何动态跟踪合同履行情况?

一、分析

合同要想得到及时、全面、恰当地履行,就要对合同履行情况实行有效的监控和跟踪,强化对合同履行情况及效果的检查、分析和验收、考核,这样才能全面适当履行己方义务,并敦促合同相对方积极履行合同义务。为此,可以采取建立合同台账和合同履行情况动态跟踪与评估机制等方法,规避和应对合同履行的风险。动态跟踪合同履行情况,是为了有效监控合同的执行,以更好地督促己方及合同相对方履行各自的合同义务。根据企业实践,具体主要做法如下:

(一)建立合同管理台账,运用信息化管理工具

《合同管理指引》第十五条规定:"合同管理部门应当加强合同登记管理,充分利用信息化手段,定期对合同进行统计、分类和归档,详细登记合同的订立、履行和变更等情况,实行合同的全过程封闭管理。"因此,合同一旦签订,就应及时登记,并建立完善的台账。公司合同管理部门应充分利用信息化手段,建立合同台账登记机制。具体而言:

首先,确定合同中交付时间、付款条件、质量标准等关键条款,将合同履行过程划分为多个阶段,设定明确的里程碑,进行台账登记管理。合同管理部门应根据公司合同管理的侧重点,制定统一的合同登记台账模板,并做好合同台账的信息录入和维护工作。合同承办部门要做到登记及时、记录准确、内容完整,并在台账中对合同的履行情况及时完善、定期

更新，同时将合同登记台账模块的主要信息导入合同管理信息化模块，及时判断合同执行状态，做好履约跟踪、合同统计及分类、合同归档等工作。合同终结后，应及时办理销号和归档手续，以实行合同的全过程封闭管理。

其次，充分运用信息化工具，防控合同履行中的风险。采用信息化手段，自动提醒关键日期和任务，跟踪合同履行进度，减少人为错误和遗漏。运用数据分析预测潜在问题，提前采取措施。做好合同台账索引，充分运用合同管理信息化相关工具，对现有合同台账进行查询、统计和分析，并结合业务需求，将合同台账与财务、投资系统中的相关模块关联结合，力求实现各办公系统的互联互通，利用大数据开展企业管理。

最后，要做好合同台账的保密工作。在合同台账的使用和管理过程中，应当考虑到信息安全因素，确保合同台账的保密性。可以通过设置人员访问权限、线上访问留痕等方式，防止非授权访问和信息泄露，保护企业的商业秘密和经营信息。

（二）建立合同履行情况监督自查、跟踪评估机制

《合同管理指引》第十六条第一款规定："企业应当建立合同履行情况评估制度，至少于每年年末对合同履行的总体情况和重大合同履行的具体情况进行分析评估，对分析评估中发现合同履行中存在的不足，应当及时加以改进。"具体而言，根据企业实践，可通过以下方式建立合同履行情况跟踪与评估机制：

1.合同承办部门应当及时将合同履行节点录入合同信息化系统或登记到合同台账中，确保在相关合同义务的履行期限届满前能够及时收到提示；当已方履行条件达到时，及时与参与部门协同履行合同义务。

2.各部门应定期开展合同履行监督自查工作，并向公司合同管理部门报送合同签订与履行情况自查表。合同履行监督自查过程中发现未按约定履行合同的事项，应当及时进行整改。合同履行监督自查的内容包括但不限于：

（1）是否全面履行合同，是否在合同约定的交付期限内完成交付；交

付的产品或服务质量是否符合合同约定的标准；是否存在逾期支付或支付金额不符合合同约定的情况；质保期内是否出现质量问题及要求对方承担质保责任；是否存在其他未按合同约定履行的情况；等等。

（2）如未全面履行合同，是否存在违约行为并追究违约责任：检查是否存在违约行为或纠纷情况，以及违约或纠纷的具体原因。检查出现违约或纠纷情况时是否按合同约定追究违约责任。如需追究违约责任的，必须追究到位。

（3）如需变更、解除或终止合同的，是否及时变更、解除或终止合同，检查变更内容是否符合法律法规和公司制度要求，是否存在未经审批擅自变更、解除或终止的情况。

公司合同管理部门应当定期牵头组织财务、审计部门等对公司的合同履行情况进行抽查，对发现未按合同约定履行合同的事项提出意见以及整改建议。合同承办部门未按要求及时整改到位的，或因合同承办部门原因造成公司名誉受损或经济损失的，应当对合同承办部门及相关责任单位或个人进行严肃处理，并在年度考核中有所体现。

3.合同管理部门还可以定期从合同管理模块中导出各业务部门承办的合同明细，反馈给各业务部门核对并说明情况。例如，可以通过信息化系统每月智能生成《合同健康度报告》，包含：合同节点达成率趋势分析、高频违约条款TOP5、供应商/客户信用评级动态更新等；每季度还可以组织合同履约复盘会，重点优化合同模板风险条款、合同业务流程断点（如跨系统数据不同步问题）等。

4.在合同履行结束后，进行合同终止后评价，应当包括但不限于对合同相对方的资信和履约能力的评价、对合同条款的评价及经验总结等。

（三）建立合同履行检查、评估和考核机制。

定期检查合同履行情况，确保各方按约定执行。做好合同履行进展、问题和解决方案记录，定期报告。与内外部合同履行相关方定期开会，讨论履行进展情况并解决问题。建立其他畅通的沟通渠道，确保信息及时传递。保存所有与合同履行相关的文档，如邮件、会议记录等，评估合同履行效果，设定关键绩效指标（KPI），对合同管理人员进行考核，对相对方不当和失信行为进行记录。收集反馈合同履行情况，持续改进合同管理流程。

（四）制订应急预案，确保风险发生时能迅速应对。

合同承办部门应针对性地制订应急预案，以应对各种极端情况出现，必要时请求法务部门介入，寻求法律支持，提前制定争议解决机制，提前收集、整理证据，做好仲裁或诉讼准备。

二、实务案例与操作建议

案例： 未建立合同台账导致超额发货，造成损失

某企业在履行买卖合同的过程中凭经验未盘点，也未建立完善的合同台账。发货单中的发货数量与合同中的约定略有出入，但发货单均由工作人员签收确认，后续发现存在超额发货的情况，且未能提供充分的证据证明其主张，最终导致败诉，造成巨额损失。

案例： 某企业建立合同履行智能预警引擎

为动态跟踪合同履行情况，防范合同违约风险，某工程企业通过企业合同信息化系统推送合同履行预警，设置三级预警机制：

- 黄灯预警（履行节点前15天）：自动邮件提醒责任人
- 橙灯预警（履行节点前7天）：提醒部门主管督办
- 红灯预警（履行节点前3天）：提醒部门负责人督办

第32问 履行合同时发现合同相关内容没有约定或者约定不明的,如何合规处置?

一、分析

实践中,由于各种各样主、客观原因,当事人对合同这些内容没有约定或约定不明的情况时有发生。在合同履行的过程中,如发现所签的合同条款有所欠缺,部分事项约定不明,应当及时采取协议补充等适当方式予以补充,否则这些约定不明的事项极易成为引发合同争议的导火索,甚至导致双方就某一事项的履行方式产生严重分歧,致使合同无法正常履行。如何在合同履行环节合规处置这些问题,使合同能够及时得到补救,以便及时全面履行合同:

(一)补充约定

意思自治是合同的核心要义,当事人对合同事项的约定鲜明地体现了意思自治原则。《民法典》第五百一十条规定:"合同生效后,当事人就质量、价款或者报酬、履行地点等内容没有约定或者约定不明确的,可以协议补充;不能达成补充协议的,按照合同相关条款或者交易习惯确定。"因此,合同生效后,当事人就质量、价款或者报酬、履行地点等内容没有约定或者约定不明确的,可以另行订立补充协议,就合同标的物的质量、价款或者报酬、履行地点等,综合合同签订的背景和有利于实现合同目的的角度,本着诚实信用、协商一致原则进行协商,达成一致后签订补充协议。

需要注意的是，按照合同管理和合规管理的相关规定，原则上，涉及合同重大是指条款的补充协议的谈判、签署，适用该合同之前谈判、签署的要求和流程，确保合同补充流程合规。

（二）按照合同相关条款或者交易习惯确定

1. 按照合同相关条款确定

在当事人不能就没有约定或者约定不明的地方达成一致时，按照合同相关条款或者交易习惯确定。按照合同相关条款确定如何理解？《民法典》第四百六十六条规定："当事人对合同条款的理解有争议的，应当依据本法第一百四十二条第一款的规定，确定争议条款的含义。合同文本采用两种以上文字订立并约定具有同等效力的，对各文本使用的词句推定具有相同含义。各文本使用的词句不一致的，应当根据合同的相关条款、性质、目的以及诚信原则等予以解释。"

《民法典》第一百四十二条规定："有相对人的意思表示的解释，应当按照所使用的词句，结合相关条款、行为的性质和目的、习惯以及诚信原则，确定意思表示的含义。无相对人的意思表示的解释，不能完全拘泥于所使用的词句，而应当结合相关条款、行为的性质和目的、习惯以及诚信原则，确定行为人的真实意思。"

2. 按照交易习惯确定

在需要适用交易习惯填补合同漏洞时，认定当事人之间是否存在交易习惯是首要且最为关键的一步。关于交易习惯的认定问题，《合同编通则司法解释》第二条规定："下列情形，不违反法律、行政法规的强制性规定且不违背公序良俗的，人民法院可以认定为民法典所称的'交易习惯'：（一）当事人之间在交易活动中的惯常做法；（二）在交易行为当地或者某一领域、某一行业通常采用并为交易对方订立合同时所知道或者应当知道的做法。对于交易习惯，由提出主张的当事人一方承担举证责任。"

司法实践中，法院对交易习惯的认定通常较为谨慎。例如，在（2021）

粤0111民初32889号案中[1]，当事人就订票习惯及对账习惯持有不同意见。为证明双方之间的交易习惯，一方当事人提供了2700余张聊天记录截图用于证明；审理法院除仔细核对截图，挑选出部分与惯常做法不同的交易过程询问当事人原因外，还结合了聊天记录截图记载的情况，要求当事人分别对其理解的交易过程予以举例说明。最终，审理法院综合在案证据，认定当事人双方之间存在通过微信群及特定工作人员进行交易并对账的习惯。又如，在（2020）粤06民终8186号案件中[2]，审理法院查明磷铜行业确有当事人主张的市场价格波动频繁的情况，因此买家先向卖家预付货款锁定批次价格的情况是符合行业交易习惯的。虽双方在实际交易过程中存在过先送货后付款的违反惯常做法的情形，但当事人能给予合理解释，故法院认定待证事实具有高度可能性，认为双方之间确实存在当事人主张的交易习惯。

由此可见，认定交易习惯需要依赖当事人自行举证的证据材料，且因交易习惯具有长期性、反复性等特点，往往需要大量证据予以佐证。

（三）适用法律规定

对合同约定不明时如何履行，《民法典》第五百一十一条予以明确，即当事人就有关合同内容约定不明确，依据前条规定仍不能确定的，适用下列规定：1.质量要求不明确的，按照强制性国家标准履行；没有强制性国家标准的，按照推荐性国家标准履行；没有推荐性国家标准的，按照行业标准履行；没有国家标准、行业标准的，按照通常标准或者符合合同目的的特定标准履行。2.价款或者报酬不明确的，按照订立合同

---

[1] （2021）粤0111民初32889号民事判决书，载中国裁判文书网，https://wenshu.court.gov.cn/website/wenshu/181107ANFZ0BXSK4/index.html?docId=szTkjP+JEGahGFyAB0oMxIq0twvGOQY4npzn79fnaQVU6z250ZIBnPUKq3u+IEo4RVF7E6dqsnkUk4In1JOuvu5loqvdyhvE8mHXlNUnh7i/31jtPtRiFHjrvr++Dkgf，最后访问时间：2025年4月28日。

[2] （2020）粤06民终8186号民事判决书，载中国裁判文书网，https://wenshu.court.gov.cn/website/wenshu/181107ANFZ0BXSK4/index.html?docId=8nyfOeIL6L5R5GEOGIo6NQe0+c5sMPiCNZTTzlMDQZZi7tTUkqBiiPUKq3u+IEo4RVF7E6dqsnkUk4In1JOuvu5loqvdyhvE8mHXlNUnh7i/31jtPtRiFNhHNW9ghLLR，最后访问时间：2025年4月28日。

时履行地的市场价格履行；依法应当执行政府定价或者政府指导价的，依照规定履行。3.履行地点不明确的，给付货币的，在接受货币一方所在地履行；交付不动产的，在不动产所在地履行；其他标的，在履行义务一方所在地履行。4.履行期限不明确的，债务人可以随时履行，债权人也可以随时请求履行，但是应当给对方必要的准备时间。5.履行方式不明确的，按照有利于实现合同目的的方式履行。6.履行费用的负担不明确的，由履行义务一方负担；因债权人原因增加的履行费用，由债权人负担。

除此以外，《民法典》合同编还有众多涉及"合同无约定或约定不明"的条款，在履行合同遇见此种情形时，可适用对应的法条规定，详见下图。

第六章 合同履行环节的合规重点问题

```
第五百一十条　合同无约定或约定不明的补救
第五百一十一条　合同约定不明时的履行
第五百四十四条　合同变更内容约定不明的处理
第五百八十二条　无约定或约定不明时违约责任的确定
第六百零二条　标的物交付期限未约定或约定不明的处理
第六百零三条第二款　交付地点无约定或约定不明
第六百零七条第二款　交付地点无约定或约定不明时的标的物风险负担
第六百一十六条　质量要求无约定或约定不明时的处理
第六百二十六条　按约定数额、方式支付价款义务
第六百二十七条　按约定地点支付价款义务
第六百二十八条　按约定时间支付价款义务
第六百三十七条　试用买卖试用期
第六百三十九条　试用买卖使用费负担
第六百五十条　供用电合同履行地点无约定或约定不明
第六百七十四条　利息支付期限
第六百七十五条　还款期限确定
第六百八十条　高利放贷禁止与利息确定
第六百八十六条第二款　保证方式无约定或约定不明
第六百九十二条第二款、第三款　保证期间无约定或约定不明
第七百零九条　按约定使用租赁物义务
```

```
合同中的无约定或约定不明
```

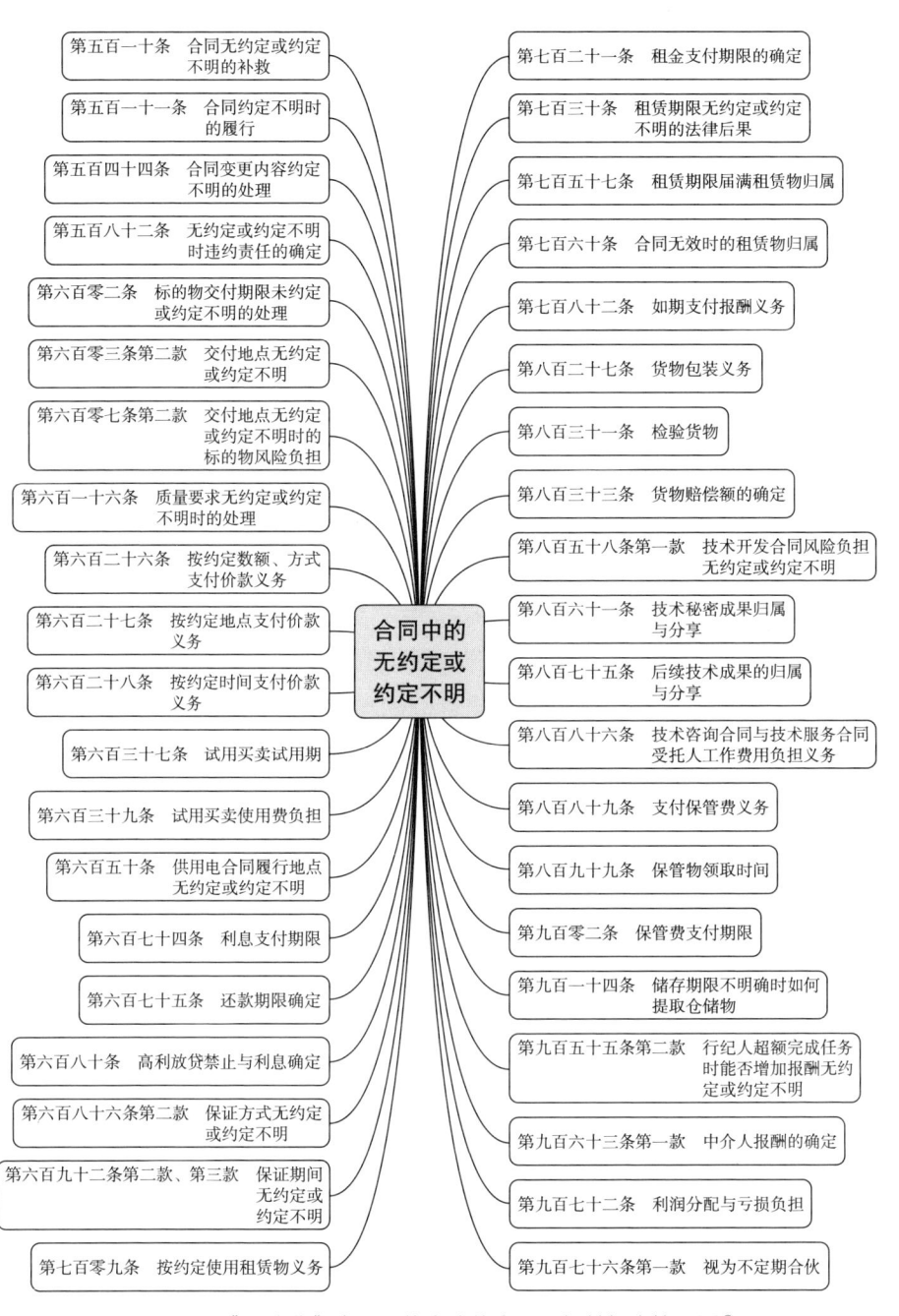

```
第七百二十一条　租金支付期限的确定
第七百三十条　租赁期限无约定或约定不明的法律后果
第七百五十七条　租赁期限届满租赁物归属
第七百六十条　合同无效时的租赁物归属
第七百八十二条　如期支付报酬义务
第八百二十七条　货物包装义务
第八百三十一条　检验货物
第八百三十三条　货物赔偿额的确定
第八百五十八条第一款　技术开发合同风险负担无约定或约定不明
第八百六十一条　技术秘密成果归属与分享
第八百七十五条　后续技术成果的归属与分享
第八百八十六条　技术咨询合同与技术服务合同受托人工作费用负担义务
第八百八十九条　支付保管费义务
第八百九十九条　保管物领取时间
第九百零二条　保管费支付期限
第九百一十四条　储存期限不明确时如何提取仓储物
第九百五十五条第二款　行纪人超额完成任务时能否增加报酬无约定或约定不明
第九百六十三条第一款　中介人报酬的确定
第九百七十二条　利润分配与亏损负担
第九百七十六条第一款　视为不定期合伙
```

图6-1 《民法典》合同无约定或约定不明相关规定梳理图[①]

---

① 参见《无约定或约定不明时，合同如何处理的规定梳理》，载"山东高法"微信公众号，https://mp.weixin.qq.com/s/jZP8p9prXjUyPDHVJaMQoQ，最后访问时间：2024年10月22日。

另外，还需要注意的是，若格式合同（如保险合同、购房合同）中的条款约定不明，根据《民法典》第四百九十八条规定，对格式条款有两种以上解释的，应当作出不利于提供格式条款的解释，以保护合同弱势方的合法权益。

二、实务案例与操作建议

案例： 租赁合同未约定租期，根据法律规定进行合同填补

甲公司将房屋出租给乙公司，租期为两年，但未约定乙公司支付租金的期限。关于乙公司支付租金的期限的确定，应依照下列顺序进行：首先，适用《民法典》第五百一十条规定，由甲、乙公司协商确定；不能协商确定的，通过合同解释或者依照交易习惯（"押一付三"或者"押二付六"）确定。其次，应当适用法律关于租赁合同租期的专门规定，即适用《民法典》第七百二十一条规定。乙公司应当在租期每届满一年时支付，剩余租赁期间不满一年的，应当在租赁期间届满时支付。

案例： 质量要求约定不明，又没有国家标准和行业标准的，按符合通常标准或合同目的的特定标准履行

买方与卖方签订《口罩生产线销售合同》，采购一批自动耳带口罩机。卖方交付后，设备生产出的口罩为残次品，且经多次安装调试仍不能使成品质量满足要求。买方遂将卖方诉至法院，要求卖方返还已付货款及相应损失。

根据销售合同约定，卖方提供的设备应当符合厂商标准或行业标准，而案涉设备没有依法认证的厂商标准，其提交的操作手册上也缺乏生产厂商、产品型号、质量标准、生产效率等关键内容，且该操作手册中载明的机器型号、尺寸与案涉设备不一致，无法适用厂商标准。口罩机又属非标设备，暂未有国家标准或行业标准。法院经审理认为，即便无法适用厂商

标准、行业标准，产品也应当符合通常标准或合同目的的特定标准。案涉自动耳带口罩机在卖方派遣的工程师指导下生产，仍出现大量的残次品，无法正常完成生产，且经质量鉴定部门认定其质量、性能不合格，明显不符合买方签署销售合同的合同目的。可见，卖方交付的是无法正常使用的自动耳带口罩机，不符合合同约定。最终法院判决，卖方退还买方货款91.8万元，赔偿损失4万元。①

案例：0.1元短信退订案：未对履行费用负担进行约定，由履行义务一方负担履行费用

2019年5月30日，王某使用手机下载、注册了某电子商务公司的手机应用程序购物，在注册和登录时需同意《用户协议》及《隐私政策》。《用户协议》第5.2条规定："……用户理解某电子商务公司在尊重用户隐私保护条款的前提下，以本软件推送、邮件、短信、电话等方式向您提供某电子商务公司相关信息。如果用户不想接收上述信息，用户有权办理退阅或设置拒绝接收消息。"《隐私政策》第二条约定："如您不希望继续接收我们推送的消息，您可要求我们停止推送，或根据短信退订指引要求我们停止发送推广短信，或在移动端设备中进行设置，不再接收我们推送的消息等；但我们依法律规定或单项服务的服务协议约定发送消息的情形除外。"2019年11月1日、11日、15日，该电子商务公司向王某的手机号码发送3条"双十一"推广短信，其中均载明"退订N"。王某均短信回复"N"退订，其中一条产生短信费0.1元。后，王某起诉至法院，要求该电子商务公司承担短信费。

法院经审理认为，《用户协议》《隐私政策》均未对退订商业推广短信所产生费用如何负担进行约定，属于合同内容没有约定，可以适用"履行

---

① （2020）赣0925民初647号民事判决书，载中国裁判文书网，https://wenshu.court.gov.cn/website/wenshu/181107ANFZ0BXSK4/index.html?docId=rxLVW1QZMc25+lh8sYm3GCLvnWms+i78wkTl9+fNt97CILpY8es2evUKq3u+IEo4RVF7E6dqsnmQan7hFsr1ZxF/dermEo5BSKRtMkouPWQwNTWZKio8bHUkBCjNLPD5，最后访问时间：2025年1月17日。

费用的负担不明确的，由履行义务一方负担"的规定。王某按照短信退订指引发送退订短信，是属于行使拒绝接收权利的行为，而并非义务履行行为。为用户提供可选择的停止推送推广消息的服务，是该电子商务公司的合同义务，故该公司是履行义务的一方。最终法院判决，王某因退订而产生的0.1元短信费由该电子商务公司负担。[①]

[①] （2020）京0491民初9057号民事判决书，载中国裁判文书网，https://wenshu.court.gov.cn/website/wenshu/181107ANFZ0BXSK4/index.html?docId=4tKL/k1m5BC4++6Qx2x6JW6LqbLvk2etNL5RSi60oJp4gjTHV9ftfPUKq3u+IEo4RVF7E6dqsnmQan7hFsr1ZxF/dermEo5BSKRtMkouPWQwNTWZKio8bO3s2mxuHIWq，最后访问时间：2025年1月17日。

第六章 合同履行环节的合规重点问题

第33问 履行合同时客观情况发生重大变化的，如何合规处置？

一、分析

《民法典》第五百三十三条规定："合同成立后，合同的基础条件发生了当事人在订立合同时无法预见的、不属于商业风险的重大变化，继续履行合同对于当事人一方明显不公平的，受不利影响的当事人可以与对方重新协商；在合理期限内协商不成的，当事人可以请求人民法院或者仲裁机构变更或者解除合同。人民法院或者仲裁机构应当结合案件的实际情况，根据公平原则变更或者解除合同。"

据此，合同签订后，发生了当事人在订立合同时无法预见的、不属于商业风险的重大变化，继续履行对己方明显不利，此时合同承办部门可以按合同管理相关规定顺序启动通过协商、诉讼或仲裁变更或解除合同的相关流程：

（一）重新协商变更或解除合同

1. 重新协商的前提条件

根据《民法典》第五百三十三条第一款的规定，重新协商必须具备几个前提：

（1）**发生了当事人在订立合同时无法预见的、不属于商业风险的重大变化。** 该变化应以是否导致合同赖以成立的基础丧失、是否导致当事人合同目的不能实现，以及是否造成对价关系障碍为判断标准。但是，涉及市场属性活跃、价格长期波动较大的商品，以及股票、期货等风险投资类金融产品的，不属于这种变化。根据最高人民法院《合同编通则司法解释》第三十二条规定，合同成立后，因政策调整或者市场供求异常变化，导致价格出现当事人在订立合同时无法预见的、不属于商业风险的上涨或者下跌，继续履行合同对一方当事人显失公平的，人民法院应当认定合同基本情况发生民法典第五百三十三条第一款规定的"重大变化"。但是，合同涉及市场属性活跃、价格长期波动较大的商品，以及股票、期货等风险投资型金融产品的除外。

（2）**重大变化必须发生在合同成立以后，履行终止之前**。这是适用"重新协商"的时间要件。只有"重大变化"发生在合同成立之后，合同关系消灭之前，才能适用"重新协商"。在订约前、订约时，如发生"重大变化"，当事人不得主张适用"重新协商"。若"重大变化"发生在合同履行期间，又在履行过程中归于消灭，一般也不得适用"重新协商"，因为履行合同的基础已恢复至原状。若债务人迟延履行合同债务，在迟延期间发生了"重大变化"，则债务人不得主张适用"重新协商"，因为债务人如按合同规定履行不会发生"重大变化"。

（3）**重大变化必须是当事人所不能预见的，且有不可预见之性质**。这是适用"重新协商"主观要件的一个方面。重大变化是否属于不可预见，应根据当时的客观实际情况及商业习惯等来判断。虽然当事人事实上没有预见，但法律规定应当预见或者客观上应当预见，则不能适用"重新协商"，因为当事人对自己的主观过错应当承担责任。重大变化须因不可归责于双方当事人之事由而发生，这是适用"重新协商"主观要件的另一个方面。双方当事人在订立合同时对情势的变更无法预见和防止，因此双方当事人在主观上无过错。如情势的变更由可归责于一方当事人或第三人的事由而发生，则有过错的一方当事人或第三人应承担责任，不适用情势变更原则。

（4）**继续履行原合同显失公平**。这是适用"重新协商"的实质要件。重大变化发生以后，如继续按原合同规定履行义务，将会对一方当事人产生显失公平的结果。适用"重新协商"是为了平衡当事人之间的利益，消除合同因重大变化所产生的显失公平，赋予一方当事人变更或解除合同的权利。是否显失公平，以下几点可作为判断标准：①是否符合诚实信用原则、公平合理原则；②显失公平的事实须存在于合同双方当事人或其中一方；③显失公平的结果使双方利益关系发生重大变动，危害交易安全；④主张适用的一方因不适用而遭受的损失，一般要远大于适用时对方所遭受的损失。

2.重新协商的结果

重新协商对于当事人主要有两个结果：

（1）**变更合同**。变更合同就是在原合同的基础上，仅就合同不公正之处予以变更，使双方的权利义务趋于平衡，如增减给付、延期或分期履行、拒绝先为履行，变更标的物，变更履行方式等；解除合同即使合同关系自始消灭。但通过何种步骤和方式实现这一价值，从契约严守的立场出发，法律首先倾向于最大限度地维持既有的法律关系。对于不公平的后果首先应着眼于在维持原有法律关系的基础上调整当事人双方的权利义务，使之趋于平衡。

（2）**解除合同**。只有在通过变更合同仍不足以排除不公平的后果时，才可以协商解除或终止合同，通常包括：合同目的因重大变化而不能实现，或者合同履行因重大变化而不可期待，或者合同履行因重大变化更而丧失意义等。

（二）诉请人民法院或仲裁机构变更或解除合同

根据《民法典》第五百三十三条规定，符合情势变更条件时，在合理期限内协商不成的，当事人可以请求人民法院或者仲裁机构变更或者解除合同。人民法院或者仲裁机构应当结合案件的实际情况，根据公平原则变更或者解除合同。（如何诉请变更或解除合同？详见本书第七章"合同纠纷案件办理环节的合规重点问题"）

第34问　履行合同时遭遇不可抗力的，如何合规处置？

一、分析

根据《民法典》第五百六十三条第一款规定，因不可抗力致使不能实现合同目的时，当事人可以解除合同。再根据《民法典》第五百九十条规定，当事人一方因不可抗力不能履行合同的，根据不可抗力的影响，部分或者全部免除责任，但是法律另有规定的除外。据此，在履行合同时如遭遇不可抗力，应当及时发出通知，并在合理期限内向相对方提交证明。当不可抗力导致合同履行不能时，应当与对方进行沟通，及时免除责任；当不可抗力导致合同目的不能实现时，应及时解除合同。因不可抗力导致纠纷的，应及时通过诉讼或仲裁方式解决。具体如下：

（一）不可抗力的概念

《民法典》第一百八十条规定："因不可抗力不能履行民事义务的，不承担民事责任。法律另有规定的，依照其规定。不可抗力是不能预见、不能避免且不能克服的客观情况。"

"不能避免且不能克服"，是指当事人已经尽到最大努力和采取一切可以采取的措施，仍不能避免某种事件的发生并不能克服事件所造成的后果。这表明某个事件的发生和事件所造成的后果具有必然性。[1]因此，发生不可抗力

---

[1] 石宏主编：《〈中华人民共和国民法典〉释解与适用（总则编）》，人民法院出版社2020年版，第336页。

事件后，合同双方应当积极采取免除责任、解除合同等措施，防止损失扩大。

（二）发生不可抗力后的处置

1. 及时通知对方：因不可抗力不能履行合同的，合同当事方应当及时通知相对方，以减少可能给相对方造成的损失。不可抗力通知应包含不可抗力的具体情况以及对合同履行的影响，且最好以书面方式作出。不可抗力通知的送达也很重要，最好采取挂号信、电子邮件等可留痕的方式进行送达。

2. 提供相关证明：将不可抗力事件通知合同相对方后，遭遇不可抗力事件的合同当事方应当在合理期限内提供证明，证明所称不可抗力确实存在。这有助于证明自己的免责事由，并减少可能的争议。

3. 采取合理措施：发生不可抗力后，合同当事方应当采取合理措施，避免合同目的的丧失或者损失扩大。未采取合理措施，而致使合同目的丧失或者损失扩大的，应当承担相应的赔偿责任。

4. 免除相关责任：因不可抗力导致合同履行不能，合同当事方根据不可抗力的影响，向对方发函要求部分或者全部免除责任。该函件与不可抗力通知函一样，也应当以书面方式作出，并以可留痕的方式送达。

不过，不可抗力免责也有例外。根据《民法典》第五百九十条，当事人迟延履行后发生不可抗力的，不免除其违约责任。

5. 解除合同：因不可抗力导致合同的目的无法实现的，双方应当及时协商解除合同。（详见本书第35问"如何合规地补充、变更、解除合同？"）

6. 采取诉讼仲裁方式解决争议：因不可抗力原因造成合同履行争议的，合同当事方应当保留相关证据，及时根据合同争议解决条款约定，选择诉讼或仲裁方式，诉诸司法救济。（详见本书第七章"合同纠纷案件办理环节的合规重点问题"）

二、实务案例与操作建议

案例：限行政策并非突发、偶发、不可预测，不构成不可抗力

2009年7月，某建设公司与银行签署《中长期项目贷款合同》，约定贷

款17亿元，贷款期限为18年。2021年9月，因某建设公司未能按合同约定足额偿还2021年第二季度利息，也未支付当期贷款本金1.4亿元，银行几次催收未果，遂将某建设公司诉至法院，要求某建设公司支付贷款本金、利息及相应罚息。某建设公司辩称，其未能如期偿还贷款本息，是因为受疫情影响，北京交通委及政府部门发布限行政策，导致通行车辆减少，影响其交通费收入，系因不可抗力无法履行合同。一审法院经审理认为，限行政策不构成不可抗力，判决支持银行的诉讼请求。某建设公司不服判决，提起上诉。二审法院经审理认为，不可抗力作为法定的免责事由，强调的是克服或者规避履行障碍的难度过高，限行政策并非突发、偶发、不可预测，不符合法律规定的不可抗力所应具备的"不能预见、不能避免且不能克服"的特征。同时，案涉合同履行期共18年，截至本案诉讼时只剩余6年履行期，故政府相关限行政策对于案涉《贷款合同》的履行并不必然产生难度过高的不能克服、不能规避的障碍。最终二审法院判决驳回上诉，维持原判。[1]

📝**案例**：因国家政策调整被采取限电、停炉等措施无法继续生产，属不能预见、不能避免且不能克服的客观情况，构成不可抗力

2021年5月，买卖双方签署《采购合同》，约定采购金属硅。后来，卖方因受能耗双控政策影响，且工厂发生安全事故，处于停产状态，无法正常生产案涉货物，未能按期交付。买方遂将卖方诉至法院，要求卖方支付逾期交货违约金。一审法院经审理认为，卖方因所在地区国家能耗双控政策的持续升级，被采取限电、停炉等措施，后又因发生安全生产事故被行政处罚责令停产，需要经过整改、验收程序方能恢复生产，属于遭遇不可抗力履行合同不能，判决驳回买方的诉讼请求。买方不服判决，提起上诉。二审法院经审理认为，当事人双方在合同中明确约定了政府禁令、国

---

[1] （2022）京民终427号民事判决书，载中国裁判文书网，https://wenshu.court.gov.cn/website/wenshu/181107ANFZ0BXSK4/index.html?docId=JseWE2JCpacEWFNFhZgqUfEPEWwCGj7WjrPWitplhh1TzncNXszpH/UKq3u+IEo4RVF7E6dqsnmQan7hFsr1ZxF/dermEo5BSKRtMkouPWShfpyLytqdkUl/VqOgGsul，最后访问时间：2025年1月17日。

家政策调整属于不可抗力，国家能耗双控政策所致限电、停炉等措施使当事人处于无法继续生产的状态，属不能预见、不能避免且不能克服的客观情况，因不可抗力不能履行合同义务的，不承担民事责任。最终二审法院判决驳回上诉，维持原判。[1]

> **案例：** 强降雨的雨量和强度已超出了正常合理的预见范围，且物业公司已经尽到了管理职责，车库进水、被淹构成不可抗力

业主公司与物业公司签订《物业服务合同》。后，案涉地区发生特大暴雨，导致业主公司车库被淹，造成业主公司汽保设备受损，业主公司遂将物业公司诉至法院，要求其承担营业损失、财产损失和人员工资损失等共计33万余元。一审法院经审理认为，物业公司未对小区设施进行妥善管理，导致发生暴雨时车库进水被淹造成损失，判决物业公司支付业主公司营业损失及财产损失7.8万余元。物业公司不服判决，提起上诉。二审法院经审理认为，暴雨当天虽然气象台发布了预警信号，但强降雨的雨量和强度已超出了当事人正常合理的预见范围。同时，在暴雨发生时，物业公司已经在业主群内进行了预警，要求业主尽量将车开到地面，并采取了抽水等相应措施，终因雨量太大而无法阻止地下车库进水，物业公司已经尽到了物业管理职责。再结合本地区同时段有多处地方发生了因雨急量大而被淹，多辆车辆被暴雨冲走、被雨水淹没的客观情况，本次暴雨造成涉案车库进水、被淹的情形，属于不可抗力，物业公司无须承担相关责任。最终法院判决撤销原判，驳回原告的诉讼请求。[2]

---

[1] （2022）苏02民终4111号民事判决书，载中国裁判文书网，https://wenshu.court.gov.cn/website/wenshu/181107ANFZ0BXSK4/index.html?docId=RMsHL+R1Vwue5XtNBQmErB31Af2FjMCsrfQEX5Z+3Gu0nM9ncme40PUKq3u+IEo4RVF7E6dqsnmQan7hFsr1ZxF/dermEo5BSKRtMkouPWShfpyLytqdkTh7Q7/R2Brh，最后访问时间：2025年1月17日。

[2] （2022）皖04民终2212号民事判决书，载中国裁判文书网，https://wenshu.court.gov.cn/website/wenshu/181107ANFZ0BXSK4/index.html?docId=6FkEWTGhxSheeSF8oc7wGu7oaE/ZoCMtEEMphCPfWmV3gt3b1GE8qfUKq3u+IEo4RVF7E6dqsnmQan7hFsr1ZxF/dermEo5BSKRtMkouPWShfpyLytqdkZN3RoTIq12b，最后访问时间：2025年1月17日。

第35问 如何合规地补充、变更、解除合同？

一、分析

根据《合同管理指引》第十一条规定，合同生效后，企业就质量、价款、履行地点等内容与合同对方没有约定或者约定不明确的，可以协议补充；不能达成补充协议的，按照国家相关法律法规、合同有关条款或者交易习惯确定。在合同履行过程中发现有显失公平、条款有误或对方有欺诈行为等情形，或因政策调整、市场变化等客观因素，已经或可能导致企业利益受损，应当按规定程序及时报告，并经双方协商一致，按照规定权限和程序办理合同变更或解除事宜。

合同履行如果出现新情况，或者合同对相关事项没有约定、约定不明确，以及合同条款存在瑕疵，为了解决这些问题，就会涉及对合同的补充、变更和解除。特别是对于经过招投标流程而签订的合同，如何变更才合规，是企业实践中经常遇到的问题之一。企业应当根据客观情况的变化以及实际需要，及时补充和变更合同，如果继续履行合同已经不具备实际意义，则双方应当及时解除合同。具体如下：

（一）合同补充、变更的原因

1. 没有约定或者约定不明

《民法典》第五百一十条规定："合同生效后，当事人就质量、价款或者报酬、履行地点等内容没有约定或者约定不明确的，可以协议补充；不能达成补充协议的，按照合同相关条款或者交易习惯确定。"

2.履行出现新情况

合同履行中,有可能因为当事人状况、社会经济环境等发生可预见或不可预见的客观变化,导致合同需要进行变更。

(1)不可抗力

《民法典》第一百八十条规定:"因不可抗力不能履行民事义务的,不承担民事责任。法律另有规定的,依照其规定。不可抗力是不能预见、不能避免且不能克服的客观情况。"第五百九十条规定:"当事人一方因不可抗力不能履行合同的,根据不可抗力的影响,部分或者全部免除责任,但是法律另有规定的除外。因不可抗力不能履行合同的,应当及时通知对方,以减轻可能给对方造成的损失,并应当在合理期限内提供证明。当事人迟延履行后发生不可抗力的,不免除其违约责任。"

(2)情势变更

根据《民法典》第五百三十三条规定,合同成立后,合同的基础条件发生了当事人在订立合同时无法预见的、不属于商业风险的重大变化,继续履行合同对于当事人一方明显不公平的,受不利影响的当事人可以与对方重新协商;在合理期限内协商不成的,当事人可以请求人民法院或者仲裁机构变更或者解除合同。

3.合同条款存在瑕疵

(1)合同条款存在歧义或遗漏

合同订立之初,可能因为各种条件受限,出现了语焉不详或存在重大歧义的表述,导致合同履行产生实质性障碍。例如,合同订立之初,未明确约定法律关系是挂靠关系还是劳动关系,导致法律关系不清,无法准确适用法律;又如,合同签订时,未明确约定货物质量标准,导致出现争议时缺乏合同依据;等等。这些情况都需要通过合同变更予以明确,以保障合同履行。《民法典》第五百一十条规定:"合同生效后,当事人就质量、价款或者报酬、履行地点等内容没有约定或者约定不明确的,可以协议补充;不能达成补充协议的,按照合同相关条款或者交易习惯确定。"

（2）合同条款显示公平、存在错误或构成欺诈

对于合同履行过程中发现显失公平、存在错误或存在欺诈行为的合同条款，以及因政策调整、市场变化等客观因素已经或可能导致企业利益受损的合同条款，应当按规定程序及时报告，并经双方协商一致，按照规定权限和程序办理合同变更或解除事宜。[①]合同相对方提出中止、转让、解除合同，造成企业经济损失的，应向对方当事人书面提出索赔。

（二）合同补充、变更方式

1. 履行补充、变更程序

合同的补充、变更通常也要经过重新协商、谈判、起草、审查的过程，对此，上文已经进行了详细论述，在此不做赘述。需要强调的是，如果是涉及法定情形变更或其他重大变更，协商无果的，变更还可以通过法院或者仲裁机构进行。例如，根据《民法典》规定，合同成立后，合同的基础条件发生了当事人在订立合同时无法预见的、不属于商业风险的重大变化，继续履行合同对于当事人一方明显不公平的，受不利影响的当事人可以与对方重新协商；在合理期限内协商不成的，当事人可以请求人民法院或者仲裁机构变更或者解除合同。

2. 以书面方式进行变更

合同变更应尽量采用以书面变更的方式，而尽量避免口头变更。补充协议是合同履行过程中最常见的变更形式之一，也是适用于新情况的特殊约定，其效力一般要高于原合同，是对新情况、遗漏约定的重要补充。经过招投标、公开比选、竞争性谈判等签订的项目合同，会经常发生签订补充协议的情况，这是因为：一方面，比选程序可能时间较长，待程序履行完毕，合同履行环境可能发生变化；另一方面，经过公开比选等的项目通常较为重大，需要协调多方当事人，更容易受到不可预见因素的影响。另外，补充协议最后应当注明"本协议为原合同（编号：×××）的补充，与原合同效力相同"，防止出现效力争议。

---

① 财政部《企业内部控制应用指引第16号——合同管理》第十二条。

3.招投标合同的变更：有关"实质性变更"的认定

根据《招标法》第五十九条："招标人与中标人不按照招标文件和中标人的投标文件订立合同的，或者招标人、中标人订立背离合同实质性内容的协议的，责令改正；可以处中标项目金额千分之五以上千分之十以下的罚款。"《招标实施条例》第五十七条第一款规定："招标人和中标人应当依照招标投标法和本条例的规定签订书面合同，合同的标的、价款、质量、履行期限等主要条款应当与招标文件和中标人的投标文件的内容一致。招标人和中标人不得再行订立背离合同实质性内容的其他协议。"因此，经过招投标签订的合同，在补充、变更时应尤其谨慎，需要特别关注合规性。一般而言，对实质性条款进行变更、与总量相比发生重大变化、未对变更事项事先约定、未发生客观原因的变更，都可能产生争议。如何变更该类合同，以下几点可供参考：

（1）一般情况下，工程价款（包括进度款的支付、计价标准、支付方式等）、工期、违约责任的变更都可能存在被人民法院认定为"实质性变更"的风险，从而被认定补充协议的约定无效。

（2）虽然进行了变更，但是变更数量与总数量相比，占比较小的，一般不认定为实质性变更。

（3）中标合同中事先约定针对某一变更事项另行协商，或者将补充协议作为中标合同的组成部分的，一般不认定为实质性变更。

（三）合同的解除

1.可以解除合同的情形

根据《民法典》第五百六十三条规定，当事人可以解除合同的情形有：

（一）因不可抗力致使不能实现合同目的；

（二）在履行期限届满前，当事人一方明确表示或者以自己的行为表明不履行主要债务；

（三）当事人一方迟延履行主要债务，经催告后在合理期限内仍未履行；

（四）当事人一方迟延履行债务或者有其他违约行为致使不能实现合同目的；

（五）法律规定的其他情形。

发生上述情形时，己方可以结合合同的实际履行情况，按照内外部流程发起合同解除程序，终止合同。

2. 及时行使合同解除权

根据《民法典》第五百六十三条、第五百六十四条规定，以持续履行的债务为内容的不定期合同，当事人可以随时解除合同，但是应当在合理期限之前通知对方；法律规定或者当事人约定解除权行使期限，期限届满当事人不行使的，该权利消灭。法律没有规定或者当事人没有约定解除权行使期限，自解除权人知道或者应当知道解除事由之日起一年内不行使，或者经对方催告后在合理期限内不行使的，该权利消灭。因此，合同因客观情况需要解除时，除非双方签署的是持续履行债务的不定期合同，否则己方应注意及时在解除期限内行使解除权，避免期限经过导致权利丧失。

3. 合同解除后的注意事项

根据《民法典》第五百六十六条，合同解除后，应注意以下事项：

（1）合同解除后，尚未履行的，终止履行；已经履行的，根据履行情况和合同性质，当事人可以请求恢复原状或者采取其他补救措施，并有权请求赔偿损失。

（2）合同因违约解除的，解除权人可以请求违约方承担违约责任，但是当事人另有约定的除外。

（3）在存在担保合同的情况下，主合同解除后，担保人对债务人应当承担的民事责任仍应当承担担保责任，但是担保合同另有约定的除外。

二、实务案例与操作建议

案例： 修改工程总价、工期、价款支付方式，构成实质性变更

业主方与施工方签订《建设工程施工合同》，约定工程固定总价为74638402.22元，后双方签订《补充协议1》约定工程固定总价应为66980882.22

第六章　合同履行环节的合规重点问题

元。竣工结算时,双方对工程价款结算产生争议,施工方认为结算价格应以《建设工程施工合同》为准,而业主方主张以《补充合同1》结算价格为准。随后施工方诉到法院,经法院一审、二审后,业主方不服判决,向最高人民法院申请再审。

最高人民法院经审理认为,因《补充协议1》对案涉工程的工程总价、工期、价款支付方式等进行了约定,上述约定内容构成对备案合同内容的实质性变更,故《补充协议1》无效,双方仍应当依据原《建设工程施工合同》认定案涉工程价款。最终最高人民法院裁定：驳回业主方的再审申请。[①]

✎案例： 变更数量占比小,不构成实质性变更

业主方通过招投标程序选定施工方,签订《建设工程施工合同》,约定造价为626.99万元,后双方另行补充签订《土石方外运补充协议书》,将14.5万方一标段剩余土石方价格从21.04元增加到26元,业主方主张由此增加的工程价款（26−626.99/29.8）×14.5=71.920973万元违法无效。随后业主方诉到法院,经法院一审、二审后,业主方不服判决,向最高人民法院申请再审。

最高人民法院经审理认为：对于经过招投标的合同,原则上以中标合同作为结算工程价款的依据,但在这一原则下,双方在履行合同过程中根据实际施工情况协商对中标合同的部分内容进行修改,属于正常的合同变更情形。本案中,从双方提交的施工文件来看,施工中曾对倒土场和运距的变化进行协商,且该剩余土石方的工程量只占工程的小部分,业主方与施工方根据实际情况对一标段剩余土石方价格进行变更属于正常的合同变更,并不构成对中标合同内容的实质性变更,应为合法有效。最终最高人

[①] （2021）最高法民申2824号民事裁定书,载中国裁判文书网,https://wenshu.court.gov.cn/website/wenshu/181107ANFZ0BXSK4/index.html?docId=AOerA/kqNAOCx44ohJ4uJqkx8gnhP7iVg9ukT6hUZo6SmIFeFaW6QPUKq3u+IEo4RVF7E6dqsnmQan7hFsr1ZxF/dermEo5BSKRtMkouPWT4rkwqCC0fxsqLKzIWXjlI,最后访问时间：2025年1月17日。

民法院裁定：驳回业主方的再审申请。①

📝案例： 事先约定某一变更事项另行协商，不构成实质性变更

业主方通过招投标的方式选定施工方，双方签订了二份《建设工程施工合同》，二份合同的第六条第二款均约定："工程项目总投资下浮后作为乙方最终结算总价，下浮比例双方另行协商。"同日，双方签订了一份《补充协议》约定，"工程最终价款为按经审计的工程项目总投资下浮6%"。随后双方对结算总价产生争议，特别是施工人认为《补充协议》约定总投资下浮6%存在合同效力问题，因此诉至法院。一审判决后，施工人不服判决，上诉至最高人民法院。

最高人民法院经审理认为，《补充协议》关于工程项目总投资下浮6%的约定与二份《建设工程施工合同》的约定相衔接和呼应，是对二份《建设工程施工合同》的补充和完善，且并未约定与二份《建设工程施工合同》有实质性抵触的内容，双方当事人虽然另行签订《补充协议》约定对工程项目总投资进行下浮，但是该下浮的约定系在中标合同（施工合同）中已经约定《补充协议》是对中标合同（施工合同）的补充和完善，且并未与中标合同有实质性抵触的内容，应属有效。最终最高人民法院判决：维持一审法院判决，驳回施工方的其他诉讼请求。②

---

① （2017）最高法民申1006号民事裁定书，载中国裁判文书网，https://wenshu.court.gov.cn/website/wenshu/181107ANFZ0BXSK4/index.html?docId=uwk8pJnpw9y4azI3+TvCjVNYjMmOwVQffGIgSVWHmB6NaDBBfqPZM/UKq3u+IEo4RVF7E6dqsnmQan7hFsr1ZxF/dermEo5BSKRtMkouPWT4rkwqCC0fxqv8k9j/9+AS，最后访问时间：2025年1月17日。

② （2019）最高法民终583号民事判决书，载中国裁判文书网，https://wenshu.court.gov.cn/website/wenshu/181107ANFZ0BXSK4/index.html?docId=P83y7mkM3w3YuBaOx+opNQ9ctZKi3xD/WxnPWdqPFbPD2PkZ0XVcevUKq3u+IEo4RVF7E6dqsnmQan7hFsr1ZxF/dermEo5BSKRtMkouPWT4rkwqCC0fxkFouBQwQBbD，最后访问时间：2025年1月17日。

第36问 如何防范合同结算、收付款中的合规风险？

一、分析

合同结算、收付款是合同履行的重要环节，一般由合同承办部门协调财会部门办理。该环节存在的主要风险是：违反合同条款，未按合同规定期限、金额或方式付款；疏于管理，未能及时催收到期合同款项；在没有合同依据的情况下盲目付款；等等。合同进入履行环节后，合同承办部门应当会同财会部门按照合同约定进行收付款和结算，并定期进行复核，强化监督，防范相关风险，具体如下：

（一）加强审核

实行不相容岗位分离，合同签订、验收、付款由不同人员负责；实行分级授权审批制度，大额付款需多人复核。合同承办部门发起收付款流程后，财会部门应当在审查核对合同条款及相关结算依据后，再办理结算业务，不得超付或提前支付。禁止支付到第三方账户。因特殊情况需要支付到第三方账户的，须出具书面委托并向己方进行详细书面说明，按内部流程审批通过后再进行支付。相对方未按合同条款履约或应签订书面合同而未签订的，财会部门有权拒绝付款，并及时向企业有关负责人报告。跨境付款需符合外汇管理政策。支票、汇票等须严格登记和核销，避免空头票据风险。电子支付时应确保系统安全（如使用数字证书、加密传输）。禁止账外资金交易或"阴阳合同"，杜绝回扣、贿赂等行为。

（二）定期复核

财会部门定期整理收支台账，定期与合同承办部门核实合同履行进度，定期核对合同付款和结算记录，定期复核凭证和付款的安全性，避免虚假发票、重复付款或内部人员侵占资金或篡改账目等风险导致的资金损失；同时应建立账龄分析表进行账龄控制，建立账龄预警机制，及时催收到期款项，合同款项逾期时，及时发出催收函。计提坏账准备，定期核销呆账。监控频繁修改账户、金额偏差等异常付款。对历史纠纷案例进行复盘，填补流程漏洞。

（三）强化监督

对合同结算、收付款等重点节点进行定期审计与检查，抽查合同执行与付款记录，发现违规及时整改。发现违规付款或结算问题后，立即暂停交易并启动调查，追究相关人员责任，必要时通过法律途径追回损失。建立举报机制，鼓励员工监督。

二、实务案例与操作建议

案例：未定期对账，导致未及时发现员工私自转账行为

B公司业务部员工吴某利用公司财务管理漏洞，使用自己掌握的公司网上店铺信息，擅自修改公司账户支付密码，以合同转账的方式提取公司资金共计200余万元。由于该公司财务人员未严格执行合同管理和财务管理制度，未在严格审核合同条款后再按约定付款，也未定期进行合同对账和付款凭证核查，导致未能及时发现吴某的违规行为，公司遭受了严重损失。

第37问 如何合规处置合同履行中相对方带来的合同风险？

一、分析

合同履行过程中，因主客观情况或合同相对方履约能力等发生变化，相对方有违约的可能性或者已经违约，带来合同履行风险。合同承办部门应当及时将相关情况按制度流程向法务合规部门报告，会同法务合规部门共同研究应对方案。在应对方案的制订过程中，合同承办部门、法务合规部门可以根据实际情况，结合《民法典》的相关规定行使合同履行抗辩权、撤销权、代位权或采取其他合理措施，防止损失扩大。

（一）行使合同履行抗辩权

1.同时履行抗辩权

（1）概述

双务合同当事人应当同时履行义务，一方有权在对方未履行之前拒绝对方要求履行合同的权利。法律上设立同时履行抗辩权制度的目的，在于保障双方当事人之间在利益关系上的公平。一方不履行自己所负义务而要求对方履行义务，在法律上看来是有悖公平原则的。因此，同时履行抗辩权在功能上是使对方向自己提出的履行请求权的效力延期发生，在性质上是一种延期履行的抗辩权。如果对方当事人开始履行给付义务，同时履行抗辩权的效力就自行归于消灭。

同时履行抗辩权可以理解为在合同没有约定履行先后顺序的情况下，

从保护自身权益的角度出发，以"一手交钱、一手交货"的原则同时履行合同义务。作为合同当事人，在没有其他手段控制自身法律风险的情况下，可以通过行使同时履行抗辩权来对抗对方的先履行请求，避免使自身在合同履行中处于被动地位，从而更好地保护自身的权益。

（2）法律规定

《民法典》第五百二十五条规定："当事人互负债务，没有先后履行顺序的，应当同时履行。一方在对方履行之前有权拒绝其履行请求。一方在对方履行义务不符合约定时，有权拒绝其相应的履行请求。"

（3）行使条件

同时履行抗辩权的行使条件为：

①须由同一双务合同互负债务；

②当事人的债务没有先后履行顺序；

③双方互负的债务均已届履行期限；

④对方当事人未履行或者履行不符合约定。

不符合以上条件所谓的"同时履行抗辩权"不受法律保护。

（4）案例：同时履行抗辩权的行使条件

ZK公司与ZR公司、汪某某签订《艺术品转让协议书》及补充协议，约定ZK公司向ZR公司购入汪某某所有的5件艺术品，价格为5亿元。ZK公司依约向ZR公司支付了5亿元价款，但ZR公司始终未履行交付义务。ZK公司遂起诉要求解除转让协议、返还款项，并要求ZR公司及汪某某承担连带赔偿责任。一审法院判决支持ZK公司的诉请。汪某某不服判决，上诉至最高人民法院，并辩称5亿元艺术品转让协议其实是与ZR公司关联方谢某进行交易，该协议是其为了与谢某达成某项目投资合作而签署，且谢某以借观名义已取走其所有的另外9件艺术品。汪某某主张行使同时履行抗辩权，要求ZR公司返还款项和谢某返还9件艺术品同时履行。最高人民法院经审理认为：**首先**，案涉协议对于ZK公司的付款时间以及ZR公司、汪某某的交付时间有明确约定，不存在"没有先后履行顺序"的情形；**其次**，ZK公司已按约定支付了5亿元价款，不存在"履行债务不符合约定"

的情形；**最后**，行使同时履行抗辩权的前提条件是在同一双务合同中双方互负对待给付义务，本案转让协议相对方是ZK公司与ZR公司，汪某某、谢某并不是合同相对方，借观的9件艺术品亦不是案涉协议项下的标的物。谢某与汪某某之间的借观关系和ZK公司与ZR公司、汪某某之间的买卖合同关系并非同一法律关系。故，汪某某以谢某未归还9件艺术品为由主张对ZK公司行使同时履行抗辩权，缺乏法律依据。最终最高人民法院判决：驳回上诉，维持原判。[①]

2. 先履行抗辩权

（1）概述

合同双方当事人互负债务并有先后履行顺序的，若当事人互负债务且有先后履行顺序的约定，后履行一方可以行使先履行抗辩权，以先履行一方未履行或未按约定履行合同，己方作为后履行合同一方为由对抗对方的履行要求。若对方当事人依合同约定全面履行了合同义务，则先履行抗辩权消灭，当事人应当履行自己的义务。基于先履行抗辩权存在的效力，若先履行抗辩权存在，无须当事人主张，其即足以排除履行迟延。享有先履行抗辩权者履行期限届满而未履行债务的，不构成违约。

（2）法律规定

《民法典》第五百二十六条规定："当事人互负债务，有先后履行顺序，应当先履行债务一方未履行的，后履行一方有权拒绝其履行请求。先履行一方履行债务不符合约定的，后履行一方有权拒绝其相应的履行请求。"

最高人民法院《合同编通则司法解释》第二十六条规定："当事人一方未根据法律规定或者合同约定履行开具发票、提供证明文件等非主要债务，对方请求继续履行该债务并赔偿因怠于履行该债务造成的损失的，人民法院依法予以支持；对方请求解除合同的，人民法院不予支持，但是不

[①] （2021）最高法民终956号民事判决书，载中国裁判文书网，https://wenshu.court.gov.cn/website/wenshu/181107ANFZ0BXSK4/index.html?docId=sdm5Qb3+eps+yRusrB6UjgahQvxp/Nm3d9pr20Zbip3ozPD8Ew49EfUKq3u+IEo4RVF7E6dqsnmQan7hFsr1ZxF/dermEo5BSKRtMkouPWT1nWfRV8qiOuDph2VJPTrn，最后访问时间：2025年1月17日。

履行该债务致使不能实现合同目的或者当事人另有约定的除外。"

（3）行使条件

先履行抗辩权的行使条件为：

①基于同一双务合同互负债务；

②当事人的债务有先后履行顺序；

③应当先履行的当事人不履行债务或者履行债务不符合约定；

④后履行一方当事人的债务已届履行期。

不符合以上条件所谓的"先履行抗辩权"不受法律保护。

（4）案例

王某、赵某与班某、胡某签订《房产买卖合同》，约定将王某、赵某所有的某小区房屋以65万元的价格转让于班某、胡某。班某、胡某分次支付房款56万元，剩余9万元经催要未果，王某、赵某遂将班某、胡某诉至法院。

班某、胡某辩称，欠付9万元购房款属实，未支付该款是依法行使先履行抗辩权。双方在签订合同时约定了案涉房屋产权证书于2019年年底前可办理，但截至目前仍未办理，故其有正当理由暂停支付房款。法院经审理认为，根据《民法典》第五百二十六条规定，班某、胡某拒绝支付剩余房款是行使先履行抗辩权，最终最高人民法院判决驳回王某、赵某要求班某、胡某支付房款及违约金的诉请。①

3.不安抗辩权

（1）概述

合同成立后，应当先履行债务的当事人有确切证据证明对方丧失或者可能丧失履行债务能力的，有权中止履行合同义务。当事人中止履行的，应当及时通知对方。对方提供适当担保的，应当恢复履行。中止履行后，对方在合理期限内未恢复履行能力且未提供适当担保的，视为以自己的行为表明不履行主要债务，中止履行的一方可以解除合同并请求对方承担违约责任。

---

① 《以案释法|先履行抗辩权》，载榆林法院网，http://ylzy.sxfywcourt.gov.cn/article/detail/2024/07/id/8027401.shtml，最后访问时间：2024年10月25日。

（2）法律规定

根据《民法典》第五百二十七条，应当先履行债务的当事人，有确切证据证明对方有下列情形之一的，可以中止履行：

（一）经营状况严重恶化；

（二）转移财产、抽逃资金，以逃避债务；

（三）丧失商业信誉；

（四）有丧失或者可能丧失履行债务能力的其他情形。

当事人没有确切证据中止履行的，应当承担违约责任。

根据《民法典》第五百二十八条规定，当事人依据前条规定中止履行的，应当及时通知对方。对方提供适当担保的，应当恢复履行。中止履行后，对方在合理期限内未恢复履行能力且未提供适当担保的，视为以自己的行为表明不履行主要债务，中止履行的一方可以解除合同并可以请求对方承担违约责任。

（3）行使条件

①双方当事人因同一双务合同而互负债务；

②后给付义务人的履行能力明显降低，有不能为对待给付的现实危险；

③有先后的履行顺序，享有不安抗辩权之人为先履行义务的当事人；

④先履行义务人必须有充足的证据证明相对人无能力履行债务；

⑤先履行一方的债务已经届满清偿期；

⑥后履行义务未提供担保。

不符合以上条件所谓的"同时履行抗辩权"不受法律保护。

（4）案例：行使不安抗辩权

HD公司多次向JY公司订购彩盒、拼图等产品，截至2011年2月18日尚欠JY公司加工款1839303.07元。JY公司起诉要求HD公司支付欠款，并向法院申请财产保全。随后JY公司发现HD公司尚欠案外人GH公司加工款300余万元，GH公司也同时申请保全了HD公司的到期债权，而此时被保全的到期债权仅300余万元。HD公司和JY公司双方尚有两份合同未履行完毕，鉴于HD公司已实际拖欠其近200万元的加工款，并存在丧失履行合同能力的情形，且未按JY公司通知要求提供相应担保，JY公司诉请行使不安抗辩权，要求解除上述两份未履行完毕的合同并由HD公司赔偿损失。一审法院判决支持JY公司的诉讼请求，HD公司不服，提起上诉。二审法院经审理后认为，HD公司的经营状况出现问题，已拖欠JY公司近200万元未及时支付，同时还对GH公司等债权人存在巨额外债，经营状况恶化，即时付款能力严重欠缺，符合不安抗辩权的行使条件。最终二审法院判决：驳回上诉，维持原判。①

4.代位权

（1）概述

代位权是指债务人怠于行使其到期债权，对债权人利益造成损害的，债权人可以向人民法院请求以自己的名义行使债务人债权的权利。设立代位权的目的，是通过债权人的诉讼直接涉及债务人所拥有的债权，以便债权人以自己的名义对债务人的行为或债务人与第三人的行为行使权利，从而排除对债权人债权的危害，保障债权实现。

（2）法律规定

《民法典》第五百三十五条第一款规定："因债务人怠于行使其债权或者与该债权有关的从权利，影响债权人的到期债权实现的，债权人可以向人民法院请求以自己的名义代位行使债务人对相对人的权利，但是该权利专属于债务人自身的除外。"

（3）行使条件

①债权人对债务人的债权合法、有效、到期；

②债务人对次债务人的债权或从权利合法、有效、到期；

③债务人怠于行使对次债务人的债权或从权利，并因此影响债权人债权的实现；

---

① （2012）浙甬商终字第30号民事判决书，载中国裁判文书网，https://wenshu.court.gov.cn/website/wenshu/181107ANFZ0BXSK4/index.html?docId=2Fh5SZQZfVA1kihwuRlJZ0SF0SpFqHcrghd/3j6KW6V0Qq055ofR+/UKq3u+IEo4RVF7E6dqsnmQan7hFsr1ZxF/dermEo5BSKRtMkouPWT1nWfRV8qiOnFPR/QCXsn9，最后访问时间：2025年1月17日。

④债务人对次债务人的债权或从权利不具有专属性。

（4）案例：行使代位权

1997年7月，工艺品公司因从日本购买设备，通过工艺品公司在农行汇金支行申请向日本某银行开出信用证，农行汇金支行为其购买设备垫付了26425万日元，折合人民币2111万元。后来，工艺品公司一直怠于行使对涤纶厂的人民币2231.40万元的到期债权。工艺品公司对工艺品享有债权770万元，1999年2月6日双方签订的还款计划到期后，工艺品公司没有通过诉讼或仲裁的方式向工艺品公司主张到期债权，却对其于2000年2月18日出具的延期还款计划予以认可。后来，银行向人民法院起诉请求以自己的名义代位行使工艺品公司对涤纶厂的债权。一审法院判决支持汇金农行的诉请，判令涤纶厂对工艺品公司结欠农行汇金支行的信用证垫付款770万元履行清偿义务。工艺品公司、涤纶厂不服，提起上诉。二审法院经审理认为，债务人工艺品公司既未积极向债权人农行汇金支行清偿到期债务，又未通过诉讼或者仲裁方式主张其对次债务人涤纶厂的到期债权，而是在其债权到期后，通过签订延期还款协议，将还款时间延长至8年之久，明显损害了债权人农行汇金支行的合法权益，属于债务人怠于行使债权，农行汇金支行有权行使代位权。最终，因给付金额计算错误，二审法院撤销原判，改判涤纶厂给付农行汇金支行为工艺品公司垫付的信用证余款12886811.55元。[①]

5.撤销权

（1）概述

撤销权是指债权人对于债务人所实施的放弃债权、物产转入财产等危害债权的行为，可请求法院予以撤销的权利。债权人撤销权突破了传统债权债务关系的局限，增加了债权人行权的方式，使得特定当事人之间的合同效力延伸至其他非合同关系人，赋予了债权人特殊保护。

[①] 《最高人民法院公报》2004年第4期，中国农业银行汇金支行诉张家港涤纶厂代位权纠纷案，载最高人民法院公报网，http://gongbao.court.gov.cn/Details/a32aa19be63b67f066dfa29f27b001.html，最后访问时间：2024年11月5日。

（2）法律规定

《民法典》第五百三十八条规定："债务人以放弃其债权、放弃债权担保、无偿转让财产等方式无偿处分财产权益，或者恶意延长其到期债权的履行期限，影响债权人的债权实现的，债权人可以请求人民法院撤销债务人的行为。"

（3）行使条件

①债权人对债务人的债权合法、有效；

②债务人对债权人负担债务之后，实施的财产行为影响债权人的债权实现；

③若债务人的行为系有偿行为，须债务人、相对人具有恶意。

（4）案例：行使撤销权

2008年12月，鞍山市某中小企业信用担保中心与某农村信用社签订保证合同，为汪某经营的养殖厂在该信用社的贷款提供连带责任担保。汪某向担保中心出具了一份个人连带责任保证书，为借款人的债务提供反担保。后，因养殖厂及汪某没有偿还贷款，担保中心于2010年4月向信用社支付代偿款2973197.54元。2012年，担保中心以养殖厂、汪某等为被告诉至法院，要求养殖厂及汪某等偿还代偿款。法院判决支持了担保中心的诉讼请求。后，汪某以低价将养殖厂卖给鲁某，双方发生纠纷，经诉讼调解，鲁某依据生效民事调解书取得养殖厂所有权。担保中心知悉汪某和鲁某买卖合同纠纷诉讼及调解书内容后，提起第三人撤销之诉。最高人民法院经审理认为，汪某与鲁某因转让养殖厂发生纠纷时，担保中心对汪某的债权已经生效民事判决确认并已进入执行程序。汪某与鲁某签订的养殖厂买卖合同，对汪某财产的执行存在直接牵连关系，可能影响担保中心的利益，担保中心有撤销权。最高人民法院判决撤销汪某、鲁某之间关于转让养殖厂的民事调解书，并判令鲁某将养殖厂所有权归还汪某。[①]

---

① 最高人民法院指导案例152号：鞍山市中小企业信用担保中心诉汪薇、鲁金英第三人撤销之诉案，载最高人民法院网，https://www.court.gov.cn/shenpan/xiangqing/288631.html，最后访问时间：2025年1月17日。

三、实务案例与操作建议

案例： 某大型集团公司对合同相对方违约及其处理的规定

某大型集团公司的《合同管理办法》对合同相对方违约及其处理进行了如下规定：

合同相对方未能在合同规定的期限内履行义务，承办部门或承办人在发出书面文函催促履约后仍未能履行合同，则可以解除该合同，并追究合同相对方的违约责任。

第38问　己方有可能违约或者已经违约时应如何处理？

一、分析

《民法典》第五百八十二条规定："履行不符合约定的，应当按照当事人的约定承担违约责任。对违约责任没有约定或者约定不明确，依据本法第五百一十条的规定仍不能确定的，受损害方根据标的的性质以及损失的大小，可以合理选择请求对方承担修理、重作、更换、退货、减少价款或者报酬等违约责任。"

根据企业实践，如果己方在合同履行过程中出现违约，往往是发生了客观情况的变化，导致己方被动地、不得已地无法按照约定履行合同。例如，不可抗力事件、政府行为或第三方行为等导致己方无法正常履行，或者因原材料价格大幅上涨等，继续履行合同，己方将会遭受损失。

因不可抗力、市场发生重大变化等情形出现，己方可能或已经出现违约情况时，应当尽量纠正违约行为，评估违约可能造成的损害结果，考虑是否存在免责或减责情形，并结合合同相对方是否也存在违约情形，妥善处理。同时，还应积极进行合规整改，堵塞管理漏洞，避免再次发生违约。合同履行过程中，如因为客观原因发生变化，导致己方被迫违约，合同承办部门应积极与合同相对方沟通协商，及时向公司汇报情况，会同法务合规部门研究制订处理方案。制订处理方案时应当注意以下几点：

首先，防止损失扩大。 当己方有可能违约或者已经违约时，己方应当尽量纠正违约行为，采取合理措施防止损失扩大。可以与合同相对方谈判协商，采取暂停履行合同、解除合同、变更合同、合理赔偿等方式妥善解决。

其次，评估是否存在免责、减责或者相对方违约以及第三方责任情形。《民法典》第五百三十三条规定："合同成立后，合同的基础条件发生了当事人在订立合同时无法预见的、不属于商业风险的重大变化，继续履行合同对于当事人一方明显不公平的，受不利影响的当事人可以与对方重新协商；在合理期限内协商不成的，当事人可以请求人民法院或者仲裁机构变更或者解除合同。人民法院或者仲裁机构应当结合案件的实际情况，根据公平原则变更或者解除合同。"

第五百九十二条规定："当事人都违反合同的，应当各自承担相应的责任。当事人一方违约造成对方损失，对方对损失的发生有过错的，可以减少相应的损失赔偿额。"第五百九十三条规定："当事人一方因第三人的原因造成违约的，应当依法向对方承担违约责任。当事人一方和第三人之间的纠纷，依照法律规定或者按照约定处理。"

根据以上法律规定，当己方有可能违约或者已经违约时，己方应当评估违约情形发生的原因、可能导致的损害结果，结合合同约定及相关法律法规评估是否存在免责或减责情形，以及是否可以向第三方追责等。同时，己方还需考虑合同相对方是否也存在违约情形，该违约情形是否给己方造成损失，以便适用过失相抵、损害相抵等原则减少己方的损失。

最后，合规整改，堵塞漏洞。查找并堵塞管理漏洞，强化相关合同管理人员的责任心，避免类似情况再次发生。

二、实务案例与操作建议

案例：通过协商一致降价，化解合同违约争议

某塑料制品公司与某茶叶销售公司签订了包装定制采购合同。合同约定某塑料制品公司按照某茶叶销售公司设计的图样，在7日内向其供应镀

铝牛皮纸自封袋10000个，以配合春茶季产品上市销售。然而，实际交货后，某茶叶销售公司在验收过程中发现部分自封袋存在印刷不清晰等瑕疵，但并不影响使用。为避免退货重做导致延误销售，双方协商后同意针对瑕疵货物采取减少价款的让步接收方案，最终妥善解决了争议。

第六章 合同履行环节的合规重点问题

第39问 合同履行出现争议，应当如何处理？

一、分析

企业要加强合同纠纷管理，在履行合同过程中发生纠纷的，应当依据国家相关法律法规，在规定时效内与对方当事人协商并按规定权限和程序及时报告。合同纠纷经自行协商、调解、和解等方式解决的，双方应当签订书面协议；合同纠纷经协商无法解决的，应根据合同约定选择仲裁或诉讼方式解决。

（一）根据合同约定和履约事实，及时协商处理

1. 查明事实，分清责任。业务部门应先与合同相对方协商解决并予以记录，并保存有关履行异常的证据；对于可以继续履行的，在评估继续履约的商业合理性后，应当优先选择继续履行；对于不能继续履行或已无履行必要的，应当立即采取补救措施减少损失，如必要时申请诉前财产保全、开展反索赔等。法务部门及其他相关部门参与追究违约责任，多措并举，积极推动合同纠纷的有效处理等。

2. 坚持原则，依法合规。在争议解决过程中应当注意程序合规，严格落实利益冲突回避制度，不得假公济私，慷国家或企业之慨而中饱私囊。

3. 及时处理，书面确认。承办部门应当注意争议解决的及时性，避免时间拖延导致损失扩大、超过法定诉讼时效或出现其他无法预见的情形。若通过协商达成一致意见，应当及时签订书面协议，固定谈判成果，明确争议终结条款。

（二）遵循平等自愿、依法合规等原则，及时调解解决

调解解决纠纷的好处众多，如节约时间和成本，比诉讼、仲裁更快；有利于避免矛盾激化，维护和修复双方关系，促进未来的合作；调解过程和结果通常是保密的，有利于保护商业秘密；等等。

除自行协商外，双方也可通过行业调解、行政调解、人民调解、司法调解等多元化方式化解纠纷。调解过程应遵循平等自愿、公平合理、依法合规原则。经调解达成和解的，应当及时签署和解协议并办理司法确认手续。根据最高人民法院《关于建立健全诉讼与非诉讼相衔接的矛盾纠纷解决机制的若干意见》的规定，经行政机关、人民调解组织、商事调解组织、行业调解组织或者其他具有调解职能的组织调解达成的具有民事合同性质的协议，经调解组织和调解员签字盖章后，当事人可以申请有管辖权的人民法院确认其效力。因此，和解协议签署后，必要时还应向人民法院申请确认其法律效力，确保其具有强制执行力。

（三）无法协商或调解的，采用仲裁或诉讼方式解决

合同纠纷经协商无法解决的，应当根据合同约定选择仲裁或诉讼方式解决。

二、实务案例与操作建议

案例： 自行协商解决土地使用权纠纷

A公司为某市属国有企业，其名下拥有一块工业土地的建设用地使用权。2019年6月，A公司与其所属持股30%的B公司及B公司的其他股东签订《土地使用权作价入股协议》，约定将该工业用地的土地使用权作价入股至B公司，作为A公司对B公司的实缴出资，并于2020年1月前办理完毕土地使用权变更登记手续。基于对A公司的信赖以及股东会决议的安排，B公司自2019年7月起陆续投资数百万元，在该工业用地上开展土地平整、房屋拆除以及新建厂房设计等工作。然而，直到2021年，该项土地使用权

依然未实缴出资并变更登记至B公司名下。2021年6月，A公司向B公司发函称拟将该土地用于其他项目建设，不再注资至B公司，双方遂发生争议。考虑到A公司与B公司、B公司的其他股东存在长期投资合作关系，为避免诉讼给各方造成的不利影响与成本增加，各方同意以友好协商为原则解决争议。B公司逐项梳理举证证明其损失，A公司审核确认后签订赔偿协议，主动支付赔偿款，争议最终得以妥善解决。

第七章
合同纠纷案件办理环节的合规重点问题

【导读】

　　一份合同,从订立到履行完毕,除即时结清外,通常会有一个较长的过程。在合同履行过程中,因为主观或客观因素,合同相对方或己方因素,导致合同履行出现问题,引起纠纷的情况数不胜数。本章主要介绍了合同纠纷案件产生后,如何合规处理和应注意的合规重点,即如何通过纠纷化解,改进管理,堵塞管理漏洞,更好地防范风险。

第40问 合同纠纷案件办理环节有哪些合规要点？

一、分析

企业要准确认识诉讼（仲裁）的功能，诉讼（仲裁）是解决问题实现利益的途径而非目标，企业科学树立诉讼（仲裁）目标的目的在于实现合法利益的最大化，而绝非简单的胜诉。因此，及时、合理、有效地处理合同纠纷，是避免合同风险的有效措施之一。

企业应当加强合同纠纷管理，发生纠纷的，应当依据国家相关法律法规，在规定时效内与对方当事人协商，按规定权限和程序及时向领导报告并通知法务部门。合同纠纷经协商一致的，双方应当签订书面协议。合同纠纷经协商无法解决的，应当根据合同约定选择仲裁或诉讼方式解决。对涉外合同纠纷，选择符合国际惯例的争议解决方式，如国际仲裁，明确合同适用的法律（如中国法、外国法、国际公约），确保诉讼策略符合法律规定。发生合同纠纷案件应当及时采取措施，全面调查了解案情，做好法律分析、证据收集等工作，规范参加庭审活动，加强舆情监测处置。

（一）及时组织研判并采取措施

严格遵守诉讼时效和相关程序的截止日期至关重要，错过这些期限可能导致丧失法律权利。作为债权人，未及时提起诉讼追究合同相对方的违约责任、赔偿责任等，会导致诉讼时效经过，丧失胜诉权。根据《中华人民共和国民事诉讼法》（以下简称《民事诉讼法》）及相关司法解释，若当事人未在规定期限内行使相关程序权利，如未按期缴纳诉讼费，未按时出席庭审，未及时提出管辖异议申请，未及时申请强制执行、上诉、申请再审等，将导致相关程序权利丧失，进而面临被动。要在诉讼时效内及时进行催告、起诉，并按法院或仲裁委要求时限及时缴纳费用、出庭应诉、申请执行等，主动维护公司的合法权益。

（二）及时、全面地搜集证据

证据是法律诉讼中的关键，因此必须对其进行严格管理。业务部门、法务部门或中介机构在证据材料转接、使用过程中如出现疏忽和失误，导致证据遗失、毁损，进而导致公司在诉讼、仲裁程序中面临被动。确保所有证据材料在转接与使用过程中都有适当的记录和签字确认，防止遗失或损坏。

（三）严格授权管理，严控全权委托

在庭审或调解过程中，业务、法务部门人员或代理律师发表不适当、不专业、未经授权许可的意见，构成不利事实的自认或不适当承诺，会导致公司在诉讼、仲裁程序中面临被动。在诉讼或仲裁过程中，必须对授予业务部门人员或律师的权限进行严格控制，要慎重采取特别授权，对实质权利的放弃不得授权。企业内部授权处理合同纠纷的，应当签署授权委托书。在处理纠纷的过程中，未经授权批准，相关经办人员不得向对方当事人作出实质性答复或承诺。

（四）根据需要及时选聘律所，督促其依法代理

如需委托律所等外部中介机构，应严格按照中介机构选聘办法等相关制度，开展选聘工作，禁止违反规定擅自外聘律师，这既有助于保证选聘过程的透明度和公正性，同时又能防止可能发生的利益冲突。

（五）做好案件保密工作

企业应当加强合同信息安全保密工作，未经批准，不得以任何形式泄露合同订立与履行过程中涉及的商业秘密或国家机密。案件处理的参与者泄露案件信息，可能对企业造成不良后果。要根据案件情况合理控制知晓范围，严禁泄露案件信息，并确保所有参与者都了解保密的重要性。

二、实务案例与操作建议

案例： 某大型企业法律纠纷案件管理办法相关规定

对需要由公司主动提起诉讼或仲裁的案件，业务部门应当及时将有关情况告知法律事务机构，并填写《案件启动法律程序审批表》，按法律事务机构的要求提交案件资料。

业务部门应当对诉讼或仲裁案件的时效负责，最迟应在诉讼时效到期3个月前向公司法律事务机构提交《案件启动法律程序审批表》及相应的证据材料，确保诉讼、仲裁案件在法定的诉讼时效内启动法律程序。

法律事务机构应在收到起诉状等文件后3个工作日内，通知案件所涉及的业务部门，并告知业务部门提供与案件有关的证据材料、情况说明。

业务部门应在3个工作日内，备齐与案件有关的证据材料、情况说明，提交法律事务机构。

在案件办理过程中，需要补充证据材料，或者进行协商、调解的，业务部门应当积极配合法律事务机构的工作。

第41问 合同纠纷案件的相关证据应如何收集、固定、保管？

一、分析

证据是诉讼的灵魂。审理案件"以事实为依据，以法律为准绳"。以事实为依据，实质是以证据为依据，证据材料是查明案件事实真相的关键，直接影响到案件的判决结果。证据从形式上可以分为书证、物证、视听资料、数据电文、证人证言、当事人陈述、鉴定结论、勘验笔录。法务及相关部门应该围绕纠纷事实客观、全面、深入、细致地收集证据，使收集到的证据足以反映纠纷的来龙去脉和关键情节，从而证明自己的主张。具体可在以下阶段进行证据收集和固定：

其一，合同签署阶段。此时是法律关系形成之时，应注意收集对方主体的身份资料（如企业的营业执照、个人的身份证等），反映双方法律关系形成、发展的证据材料（如磋商过程会议纪要、微信聊天记录、合同书、往来文件或邮件资料、寄送或签收的相关证明等）。

其二，合同履行阶段。收集并保管好合同履行的证据，如发货单、签收单、入库单、服务确认书、进度报告、支付凭证、发票等，以及邮件、短信、微信等沟通记录，既包括相对方履行情况的证据，也包括己方履行情况的证据。

其三，纠纷产生后。法律纠纷产生后，在争议协商解决无结果的情况下，应有针对性地补充收集反映违约事实或者存在损害事实的证据材料，如关于解除合同的通知、催告函、损失鉴定报告等。

另外，证据收集时应当注意证据的"三性"，即真实性、合法性、关联性。 只有同时具备真实性、合法性、关联性的证据才能作为认定案件事实依据的证据，确保证据之间能够相互印证，形成完整的证据链，避免孤证（单一证据），尽量提供多份证据支持同一事实。并加强证据保管工作，包括证据的接收、转移、检查和归还等都应该有详细的记录，这些记录可以作为法庭上证明证据完整性和真实性的关键，证据的妥善保管可以防止证据被篡改、丢失或损坏，这对于支持或反驳案件中的主张至关重要。

二、实务案例与操作建议

案例： 买卖合同纠纷案件证据清单

第一组：证明当事人诉讼主体资格的证据

1.证据名称：原告的居民身份证、户口页、护照、港澳同胞回乡证等/原告的营业执照、统一社会信用代码证、法定代表人的身份证明书、法定代表人的身份证等。

证明目的：证明原告诉讼主体资格。

2.证据名称：被告的居民身份证、户口页、护照、港澳同胞回乡证等/被告的营业执照、统一社会信用代码证、法定代表人的身份证明书、法定代表人的身份证等。

证明目的：证明被告诉讼主体资格。

3.证据名称：第三人的居民身份证、户口页、护照、港澳同胞回乡证等/第三人的营业执照、统一社会信用代码证、法定代表人的身份证明书、法定代表人的身份证等。

证明目的：证明第三人诉讼主体资格。

第二组：证明买卖合同关系成立并生效的证据

1.证据名称：买卖合同/订货单。

证据来源：××××。

证明目的：××××。

（1）签订合同的时间、地点；

（2）合同约定的买卖标的物的情况、价款和价款支付方式；

（3）合同约定的交货时间、交货地点或履行地点；

（4）合同约定的违约金计算标准；

（5）合同约定的解除条件；

（6）合同约定的质量标准及检验方式；

（7）合同约定的管辖条款或管辖协议。

2.证据名称：微信聊天记录截图及聊天人的微信主页、证人证言、合同履行凭证等。

证据来源：××××。

证明目的：证明口头合同成立、生效。

3.证据名称：抵押凭证。

证据来源：××××。

证明目的：（1）合同约定抵押物情况；

（2）办理抵押权登记情况。

第三组：证明合同履行情况的证据

1.证据名称：交货单、送货单、提货单、收货单、入库单、仓单、运单等。

证据来源：××××。

证明目的：证明原告交货情况或被告提货情况。

2.证据名称：收据、银行付款凭证、发票、转账记录。

证据来源：××××。

证明目的：证明货款支付的情况。

第四组：证明原、被告违约的证据

第一项：书证

1.证据名称：质检报告。

证据来源：××××。

证明目的：货物已/未通过检验或已/未为检验所接受的证据。

2.证据名称：还款计划、还款承诺书、结算清单。

证据来源：××××。

证明目的：货品的金额及违约方承诺的还款时间、金额等。

3.证据名称：微信聊天记录截图及微信聊天人的微信主页。

证据来源：××××。

证明目的：××××。

第二项：视听资料

4.证据名称：视频/录像资料（需刻录光盘）。

证据来源：××××。

证明目的：××××。

第42问 通过诉讼处理合同纠纷，有哪些合规要点？

一、分析

通过诉讼处理合同纠纷是一个程序复杂且耗时较长的过程，需要采用谨慎和专业的方法来处理。准备充分、遵守法律程序、积极沟通和合理评估风险，可以提高诉讼的成功率并有效维护自身的合法权益。

（一）在诉讼时效期限内及时起诉

根据《民法典》第一百八十八条规定，向人民法院请求保护民事权利的诉讼时效期间为三年。法律另有规定的，依照其规定。诉讼时效期间届满的，义务人可以提出不履行义务的抗辩，拒绝履行义务。诉讼时效的起算时间主要有以下规定：

（1）诉讼时效期间自权利人知道或者应当知道权利受到损害以及义务人之日起计算。法律另有规定的，依照其规定。但是，自权利受到损害之日起超过二十年的，人民法院不予保护；有特殊情况的，人民法院可以根据权利人的申请决定延长。

（2）当事人约定同一债务分期履行的，诉讼时效期间自最后一期履行期限届满之日起计算。

（3）未约定履行期限的合同，依照《民法典》第五百一十条、第五百一十一条的规定，可以确定履行期限的，诉讼时效期间从履行期限届满之日起计算；不能确定履行期限的，诉讼时效期间从债权人要求债务人履行义务的宽限期届满之日起计算，但债务人在债权人第一次向其主张权利之时明确表示不履行义务的，诉讼时效期间从债务人明确表示不履行义务之日起计算。

（4）合同被撤销的，返还财产、赔偿损失请求权的诉讼时效期间从合同被撤销之日起计算。

（5）请求返还不当得利的，从当事人一方知道或者应当知道不当得利事实及对方当事人之日起计算。

（6）管理人请求支付因无因管理行为产生的必要管理费用、赔偿产生的损失的，从无因管理行为结束并且管理人知道或者应当知道本人之日起计算。

（7）本人请求赔偿因不当无因管理行为产生的损失的，从其知道或者应当知道管理人及损害事实之日起计算。

（8）权利人向公安机关、人民检察院、人民法院报案或者控告后，上述机关决定不立案、撤销案件、不起诉的，诉讼时效期间从权利人知道或者应当知道不立案、撤销案件或者不起诉之日起重新计算；刑事案件进入审理阶段，诉讼时效期间从刑事裁判文书生效之日起重新计算。

（二）选择合适的诉讼管辖法院

根据《民事诉讼法》第三十五条规定，当事人可以在书面合同中协议选择被告住所地、合同履行地、合同签订地、原告住所地、标的物所在地的人民法院管辖，但此约定不得违反关于级别管辖和专属管辖的规定。签订合同时，应当根据前述规定，尽量约定对自身解决争议有利的管辖法院，避免管辖法院距离遥远导致争议解决成本过高、遭遇地方保护主义等。常见的管辖条款，如"双方在合同履行过程中发生的纠纷，应当友好协商处理，处理无果的，可以向×××人民法院提起诉讼"。"×××"可以是原告住所地、被告住所地、合同签订地、合同履行地、标的物所在地等与争议有实际联系的地点。

（三）注意诉讼调解的权限和内部审批授权

诉讼调解是指在人民法院审判组织的主持下，当事人双方就争议的事实和法律问题平等协商，自愿达成调解协议，以解决民事纠纷。调解主要体现在三个阶段：诉前调解、庭前调解、庭后调解。业务部门在诉讼程序中如欲调解结案，应当将调解方案按程序报法务部门、相关领导审批，不得未经授权或超越授权参与调解。须经法院确认并出具调解书，法院出具的民事调解书和判决书在法律上有着同样的约束力，一旦被告方不按照调解书的内容履行义务，作为申请执行人就有权向法院申请强制执行。

（四）及时申请财产保全

财产保全按所处程序分为诉前财产保全、诉中财产保全。诉前财产保全，是指利害关系人因情况紧急，不立即申请保全将会使其合法权益受到难以弥补的损害的，可以在提起诉讼或者申请仲裁前向被保全财产所在地、被申请人住所地或者对案件有管辖权的人民法院申请采取保全措施。人民法院接受诉前财产保全申请后，必须在48小时内作出裁定；对裁定采取财产保全措施的，应当立即开始执行。申请人在人民法院采取保全措施后30日内不依法提起诉讼或者申请仲裁的，人民法院应当解除保全。诉中财产保全，大多数情况下由原告申请，但法院认为有必要时（如察觉涉案财产将被转移，原告却不知情）也可主动依职权采取财产保全措施。

（五）注意二审与再审程序的启动时限、条件

根据《民事诉讼法》第一百七十一条规定，当事人不服地方人民法院第一审判决的，有权在判决书送达之日起十五日内向上一级人民法院提起上诉。当事人不服地方人民法院第一审裁定的，有权在裁定书送达之日起十日内向上一级人民法院提起上诉。如果超过了上诉期当事人没有上诉，一审判决或裁定即发生法律效力，当事人必须执行。

民事案件再审是对已经生效的判决、裁定、调解书的一种纠错程序，即《民事诉讼法》规定的审判监督程序。根据现行法律规定，启动再审主要有三种程序：一是当事人申请再审；二是检察院提出抗诉或者检察建议；三是法院依职权提起再审。当事人申请再审，应当在判决、裁定发生法律效力后6个月内提出。

（六）及时申请强制执行

"法律不保护权利上的睡眠者"，我国民事诉讼法规定申请执行的期间

为二年。该期间从法律文书规定履行期间的最后一日起计算；法律文书规定分期履行的，从最后一期履行期限届满之日起计算；法律文书未规定履行期间的，从法律文书生效之日起计算。强制执行并非执行法官的"单打独斗"，还需要申请执行人的积极配合。在执行过程中，申请执行人有提供被执行人可供执行的财产及线索的法定义务。虽然法院的查控系统日渐完善，但并不能涵盖被执行人的所有财产类型，如现金收入等。在此情况下，申请执行人可基于对被执行人的了解，积极向法院提供财产线索，更有助于提升查人找物的精准性，提高执行效率。被执行人的财产线索包括但不限于：

1.不动产：被执行人名下的不动产的坐落位置、产权证号等；

2.车辆：被执行人名下的车辆的车牌号、存放地点等；

3.银行存款：被执行人名下的银行存款的账户、开户行等；

4.公积金：被执行人名下的公积金账户、所属管理中心；

5.被执行人名下的股票、基金、投资型保险、知识产权、版权、公司股权等。

二、实务案例与操作建议

案例： 证据保全定分，判决促成合作——南通某机械制造公司与如皋某书刊机械公司、南京某印刷厂侵害发明专利权纠纷案[①]

南通某机械制造公司系涉案专利权利人，其认为，如皋某书刊机械公司生产的书刊装订设备中书芯翻转系统采用的技术方案落入涉案专利权保护范围，南京某印刷厂使用了如皋某书刊机械公司生产的该书刊装订设

[①] 2024年4月17日，南京市中级人民法院召开新闻发布会，发布南京中院知识产权民事诉讼证据保全典型案例，载南京市中级人民法院微信公众号，https://mp.weixin.qq.com/s/yXSnPAamcZlxOIRFBAAxnw，最后访问时间：2024年9月13日。

备，该两公司的行为构成专利侵权，应承担相应的侵权责任。

案件审理过程中，法院根据南通某机械制造公司的申请，前往南京某印刷厂的经营场所采取证据保全措施，在不影响其正常生产经营的情况下，采取不停机的方式，对该设备的相关技术特征进行拍照取证。双方当事人均认可法院证据保全所拍照片反映了被诉侵权装置的全部技术特征，并基于上述照片发表了质证意见。法院经审理判决两被告停止侵权，并赔偿原告经济损失及为维权支出的合理费用30万元。

一审判决后，双方当事人签订了《执行和解协议书》，并进一步达成了专利许可使用协议。协议约定，如皋某书刊机械公司以5万元/台的价格向南通某机械制造公司支付专利许可使用费。

本案中，法院根据权利人的申请及时采取了证据保全措施。证据保全过程中，法院根据实际情况，采取了不停机保全的方式，一方面有效解决了权利人举证难的问题；另一方面尽可能降低了保全措施对南京某印刷厂生产经营带来的影响，为后续的案件审理打下了良好的基础。判决后，双方当事人不仅就一审判决达成执行和解协议，而且进一步达成了专利许可使用协议，由专利侵权案件中的对立双方变为生产经营中的专利合作双方，如皋某书刊机械公司由违法侵权人变为涉案专利权的合法使用人，权利人也充分实现了专利的技术价值到市场价值的转换。

第43问 通过仲裁处理合同纠纷，有哪些合规要点？

一、分析

商事仲裁，是一种由第三方裁决者对商业纠纷进行调解和裁决的法律程序。仲裁是诉讼外的重要的争议解决方式之一，广泛应用于全球商业领域，具有自愿性、灵活性、保密性、效率性等特点。

仲裁作为一种解决纠纷的方式，具有以下优点：其一，仲裁程序灵活、简便，实行一裁终局制度，有利于快速结案。其二，仲裁员通常是各行各业的专家，具有丰富的专业知识，有利于提高纠纷解决的专业性。其三，仲裁程序中当事人的自主权较大，可以自主选择仲裁机构、仲裁员。其四，仲裁审理以不公开为原则、公开为例外，有助于保护当事人的商业秘密和商业信誉。其五，仲裁裁决与法院判决具有同样的执行力，且商事仲裁在国际上得到广泛认可和尊重，许多国家和地区都加入了《纽约公约》，承认和执行外国仲裁裁决，使得商事仲裁成为解决国际商业纠纷的重要手段之一。然而，仲裁也存在一些缺点，如一裁终局的制度可能使当事人失去进一步主张权利、逆转裁决结果的机会；仲裁程序解决纠纷的经济成本与诉讼程序相比更高；等等。在签订合同时应结合实际情况及仲裁程序的优势、弊端，统筹考虑是否选择以仲裁方式解决争议，并签署符合法定要求的仲裁条款。

第七章　合同纠纷案件办理环节的合规重点问题

（一）具有仲裁条款，或事后能达成仲裁协议

能够进行商事仲裁的前提是双方达成有效的仲裁协议，仲裁协议可以是在合同中订立的仲裁条款，也可以是单独的仲裁协议。仲裁协议的关键在于双方就能够仲裁的事项选定具体明确的仲裁机构。需要注意的是，双方约定仲裁时不能同时约定还可以向法院提起诉讼，否则将导致仲裁协议（条款）无效。当事人达成仲裁协议（条款），一方向人民法院起诉的，人民法院不予受理，但仲裁协议（条款）无效的除外。

（二）及时在时效期限内申请仲裁

根据《民法典》第一百九十八条规定，法律对仲裁时效有规定的，依照其规定；没有规定的，适用诉讼时效的规定。根据《中华人民共和国仲裁法》（以下简称《仲裁法》）第七十四条规定，法律对仲裁时效有规定的，适用该规定。法律对仲裁时效没有规定的，适用诉讼时效的规定。两部法律对仲裁时效的规定基本相同，纵观国内现行法律的相关规定，并未见涉及商事仲裁时效的特别规定，由此，依照前述两部法律的规定，商事仲裁时效适用相关诉讼时效的规定。发生合同纠纷，有仲裁协议或仲裁条款的，应及时向协议约定的仲裁机构申请仲裁，维护企业的合法权益。

（三）注意仲裁调解的权限和内部审批授权

仲裁调解是在仲裁庭的主持下，双方当事人在自愿协商、互谅互让的基础上达成协议从而解决纠纷。根据《仲裁法》的规定，仲裁庭在作出裁决前可以先行调解。调解达成协议后，仲裁庭应当制作调解书，调解书应写明仲裁请求和当事人协议的结果，由仲裁员签名并加盖仲裁机构印章。调解书经双方当事人签收后即发生法律效力。需要注意的是，调解书与裁决书具有同等的法律效力。如果当事人在调解书签收后不履行其中的协议内容，另一方当事人可以向有管辖权的人民法院申请强制执行。业务部门在仲裁程序中如欲调解结案，应当将调解方案按程序报法务部门及相关领导审批，不得未经授权或超越授权参与调解。

（四）及时申请财产保全

由《仲裁法》第二十八条可知，仲裁中的财产保全，必须由仲裁当事

人提出申请。仲裁当事人不能直接向人民法院递交财产保全申请书等相关保全申请材料，应当通过仲裁机构向人民法院提交申请，仲裁机构应将当事人的申请材料按照民事诉讼法的有关规定提交人民法院。根据《民事诉讼法》第一百零四条的规定，符合条件的利害关系人可以在申请仲裁前申请财产保全。仲裁机构在当事人和人民法院之间充当了"申请资料传递者"的角色，没有实质审查权，更无权决定是否准许。及时申请财产保全是解决合同纠纷的一项重要法律措施，特别是在对方可能转移资产、逃避债务或对执行仲裁裁决造成障碍的情况下。在申请财产保全之前，需要评估是否确实存在转移资产的风险，以及保全措施对案件解决的重要性。一旦决定仲裁前申请财产保全，必须迅速行动，延迟可能会导致对方有机会转移或隐匿资产，从而削弱保全措施的效果。及时申请仲裁前财产保全可以有效地保护当事人的合法权益，防止对方逃避法律责任，为最终解决合同纠纷创造有利条件。

（五）注意仲裁裁决的撤销

仲裁实行一裁终局制度，裁决作出后，当事人就同一纠纷再申请仲裁或者向人民法院起诉的，仲裁机构或者人民法院不予受理。仲裁当事人一方在法定情形下，可以向法院申请撤销仲裁裁决。申请撤销仲裁裁决的一方应自收到仲裁裁决书之日起六个月内向仲裁机构所在地的中级人民法院提出，该六个月期限为不变期间，不适用诉讼时效的中断、中止及延长的相关规定。需要注意的是，申请撤销仲裁裁决的情形主要规定于《仲裁法》第五十八条，具体包括：没有仲裁协议；裁决事项不属于仲裁协议范围或仲裁机构无权仲裁；仲裁程序违法、仲裁员有索贿受贿、徇私舞弊、枉法裁决等违法行为；裁决依据的证据是伪造的；对方当事人隐瞒了足以影响公正裁决的证据；裁决违反公共利益；等等。仲裁裁决被人民法院依法裁定撤销或者不予执行的，当事人就该纠纷可以根据双方重新达成的仲裁协议申请仲裁，也可以向人民法院起诉。

（六）及时申请强制执行

《仲裁法》第六十二条规定："当事人应当履行裁决。一方当事人不履行的，另一方当事人可依照民事诉讼法的有关规定向人民法院申请执行。受申请的人民法院应当执行。"由此可见，只有当事人不履行仲裁裁决时，才可以启动执行程序。人民法院不能主动启动仲裁裁决的强制执行程序。仲裁机构不会主动移送人民法院启动执行程序，仲裁裁决的执行是基于当事人的申请才发生的行为。根据《最高人民法院关于适用〈中华人民共和国仲裁法〉若干问题的解释》第二十九条规定，当事人申请执行仲裁裁决案件，由被执行人住所地或者被执行的财产所在地的中级人民法院管辖。

二、实务案例与操作建议

案例： 仲裁条款无效

当事人仅约定仲裁，没有约定具体仲裁机构的，可以签订补充协议，达不成补充协议的，约定仲裁无效。例如，在某工程公司与李某某申请确认仲裁协议效力案中，法院经审理认为，申请人某工程公司与被申请人李某某于2014年11月1日签订的《机械设备租赁合同》第八条约定，"有关本合同的一切争议，李某某与某工程公司应根据《中华人民共和国合同法》及其他相关法律的有关条款友好协商解决，协商不成的，提交仲裁委员会"，未对仲裁委员会进行明确约定。根据《仲裁法》第十八条规定，仲裁协议对仲裁事项或者仲裁委员会没有约定或约定不明确的，当事人可以补充协议，达不成补充协议的，仲裁协议无效。因此，申请人某工程公司与被申请人李某某签订的《机械设备租赁合同》中所涉仲裁条款无效。[①]

案例： 仲裁裁决被撤销

在某商事仲裁案件中，由于仲裁庭组庭时间拖延，且组庭前已调查取证，后当事人向法院申请撤销仲裁裁决。法院经审理认为，在该案中，申

---

① 参见（2019）鄂01民特286号裁定书。

请人于2016年2月就提出了仲裁申请，但是苏州仲裁委员会直到2016年12月9日才向当事人发出了仲裁庭组成通知书。而苏州仲裁委员会在仲裁庭组成前，却于2016年11月29日就自行向太仓市住房和城乡建设局发出了调取证据的信函。……苏州仲裁委员会的上述行为违反了法律和仲裁规则的规定，可能影响案件正确裁决，应予撤销[1]。

---

[1] 参见（2017）苏05民特25号裁定书。

第八章
合同档案管理环节的合规重点问题

【导读】

合同档案管理是企业生产、经营等各项活动正常运转的重要保障。良好的合同档案管理不仅能够为业务工作提供有效的依据，还在出现争议时，能为企业提供重要的法律凭证。反之，若合同档案管理不善，容易导致合同丢失、合同泄密、合同被滥用等严重后果。本章围绕合同档案管理中的具体合规管理措施，如合同档案管理中的主责部门和参与部门及其职责，合同履行完毕后如何归档，合同档案应该如何合规使用等进行了介绍，对企业规范管理合同档案具有指导作用。

第44问　合同归档，应重点注意什么？

一、分析

合同履行完毕后，归档是确保合同管理依法合规、便于后续查阅及防范风险的重要环节。通过系统化归档，可提升企业的风险管理能力，并为审计、融资、纠纷解决提供可靠依据。合同档案归档，需要重点关注以下几个方面：

（一）确认合同已全部履行完毕

确认无遗漏应履行而未履行的义务、无应主张而未主张的权利，无未决的争议。检查各方签字盖章是否齐全，文件、资料是否真实有效。

（二）及时、完整归档

合同承办人员应在合同履行完毕后，及时将相关文件、资料整理归卷，报送审查。这一过程中，要确保所有文件、资料的完整性和准确性，避免出现遗漏或错误。通常而言，合同档案主要包括：

1.合同正本及附件原件。原件（签字盖章版）及所有补充协议、技术附件等应完整。

2.履行过程记录。主要包括：验收报告、交付凭证（如货物签收单、服务确认单等）、付款凭证（如发票、转账记录、收据）、沟通记录（如邮件、会议纪要、聊天记录等）、变更或争议文件（如合同变更协议、索赔处理记录、和解协议）。

3.法律文件。比如，履约保函、授权委托书（包括合同相对方法定代表人/负责人的有效身份证明文件、授权书原件、被授权人有效身份证明文件)、资质证明、法律意见书等。

4.其他应当归档的相关资料,如合同立项依据,招标、比选、竞争性谈判等相对方来源资料。

合同档案的分类和编号是档案归档管理的基础工作。通过科学的分类和编号,可以方便地对合同档案进行检索和利用。在分类时,应根据合同的性质、类型、签订时间等因素进行划分;在编号时,应采用统一的编号规则,确保每个合同档案都有唯一的标识[①]。

此外,合同档案的保管期限也是归档管理中的重要环节。根据合同档案的重要性和价值,合理划定保管期限,既能确保重要档案得到长期保存,又能避免无效档案的堆积。一般来说,对于具有重要法律意义或经济价值的合同档案,应设定为永久保存;对于一般性的合同档案,则可根据实际情况设定定期保存的期限。

(三)风险防范要点

1.遵守《中华人民共和国档案法》《中华人民共和国电子签名法》(以下简称《电子签名法》)等法律法规,确保档案的法律效力。涉及个人数据的合同,需单独加密存储并限制访问。

2.合同档案保管年限,应根据行业法规确定(如《民法典》规定普通合同纠纷诉讼时效为3年,但建议至少保存10年)。特殊合同,如建筑工程合同,保存至项目验收后10年以上;涉外合同、知识产权合同,建议永久或长期保存。

3.合同承办部门对有潜在风险的合同,应保留履约过程中的关键证据(如验收不合格的书面通知、催款函),归档时标注潜在风险点(如付款延迟、质量争议),便于未来追溯。对于长期合作的客户,可建立客户专属档案库,关联历史合同及履行评价。

[①] 财政部会计司解读《企业内部控制应用指引第16号——合同管理》之"合同登记"对合同登记管理、编号、信息保密等有关规定。

二、实务案例与操作建议

案例： 某公司强化归档、查询、保密措施，确保档案完整有序，有效避免合同纠纷

某公司在实际操作中，合同档案归档管理由各部门的协同配合完成，合同承办人员负责收集、整理合同档案，并报送审查；部门负责人负责审查、签字、盖章，并将合同原件及其他证明资料移交档案管理部门；档案管理部门则负责统一保管合同档案，并建立电子汇总表方便查找。此外，档案管理部门还应定期对合同档案进行梳理和归档，确保档案的完整性和有序性。同时，为了加强合同档案的归档管理和利用，该公司还建立了合同档案查询系统，方便员工随时查询和借阅合同档案；开展合同档案培训，提高员工对合同档案管理的认识和重视程度；加强合同档案的保密工作，确保档案内容不被泄露或滥用。由于合同档案管理规范，该公司未发生因合同产生的纠纷案件。

某公司合同存档资料签收表，具体如下：

表8-1 合同签收表

签收时间：

合同编号	
合同名称	
合同类别	□原件：　　份　　　□复印件：　　份
合同存档资料	□立项依据（会议纪要或决议、请示、请示批示签、事项资料、法律意见书等） □合同正本原件及附件原件 □合同会签审批材料 □合同相对方法定代表人/负责人的有效身份证明文件、授权书原件、被授权人的有效身份证明文件 □合同相对方的资信证明材料

第八章　合同档案管理环节的合规重点问题

续表

	☐合同签订及履行过程中的往来函件、会议纪要、传真、相关的发票、送货凭证、汇款凭证、验收记录等 ☐变更或解除合同的补充协议原件及相关会签审批材料 ☐招标、比选、竞争性谈判相关资料 ☐文字文稿把关审签表 ☐其他
备注	

经办人签字：　　　　　　　　　　　　　　　　核实人签字：

案例： 优化归档管理助力公司提升合同档案管理效率

某公司曾因为合同档案归档管理不规范而引发了一系列问题。在合同履行完毕后，合同承办人员未能及时将相关文件、资料整理归卷，导致部分档案遗失或损坏。此外，由于档案分类和编号不明确，员工在查找档案时常常耗费大量时间。针对这些问题，该公司对合同归档管理进行了全面梳理和改进，明确了各部门的职责和操作流程，加强了档案的收集、整理、归档等工作。经过一段时间的实践，该公司的合同档案管理工作得到了显著提升。

第45问 合同纠纷案件结案后，应如何归档？

一、分析

涉及法律纠纷案件的合同合规归档工作相比一般合同档案的归档工作更加复杂，企业需要对归档材料进行全面而细致的分析。

首先，明确合同纠纷案件归档材料的范围。通常而言，案件材料包括但不限于：

1. 案件启动法律程序审批表；

2. 拟上诉或申请再审案审批表；

3. 案件受理通知书；

4. 委托书；

5. 应诉通知书；

6. 起诉状或仲裁申请书；

7. 相关证据；

8. 答辩状；

9. 代理词及判决；

10. 裁定；

11. 仲裁裁决书；

12. 行政复议决定书等。

其次，按照材料性质归类。企业需要分析这些材料的性质，区分纸质、电子等不同载体，以便按照载体性质归入相应的档案门类。同时，还需要分析归档材料的完整性和真实性，确保所有与案件相关的材料都能得到妥善保存，且未被篡改或损坏。

此外，在归档过程中，企业需要按照结案年度一卷一号的原则编制档号，以便于查找和管理。同时，对于同一案件形成的不同载体档案，应按照载体性质归入相应的档案门类，并根据相关规定进行整理、编目和上架[①]。

二、实务案例与操作建议

案例：某公司规范法律纠纷合同归档，借鉴检察院档案归档管理办法，确保清晰、保密、协作，成效显著

某公司在涉及法律纠纷案件的合同归档实务操作中，借鉴《人民检察院诉讼档案管理办法》和《人民检察院诉讼文书材料立卷归档细则》的规定，按照"结案年度—保管期限—组织机构"的方法进行排列，按照一卷一号的原则编制档号。同一案件分别形成纸质、电子、音像、实物等不同载体档案的，按照载体性质归入相应的档案门类，根据相关规定进行整理、编目、上架，并在案卷目录上相互注明参见号。同时，该公司还应注意以下几点：一是确保归档材料的清晰度和可读性，避免因材料模糊或损坏而导致信息丢失；二是注重归档材料的保密性，对于涉及商业秘密或个人隐私的材料应采取必要的保密措施；三是加强业务部门与档案管理部门的沟通与协作，确保归档工作的顺利进行。通过以上措施，该公司涉及法律纠纷案件的合同归档工作取得了良好效果。

案例：合同纠纷和解后，档案管理疏忽导致损失

某科技公司因一起技术合同纠纷与一家合作伙伴对簿公堂。经过一段

[①] 财政部会计司解读《企业内部控制应用指引第16号——合同管理》之"合同登记"对合同登记管理、编号、信息保密等有关规定。

时间的诉讼，双方最终达成和解，案件得以结案。然而，在结案后的合同档案归档过程中，该科技公司由于管理疏忽和流程不规范，导致合同档案未能合规归档，后续在执行和解协议时造成了损失。

第46问　合同档案应如何合规使用？

一、分析

合同档案的合规使用对企业的稳定发展和法律风险的防范具有至关重要的作用。合同档案使用中存在的一些不合规问题，可能导致合作效果受损、成本增加、管理秩序混乱、产生法律纠纷，甚至刑事责任。

（一）合同档案使用中主要存在的风险

1.合同档案使用后未按要求归档，导致档案资料不齐全。

2.合同档案保管、借阅不善，合同档案资料被损毁、截取、画线、画圈、涂改、丢失、擅自复印或带离公司，无关人员知悉合同内容。

3.合同档案被以非法途径获取或非法使用。

（二）合规使用合同档案，有效防范相关风险

合同档案的合规使用涉及多个方面，其中查询、借阅、抄录、复印以及档案的收回等环节尤为关键，得力的措施有助于确保合同档案的安全性和完整性，防止因档案管理不善而引发的法律风险。

1.履行登记手续。查询、借阅：公司员工利用档案必须严格履行查阅手续，认真填写查询、借阅档案登记表后方可查询、借阅档案。公司合同档案借阅、使用应当经公司档案管理部门分管领导批准，由合同档案管理人员按照规定办理相关手续后，方可提供查询、借阅。

2.查阅、抄录、复印须批准。设置访问权限（如法务、财务、管理层可查看完整档案，其他部门仅限摘要）。电子文件加密，记录调阅日志（何

人、何时、何目的）。如因工作需要查阅、抄录、复印公司合同档案资料，应当经档案保管部门负责人批准，方可依权限查阅、抄录、复印。

3.收回档案后，应检查核对。合同档案管理人员在收回档案资料时，应当认真检查合同档案资料是否被损毁、截取、画线、画圈、涂改、丢失，并按照国家法律、法规的相关规定，妥善保管所有合同档案资料，发现问题立即追查责任。

二、实务案例与操作建议

案例：某公司建立"数字档案馆"，实现档案资源数字化、信息化、知识化管理，提升效率并降低不合规风险

某公司建立"数字档案馆"，将档案管理业务流程固化在电子档案管理系统中，实现档案资源的自动化管理。通过信息技术手段，实现档案的收、管、存、用的数字化、信息化和知识化。这种数字化管理方式不仅提高了档案管理的效率，还加强了对档案信息的保护和监控，降低了档案管理中的不合规风险。

案例：员工盗窃重要合同档案资料，导致公司产生巨额损失

某公司员工盗窃公司重要合同档案资料，并将有关内容卖给公司竞争对手，导致公司产生巨额损失。该员工的行为被发现后，无力赔偿公司的巨额损失，公司报警移交司法程序，该员工最终因侵犯商业秘密罪被判承担刑事责任。

第九章
合同管理信息化建设重点问题

【导读】

合同管理信息化,是企业全面提升合规管理信息化建设的必然要求,是实现"管理制度化、制度流程化、流程信息化、信息集成化"的内在要求,是提高企业管理质量和效率、优化运营绩效、提高效益的关键。所以,对于企业来说,合同管理信息化是合规管理体系建设的政策要求和内在需求。本章通过梳理为什么要开展合同管理信息化以及合同合规管理信息化存在的问题,对信息化建设怎样与企业的实际需求结合、与合同管控流程密切结合、与财务采购模板的互联互通进行了阐释,对信息化系统各个应用环节的注意事项和要点进行了展示,为企业合同管理信息化建设工作提供了指南。

第47问　为什么说合同管理信息化是大势所趋？

一、分析

《法治中国建设规划（2020—2025年）》提出，充分运用大数据、云计算、人工智能等现代科技手段，全面建设"智慧法治"，推进法治中国建设的数据化、网络化、智能化。世界一流企业之所以合规管理做得好，一个重要的原因就是充分运用大数据、人工智能等现代科技手段，真正将合规要求嵌入经营管理流程，并通过数据分析、智能控制等方式，实现即时预警、快速处置，切实提高了管理效能。

合规管理信息化建设是当前国家和国际标准的明确要求，合同管理信息化更是保障企业合同合规运行，防范合同合规风险，提升管理效率和客户满意度，为企业创造价值的重要手段。在"防风险、强内控、促合规"的监督管要求下，合同合规管理需要信息化提供技术保障。合同管理信息化，即"合同管理"与"信息化"手段的融合，其建设的必要性主要体现在以下几个方面：

（一）纸质化合同管理存在众多劣势

1. 管理效率低下

（1）合同起草方面，范本不全导致起草过程中反复修改，条款协商效率低下。同时，业务与法务部门之间的信息不同步，也进一步加大了起草难度；

（2）合同审批方面，预审、签批、盖章"跑断腿"，需要耗费大量时间和精力，导致效率低下；

（3）合同审查方面，合同背景说明及工作目标不清晰，不能及时、完全提供合同所需的附件、合同中所提到或有关联的资料、合同空白处准备填写的内容、主体资格情况、交易标的所属行业的相关规定等与审查相关的资料，以便得出正确的合同审查意见；

（4）合同签署方面，合同在各签约方之间"满天飞"，导致签署过程冗长；

（5）履约执行方面，管理与执行"两张皮"，监督乏力，合同台账信息滞后，查询统计数据失真；

（6）信息共享方面，跨系统、跨部门业务相关信息共享与数据利用不便，信息不对称，不能充分挖掘数据价值，无法支撑企业的信息化、数字化转型。

2. 管理成本较高

在合同签署、流转、存储等环节，企业传统的纸质化合同管理需要耗费大量的人力、物力和财力，相较于信息化管理而言，成本更高。

3. 风险管控能力弱

（1）合同原件风险：在审查审批过程中的污染、损毁、遗失等意外情况导致权益难以实现；

（2）合同假冒与篡改：风险审核、打印、签署等环节可能出现内容不符的情况，如阴阳合同等，同时，相对方身份核验渠道有限，也会增加风险；

（3）履约管理风险：履约管理力度弱，合同执行跟踪不便，履约信息滞后、脱节，导致履约风险无预警；

（4）合同档案管理风险：合同档案管理混乱，归档不及时，归档信息不全，检索借阅手段落后，权责不清，导致风险失控。

综上所述，传统的纸质化合同管理在效率、成本和风险管控方面存在诸多劣势，需要寻求更高效、更智能的合同信息化管理方式。

（二）合同管理信息化是大势所趋

合同管理信息化通过提升效率、加强合规、优化成本、增强透明度、支持数据分析、适应远程办公、技术驱动以满足客户需求，成为企业管理的必然趋势。

1. 合同信息化管理是实现"管理制度化、制度流程化、流程信息化、信息集成化"的内在要求

实现合同信息化管理，能够确保公司在日常经营过程中更加科学、高效地使用各类合同信息内容，贴合管理制度、管理流程规定，为企业管理提供信息数据支持，是企业重要的资源之一。合同管理信息化在处理合同信息的过程中将合同信息进行集成化处理，能够清晰地展现合同管理过程中的各种问题和情况。另外，合同管理信息化也能很好地与财务管理流程集成，对应收应付资金进行及时的监控，提高公司对资金消耗情况的控制和监督效能，形成资金准确利用、不超付的长效机制，促进公司降本增效。

同时，合同管理信息化也使得所有合同操作都可以有记录，便于审计和追溯；严格的权限管理，确保只有授权人员能访问和修改合同，提升合同管理安全性和透明度，提高在公司管理过程中的监督能力，防止合同管理过程中舞弊、渎职等问题的出现。由于合同所涉交易往往与公司的物资、技术等挂钩，与公司资金的流向等存在密切的关系，将制度、流程、信息等清晰、明确地通过信息化梳理、管理，能够有效地保障监督，防范不正之风及职务犯罪等。

2. 合同管理体系合规有效运行需要信息化支撑

合规背景下，对合同管理提出了更高的要求。合规管理的基本目标是有效识别、控制、防范合规风险，确保企业日常经营管理和业务活动的合法性和合规性。信息化手段能够帮助企业在日常经营管理和业务活动中准确、快速、实时地进行合规风险评估和判断，提升合规管理体系的有效性。信息化建设将合规管理信息化与企业经营管理相结合，从而实现企业经营管理的数字化、自动化和规范化。这一目标的实现，需要企业合同管理体系具备更高的精准性、实时性和系统性。

就合同管理来说，通过引入信息化建设，如合同起草、审批、签署和履行等环节的信息化处理，显著提升了合同管理的效率。信息化流程减少了人为干预，降低了人为错误导致的延误和错误，提高了合同处理的准确性和速度。同时，通过数据集成，将合同数据与其他业务数据相结合，实现了数据的全面整合和分析，为企业提供了更加全面的合同管理视角，有助于企业发现潜在问题，优化合同管理策略。

此外，通过实时监控合同数据和业务流程，还能够准确、快速地识别合规风险，数据分析和挖掘，能够为企业提供全面的风险管理视角。

3. 合同管理信息化是提高企业管理质量，优化运营效率的关键

合同管理信息化在管理方式上实现了由传统的手工经验式、粗放型合同管理模式向精细化合同管理模式的转变：减少纸质合同的使用，降低存储和管理费用，减少因管理程序繁多带来的不必要误差，且极大控制合规风险发生的概率；云计算与大数据人工智能等技术的成熟，为合同管理信息化提供了技术支持，自动处理合同审批、签署、归档等环节，减少人工操作；支持远程访问，方便异地签署和管理合同；协同办公，支持多部门、多角色的协同工作，提升管理效率。

同时，通过信息化管理，合同信息实时传递、反馈，确保合同数据的真实性、有效性。通过数据挖掘、分析合同数据，发现业务趋势和潜在机会；基于数据分析，为公司提升决策水平提供了大数据支撑，帮助企业实现经营管理制度落地，实现合同管理的规范化、标准化；能更快响应客户和合作伙伴的需求，提升满意度；增加合同管理透明度，增强客户信任，建立长期合作关系。通过各个环节的有效管控，增强执行力，优化企业运营绩效，提高企业效益。

4. 合同管理信息化是全面提升合规管理信息化建设的必然要求

《合规管理办法》第五条明确了合规管理工作应当遵循的原则，同时，该法第六章"信息化建设"要求，中央企业应当加强合规管理信息化建设，定期梳理业务流程，查找合规风险点，运用信息化手段将合规要求和风险防控措施嵌入流程。加强合规管理信息系统与财务、投资、采购等其他信息系统的互联互通，实现数据共用共享。《合同管理指引》第十五条规定："合同管理部门应当加强合同登记管理，充分利用信息化手段，定期对合同进行统计、分类和归档，详细登记合同的订立、履行和变更等情况，实行合同的全过程封闭管理。"

因此，在要求全面提升合规管理信息化建设的背景下，合同管理作为合规管理工作的重要领域之一，做好合同管理信息化建设是合规信息化建设落地、落实的重要抓手和举措。企业应当在机构、人员、经费、技术等方面为合规管理工作提供必要条件，保障合同管理信息化建设相关工作的有序开展。

二、实务案例与操作建议

某大型集团公司，从启动合规管理试点工作起，在集团办公信息化平台的基础上，启动以合同合规管理信息化操作平台为主的合规管理信息化建设。几年来，从合同审签信息化到全面管理信息化，通过由浅入深的管理举措，实现了管理上质的飞跃，解决了合同立项、相对方选择等不合规，以及合同履行、纠纷解决、归档和档案使用不规范等问题，有效防控住合同合规风险，合同纠纷的数量显著下降，并因此被评为省级"诚信企业"。其合同信息化管理的经验，在行业内被广泛推广。

第48问　合同管理信息化系统的建设和使用容易出现哪些问题？

一、分析

企业在进行合同管理信息化建设时，需要注意以下几个方面，以确保系统的实用性、有效性和全面性。

（一）系统建设与管理工作脱节，不能满足实际需求

在实际操作中，许多企业虽然已经实现了合同管理信息化，但系统设计与企业管理实际脱节，无法真正满足企业的合同管理需求：有的流程设置不合理，需求分析不充分，导致系统功能与业务需求不匹配，管理流程与实际业务流程不符；有的过于简单，仅使用企业OA系统审签合同，简化了合同管理应有的节点和流程；有的只注重合同审查、签批环节，而忽视合同订立、履行等流程，未形成全生命周期的合同信息化管理；有的流程设置过于复杂，在合同发起阶段必填项过多，审查阶段增加了非必要的环节和措施，增加了合同经办和审查人员的工作负担，降低了管理效率，限制了系统的有效使用和实施。

因此，在合同管理信息化建设中，企业的信息化建设部门一定要与合同管理牵头部门、合同承办部门等进行深入沟通，明确需求，确保系统设计符合实际业务，确保流程优化，不增加不必要的管理流程。

（二）信息技术支撑不够，存在技术风险

合同管理系统建设中，若技术条件支撑不够，可能会出现系统不稳定、数据安全与隐私泄露、技术选型不当等风险。主要包括：系统集成困难，与

现有系统（如 ERP、财务系统）集成时，数据接口不兼容；数据迁移问题，历史数据迁移过程中，数据丢失或格式不一致；系统性能不足，系统响应慢，影响用户体验；安全性问题，合同数据泄露或系统遭受攻击；系统维护和升级不及时，导致功能滞后；系统上线后，缺乏持续改进机制；等等。

因此，企业在合同管理信息化建设中，需要提前规划系统集成方案，确保数据接口标准化；制订详细的数据迁移计划，确保数据的完整性和准确性；加强安全措施，如数据加密和访问控制；建立定期维护和升级机制，确保系统持续优化。

（三）信息化系统使用不规范

有的企业合同信息化系统虽然上线，但是使用不规范，对合同管理相关人员培训不够；有的企业在完成合同管理信息化后，对系统的使用未完全覆盖，对某些合同仍以不方便为由未进行信息化管理，有的仅集团本部使用，而有大量合同业务的所属公司却未使用或未完全使用，究其原因：有的子公司担心使用集团研发的合同信息化管理系统后经营活动被集团公司严密监管；有的担心集团收取系统使用费，增加管理成本；有的认为集团的合同管理流程设计不符合本公司合同管理实际；等等。

因此，在使用合同管理信息化系统时，企业应提供全面培训，确保管理人员熟练掌握系统操作，可以通过增加新手试用测试等方式，增强其学习的主动性和积极性，提高系统的使用规范性和效率，并合理解决与子企业共同研发和突出不同企业的所处行业的管理特色问题，允许其在共性管理的基础上突出信息化系统的个性化，符合本企业合同管理的实际需求。

（四）建设、运行中的其他风险

一是数据隐私和安全问题。系统存储了大量的合同信息，包含客户、供应商的敏感数据，如果系统安全措施不足，可能导致数据泄露。二是电子签名的法律效力问题。不同国家和地区对电子签名的认可程度不同，如有些国家可能只认可特定类型的电子签名（如数字证书），如果系统使用的签名方式不符合当地法律要求，可能导致合同无效。三是知识产权问题。例如，系统中使用的模板是否侵犯了他人的版权，或者合同内容可能涉及商业秘密，系统如何确保这些信息不被未授权访问或泄露。

因此，企业需要在系统建设前进行全面的合规性评估，联合法务、IT、风控部门制定风险管理框架，并在使用过程中更新持续优化。

二、实务案例与操作建议

案例

某企业在合同管理信息化系统设计之初，通过广泛征求各业务及职能部门的意见来明确合同管理系统建设的需求。但是，在面对五花八门的部门意见和建议时，没有进行取舍便一并采纳，没有突出关键流程和节点。系统建设过分追求大而全，导致员工在使用过程中感到流程复杂、烦琐，增加了不必要的工作，不愿意去使用合同管理信息化系统。

案例

某大型集团型企业总部对子公司的合同管理信息系统使用检查中发现以下问题：有的公司在发起合同时，合同的订立依据经常空白，没有填写；有的对于合同相对方的来源方式，没有按照符合实际来源的方式进行填列；有的在对合同的背景介绍上，没有详细对合同的立项背景、相对方来源过程等进行描述；有的在合同附件上，没有上传合同的订立依据；等等。针对以上问题，该企业对合同管理信息系统发起页面的各项内容进行了操作提示，方便用户规范使用系统。

案例

某集团型企业早在2021年信息化平台建设完毕后，就通过发文的形式要求所属公司均使用合同管理信息化平台。但是通过检查督导发现，有不少所属公司并没有使用。其主要原因在于：一是担心合同信息化之后被集团公司直接监管；二是担心增加管理成本费用。

第49问 如何根据企业实际需求设计合同管理信息化系统？

一、分析

设计合同管理信息化系统时，需根据企业实际需求进行，确保系统功能全面、操作便捷、安全可靠。

（一）认真分析企业合同管理需求

认真分析企业合同管理需求，了解、掌握合同类型、数量、管理流程及痛点，如合同起草、审查、签署、执行、归档等环节，明确系统使用者（如采购、销售、财务等）及其具体需求，确保系统符合相关法律法规和本企业合同管理相关制度及流程。同时，按照企业合同管理信息化系统开发投资总额，合理控制成本，规划好开发预算，选择性价比高的硬件和软件，降低长期运维成本。

（二）根据企业合同管理信息化建设阶段分步进行

合同信息化管理系统的规划设计和建设，不可能一蹴而就，要逐步推进，只有更好，没有最好。匹配企业的发展阶段，符合企业的实际需求，更为重要。应根据企业信息化建设的总体情况，来选择合同管理信息化的相关内容，解决企业合同管理的重点、难点问题：合同审签方面，在线编辑、选择版本，根据管理实际自定义审查部门和审批规则，审批进度跟踪和提醒；合同执行方面，合同履行情况跟踪，如付款、交货等，进行预警和提醒，避免遗漏关键节点；合同归档方面，进行电子归档和分类管理，便于检索，同时，根据管理人员岗位及授权，进行权限控制，确保合同信息安全；合同数据使用方面，按多种条件（如合同类型、日期、金额等）查询，进行统计分析，生成报表。例如，某大型企业，在完成合同审签信息化管理系统建设，运行效果良好后，再行进行合同履行等后期的信息化建设。

（三）紧紧围绕合同信息化建设目标

合同管理信息化系统的设计应紧密贴合企业的实际需求，系统应具备灵活性，同时达到提升合同管理的效率、降低风险、促进合规管理的目的，并为企业决策提供有力支持。同时，系统还应具备良好的用户体验，易于上手，在满足目标的同时，达到流程的优化与简化，以实现系统"实用、管用、好用、想用"的目标，提升合同管理的整体水平。

1.**实用**：合同管理信息化流程设计和建设应当符合企业的规章制度和管理流程，剔除无用的烦琐环节，通过定期更新和维护，修复漏洞，优化性能，确保系统安全稳定和有效应用。

2.**管用**：系统应实现全流程监督和管理，具备风险防控功能，确保合同从起草到履行的每个关键环节都在可控范围内。

3.**好用**：界面设计简洁直观，系统性能优良，便于操作和快速响应；移动端应用或响应式设计，方便随时处理合同事务；便捷的查询和数据统计、分析，帮助管理层快速获取所需信息。

4.**想用**：系统在方便实用的情况下，提供初次使用测试和详细培训，确保用户能够熟练使用系统，使之愿意使用，提升使用频率直至全面使用。

在构建合同管理信息系统的过程中，各企业要立足于不同行业的实际需求，构建与业务相匹配的合同管理系统。合同管理信息化建设是一个逐步提升和深化的过程，可以从信息人工录入阶段逐步发展到AI大数据应用阶段，并最终到达互联互通的高度集成化阶段。合同管理不仅需要逐步实现智能化、透明化、可视化，还要实现数字化，才能够不断提高企业合同管理的水平，也能够更好地赋能企业管理，以满足新时代对合同管理的全新要求。

就总体要求而言，应当围绕固化管理要求、推进集中规范、促进管理协同、支撑经营决策，以信息化手段助力企业合同管理集中、规范、效能，为公司高质量发展保驾护航。

二、实务案例与操作建议

案例： 根据企业需求，明确合同管理信息系统设计框架

某公司将合同管理工作进行了多维分解，精细拆分为**机构分级管理体系、职责分层管理体系、合同业务管理体系**，并借助多年实施经验将三层体系重铸，完美融为一体。合同管理信息系统通过产品进行实例化，结合产品自身设计体系以及合同管理需求，为企业设计完善的体系架构。具体如下：

第九章 合同管理信息化建设重点问题

1. 机构分级管理体系

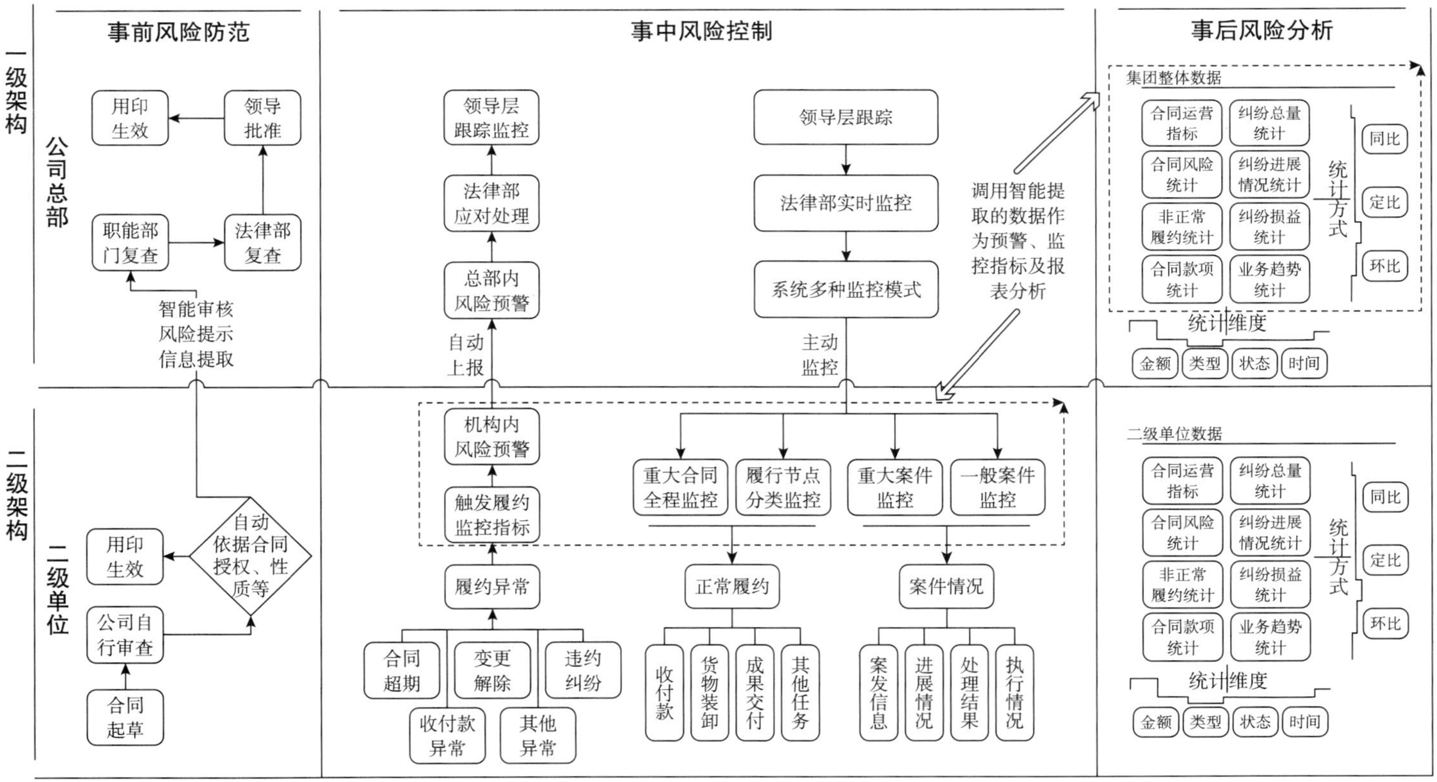

图9-1 机构分级管理体系

2. 职责分层管理体系

领导决策层

| 企业健康运营指数 | 风险数据智能分析 | 决策依据支撑 | 重大合同审批管理 | 重大合同风险跟踪 |
| 重大案件指示管理 | 重大案件跟踪 |

管理层——法律部

合同范本管理	合同审查管理	合同授权管理	合同签订管理	合同履约监控管理
合同后评估管理	当事人资信管理	案件管理	授权管理	法律队伍管理
风险评估	风险监控	风险预警告警	法律知识库支撑	综合业务数据分析

管理层——其他职能部室

| 合同审查管理 | 用印管理 | 风险评估 | 简易数据分析 |

执行层——业务部室主管

| 合同审查管理 | 部门履约计划管理 | 部门履约监控管理 | 部门内数据分析 |

执行层——业务部室执行人

| 合同起草任务 | 合同送审任务 | 个人履约计划管理 | 合同后评估 | 合同归档任务 |
| 合同相对方管理 | 授权委托申请 | 法律知识库支撑 | 个人数据查询 |

图9-2 职责分层管理体系

第九章 合同管理信息化建设重点问题

3. 合同业务管理体系

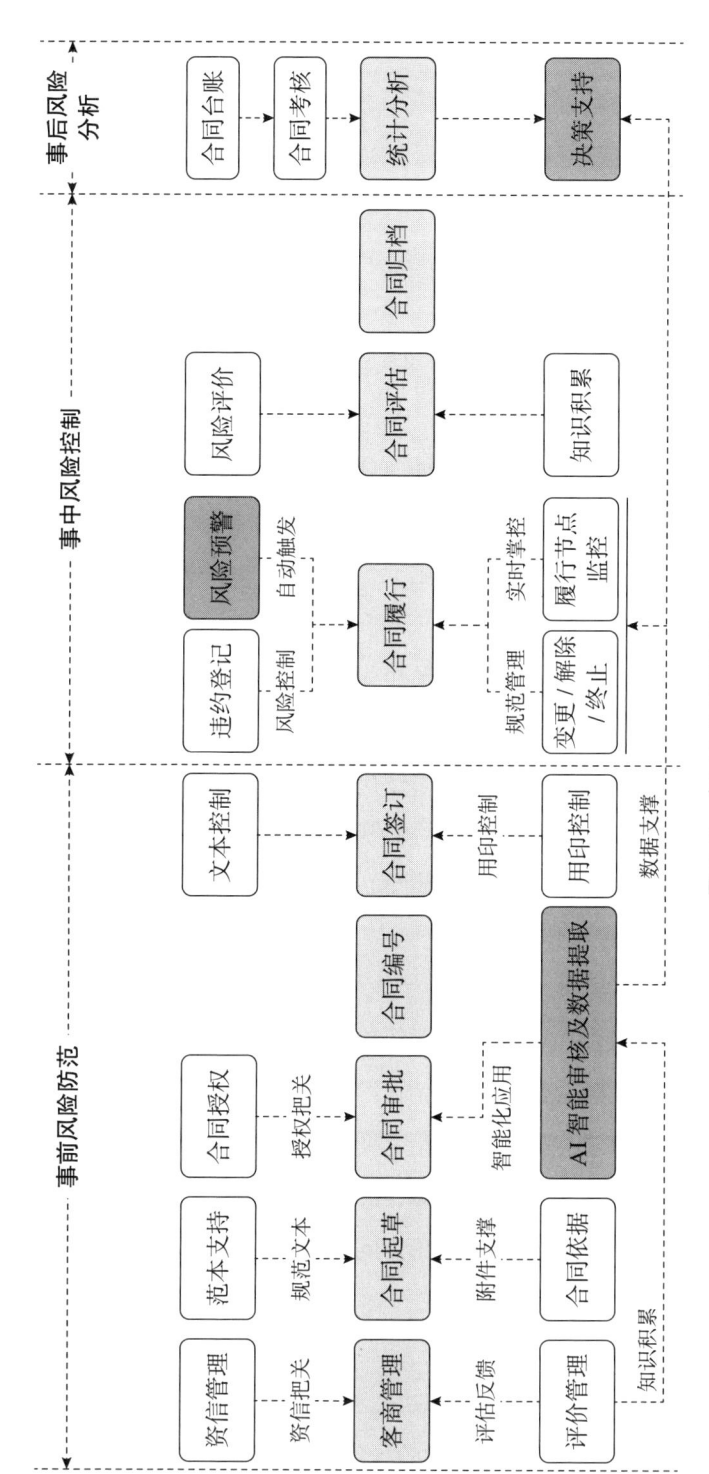

图9-3 合同业务管理体系

📝**案例**：根据企业需求，构建合同管理框架中的风险管理循环

某公司将风险管理过程融入合同管理流程，建立事前风险评估、事中风险监控、事后风险评价机制。通过建立合同管理流程相关风险库，对风险进行识别、对风险水平进行评估，制定相关的控制措施，建立风险预警机制，及时发现和应对风险。

事前通过要素固化、审核流程、分类授权等控制要求植入合同管理系统，预防风险；事中通过风险指标、内控评价等多样化的检查手段对合同管理进行过程的监控与检查；事后通过对指标预警信息、案件信息、整改信息及统计报告的分析进一步识别风险，完善控制措施，优化合同管理系统，从而形成对业务管控的闭环管理。

1. 事前风险防范

首先，需要明确各相关部门的权利和义务，制定合同标准及制度，以确保合同符合法律法规及公司要求。

在合同起草环节识别合同中可能存在的各种风险，包括法律风险、经济风险、违约风险等。通过多个部门的联合审批，识别潜在风险。一般来说，参与的部门有法务部门、财务部门、业务部门等。控制手段包括合同范本控制、多级审批控制等。

2. 事中风险控制

对于已经识别的合同风险进行评估，确定其潜在影响和可能性，并制订风险管理计划，包括采取的控制措施、相应的程序分配责任。

在合同执行环节建立监测机制，定期跟踪合同执行情况，及时发现风险和问题，进行异常预警。当出现履约异常时，按照之前制定的程序进行处理。这里包括了合同变更环节，在合同变更中也涉及新的风险识别，以确保变更不会增加新的风险。

3. 事后风险分析

合同完结归档以备审计和纠纷解决。整合合同数据与其他关键业务数据进行全面的数据分析，建立不同维度的报告机制反映企业真实的运营情况。

第九章 合同管理信息化建设重点问题

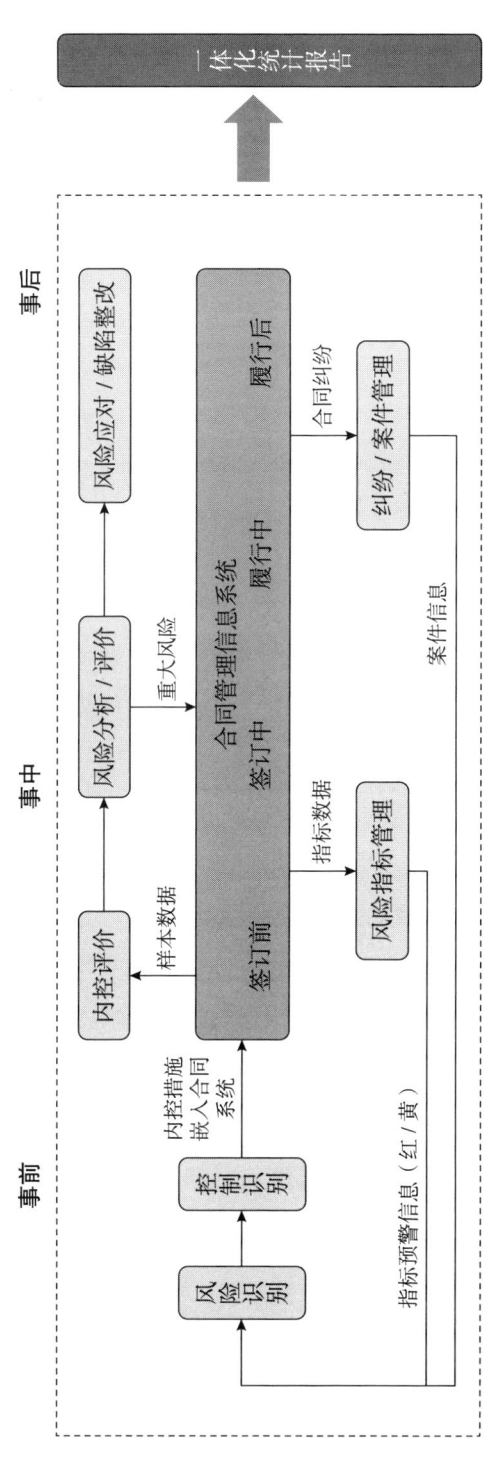

图9-4 合同管理框架中的风险管理循环

第50问　如何通过信息化手段提升合同管理效率？

一、分析

合同管理信息化系统的流程和内容的设定以企业合同管理办法或指引等制度性文件为依据，落实企业合同管理职责、合同分类、合同审批权限等管控要求，深化合同全生命周期管理，实现合同合规与经营发展深度融合。同时，合同管理信息化还要突出数字化、集成化、智能化、便利化的优势，能够通过信息化更加方便地实现在电脑端、手机端、平板端等多介质中的便捷处理、管控，合同审批、履行各流程智能推送、合同涉及的法律和制度规定、可能存在的重大法律和合规风险一屏展示，各环节的审批或管理涉及的要件集中提示，合同管理台账一键生成等，大幅度提升合同管理的效率，有效避免纸质传签效率低下、资料丢失等问题。通过合同管理信息化手段实现合同全生命周期流程的规范化、标准化，可从以下几个方面提升合同管理效率：

（一）在合同起草环节，通过合同文本和重要条款模板化与标准化，减少合同起草时间，快速生成合同。

（二）在合同审批环节，通过AI进行智能化预审，以及多部门在线协作等，提升合同审查效率；通过合同审批、签署等流程的自动化，实现远程审签，提升效率。

（三）在合同履行环节，通过智能分析与监控，分析识别风险，设置关键日期提醒，避免延误；监控合同履行情况，自动执行合同条款，减少人为错误，降低履约风险。

（四）在合同归档环节，将所有合同集中，便于查找和数据统计、分析，为经营管理和决策提供大数据支撑。

二、实务案例与操作建议

案例： 某集团型大型企业合同信息化建设标准及图示

某集团型大型企业在构建智能化合同管理信息系统时，经过详细的业务需求调查分析，需建设一套完整的企业合同管理信息系统，通过对合同全生命周期的管理，帮助企业实现经营管理制度落地。实现合同管理的规范化、标准化，通过各个环节进行有效管控，增强执行力，优化企业运营绩效，提高企业效益。同时，明确了合同管理信息系统的六大实用性的设计标准：

1.**集团级架构应用**：通过系统实现合同业务横向联动、纵向贯通；形成法务工作管理模式统一、管理集中的新格局。横向体系可大幅提升集团总部及下属企业法律风险的内控管理水平，纵向体系可大幅加强集团总部对下属企业法律风险的监控管理能力。

2.**业务全生命周期化管理**：通过系统实现合同业务的全生命周期管理。合同业务从范本、相对方资信、起草、审核、履行、变更、终止、后评估、归档、统计分析入手，为集团总部建立合同全生命周期管理体系。

3.**业务动态、实时监控**：通过系统实现对合同业务的动态、实时监控管理，及时发现情况、及时沟通、及时处理。

4.**建立法律风险预警机制**：通过系统自动分级识别法律风险，法律风险自动预警、告警；支持对风险预警数据进行量化分析。

5.**专业化**：采用以多维分解为核心的设计，提供多种风险预警机制，实现全流程全闭环管理模式，夯实企业内控治理，内嵌企业相关管理制度；将IT技术与管理知识相结合。

6.**一体化**：实现企业经营与法律一体化管理。

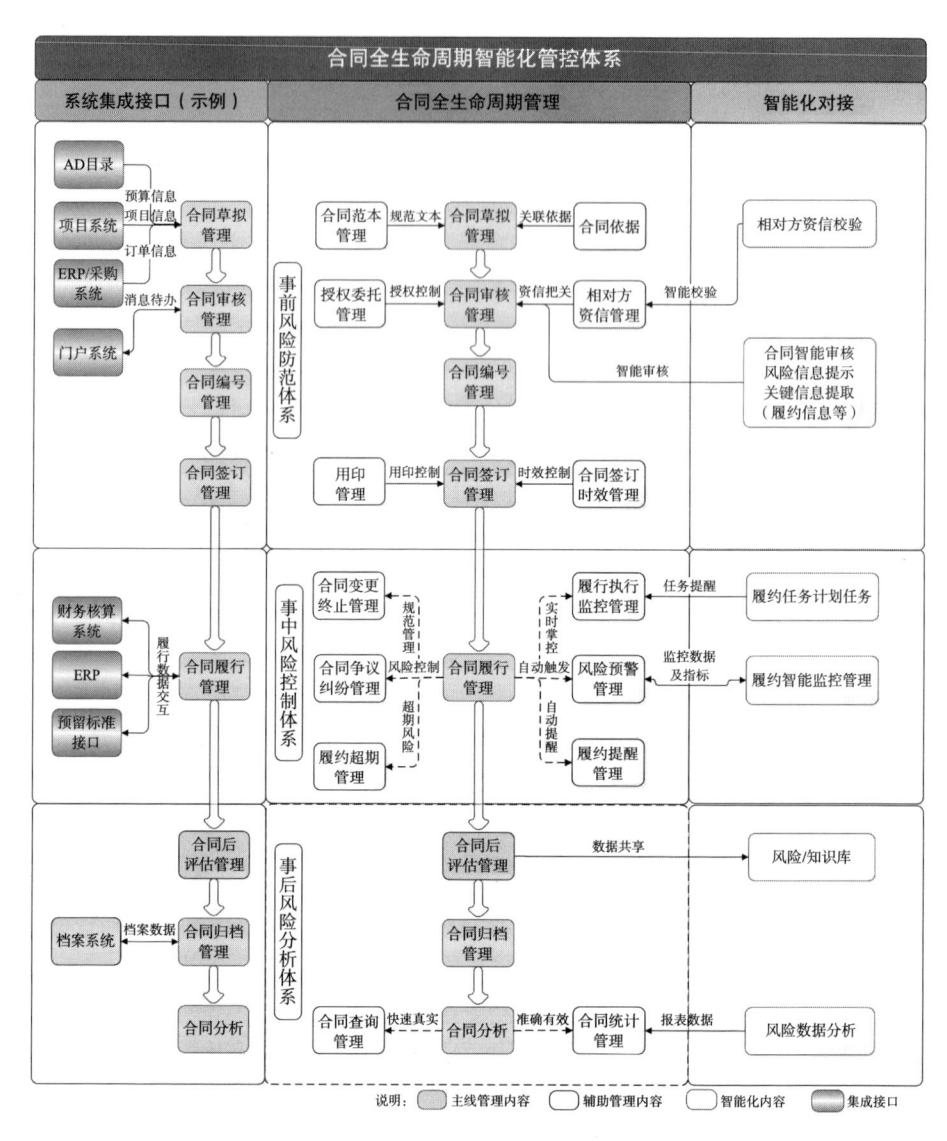

图9-5 合同全生命周期化管理

第九章　合同管理信息化建设重点问题

第51问　如何通过信息化系统对合同进行合规审查和风险管控？

在合同管理信息化系统中，合同背景介绍非常重要。一般要写清楚提请审签的合同文本是如何形成的，包括合同的立项依据、相对方确立过程、合同谈判及合同文本形成或来源等情况。这为合同的审查、批准和执行提供了重要的上下文信息。例如，某企业对一份中介机构合同背景的介绍："根据集团公司领导对《关于××项目股权收购工作有关事项的请示》（××收文〔2022〕××号）的批示精神，由法务部牵头开展"××项目股权收购工作的法律尽调机构的选聘工作。本次工作通过公开招标的方式选聘专项服务律师事务所，由集团公司××、××、××等部门共同组成招标小组进行联合招标。2022年10月21日上午9:30，招标小组在××大厦××会议室举行开标仪式，×××律师事务所中标，中标金额为××万元。经集团公司领导审批并公示，现与×××律师事务所经合同谈判后，形成该服务合同文本。"这样的背景介绍为合同的审查和批准提供了完整的信息，也有助于合同承办部门和审查部门完成对合同订立依据、相对方来源和合同文本形成的合规审查。

一、通过合同信息化系统对订立依据进行合规管控

合同订立依据，是指企业基于特定的生产经营及管理的实际需要，反映需求部门或单位以订立合同为实现该需求的方式而形成的需求真实性、审批合规性等材料，如业务需求、物资/服务采购申请及审批单/批示单项目要求

或领导批示等，涉及"三重一大"事项的还包括相关会议决议等。在信息化系统中，合规审查主要是通过收集并上传该等材料，反映其需求的真实性，以及已按照相关制度规定通过相关流程审批，即审批合规性合同的订立依据包括但不限于：项目立项的依据、选聘过程材料、审批材料，"三重一大"事项还包括会议决议等。合同的订立依据，是对合同进行合规审查的主要依据。

案例： 某企业集团在合同系统中填写与中介机构服务合同的订立依据文件

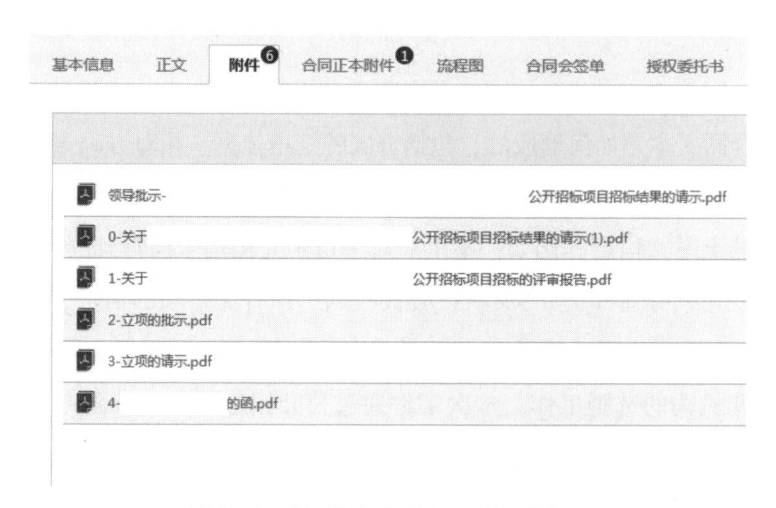

图9-6　合同信息化系统订立依据文件

二、通过合同管理信息化系统对相对方来源及其信用风险进行合规管控

在通过信息化系统审核合同立项依据的同时，还需要对合规选择合同相对方来源的合规性进行审查，即合同相对方是怎么确定的，是否符合法律法规和内部规章制度关于相对方选择/选聘的相关规定，如审查内容包括是否通过招投标、公开比选、竞争性谈判等方式履行相对方选择等的流程规定，依法合规确定合同相对方。

此外，还需要对相对方的资信情况通过合同管理系统进行信息化，在按照相关规定已对合同相对方进行对应的尽职调查的基础上进行复核的审查。一是尽职调查与合同签订会有时间差，反映合同相对方履约能力的相关情况会随着时间而发生变化；二是避免人为因素干扰和不准确。合同管理信息化系统可以嵌入第三方资信核查平台（如企查查、启信宝、天眼查等），在输入相对方名称即可查询到该主体是否被列入失信被执行人名单、是不是被执行人、法定代表人或重要人员是否被限制高消费、是否存在终结本次执行案件、是否存在严重违法行为、是否存在行政处罚、企业股权是否被冻结等重大法律风险。

如果该主体不存在重大法律风险，则可发起合同流程；如果存在重大法律风险，则合同管理信息化系统会进行风险提示，合同流程中止，查明原因后或继续或终止。除嵌入第三方资信核查平台外，也可通过其他流程和途径辅助判断合同流程是否需要进行。

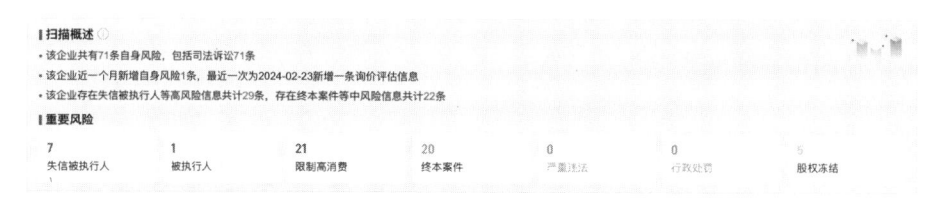

扫描概述							
• 该企业共有71条自身风险，包括司法诉讼71条
• 该企业近一个月新增自身风险1条，最近一次于2024-02-23新增一条询价评估信息
• 该企业存在失信被执行人等高风险信息共计29条，存在终本案件等中风险信息共计22条
重要风险
7	1	21	20	0	0	0	5
失信被执行人	被执行人	限制高消费	终本案件	严重违法	行政处罚		股权冻结

图9-7　某企业合同信息化系统中相对方核查页面

三、通过合同信息化系统对合同文本进行合规管控

合同谈判及文本来源情况：概述合同条款的谈判过程，包括参与方、谈判的关键点和达成的共识，合同文本提供方等。

在合同信息化系统中，合同承办部门在发起合同审签流程前，还需要进行合同信息填写、上传合同文本，并进行合规审查。为了提升合同审查审批的效率，可以通过合同范本、合同预审等方式降低合规风险：

1.使用合同范本并维护

在合同管理系统中，针对合同类型以及公司管理要求，可以预制不同类型的合同范本文件。合同类型可以结合具体的业务情况灵活配置。

根据合同类型，维护合同范本分为两种方式：第一种是直接创建维护范本内容，提交范本审核，范本审核完成后，在起草的时候可以根据合同类型选择范本；第二种是在维护范本内容的时候可以根据范本需要完善相对方信息和合同信息，提交范本审核，审核完成后，在合同起草的时候根据合同类型选择范本内容，拖拽的内容根据合同起草填写的信息自动带入，生成合同正文。

2. 单次上传合同文本

承办部门和人员要确保上传的合同文本是最终版本，并且与填写的信息一致。检查文档的格式是否符合系统要求，如PDF、Word等。系统可以对审批版本和上传版本进行对比，确认是否一致。

3. 非格式合同预审

在系统中起草非格式合同，可以通过在线编辑器进行文本的修订和合同条款的设定。系统应具有内置的法律法规库及合规要求库，通过系统自动对合同文本进行审核，对于未符合要求的内容进行标识及提示，提升法务人员的审核效率。

📁案例： 某企业集团合同信息化系统合同范本与发起管理

某企业集团在合同信息化系统中，对于常用的合同类型，一般会在系统中提前设置合同范本，在每次使用时选择合同类型和模板即可。对于非常用的合同，则需要每次在"合同正文"栏上传合同的可编辑Word版本，承办部门初审、相关部门会审、法务部门审查时可直接在"合同正文"栏中进行修订，以便于相关信息的留痕与保存。

1. 合同范本管理相关功能

序号	功能名称	使用人
1	标准合同范本、参考合同范本分类管理功能	范本管理员
2	收藏范本功能	合同承办人
3	引用范本生成合同正文功能	合同承办人
4	范本使用次数及频率的记录功能	全部人员
5	范本意见征询及反馈功能	全部人员

第九章 合同管理信息化建设重点问题

续表

序号	功能名称	使用人
6	范本新增、修订、升级功能	范本管理员
7	范本共享查询功能	全部人员
8	范本检索功能	全部人员
9	范本下载功能	全部人员

2. 合同发起管理相关功能

序号	合同发起信息填写	是否必填项
1	**合同名称**：提供正式名称，确保其准确无误	是
2	**合同类型**：在系统中选择，明确合同的性质，如销售合同、服务合同、采购合同等	是
3	**合同编号**：为合同分配一个唯一的识别号码，便于追踪和管理。可以由系统确定，也可以手填。一般来说，合同编号根据承办部门、合同签订的年份、序列号等要素确定	是
4	**合同负责人**：在信息化系统中，发起合同的账号使用者，为合同的负责人	是
5	**相对方名称**：填写合同另一方的正式名称	是
6	**相对方来源**：说明相对方是如何被选定的，如通过公开招标、比选、直接谈判等	是
7	**金额**：准确填写合同的大、小写总金额，包括货币单位	是
8	**文稿来源**：指出合同文本的来源，如内部起草、相对方提供等	是
9	**申请授权**：如果需要特定的授权或批准，确保已经选择明确的被授权人	是
10	**是否"三重一大"**：合同订立的依据是否为"三重一大"审议的事项	是
11	**收付款类型**：是收款合同还是付款合同	是
12	**履行时间**：明确合同的生效日期和履行期限	否
13	**履约能力**：相对方履约能力的高低	否
14	**是否担保**：合同是否存在担保等	否

第52问 合同信息化审查与签订环节有哪些合规要点？

一、合同信息化审查一般流程

企业需根据监管要求和自身情况设置合同审批流程、节点、权限、人员，一般需要设置合同承办部门合规初审、法务部门合法性法律审查和合规审查、资金财务部门审查、其他相关部门会审、重大分歧条款会审、分管领导审核、总法律顾问审核、合同批准和授权签订、盖章和生效合同文本上传等审核和管理节点。

第九章　合同管理信息化建设重点问题

📝 **案例：** 某企业合同信息化审批流程

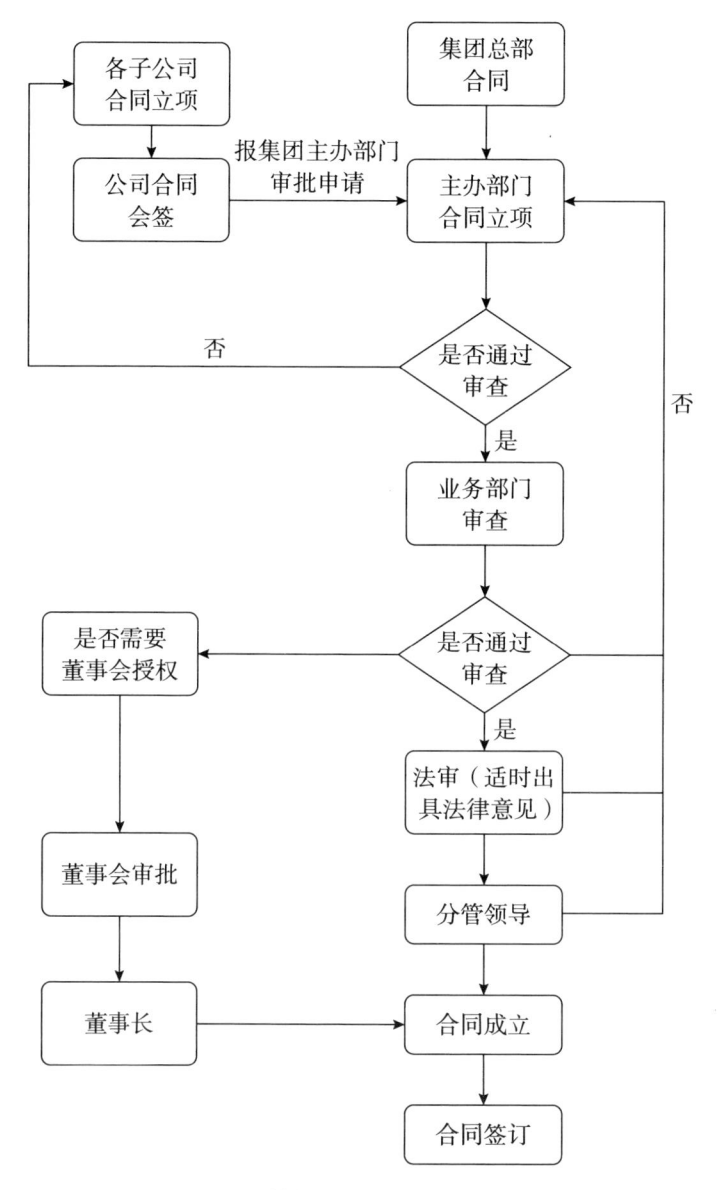

图9-8　某企业合同信息化审批流程

前面是合同审核签署的一般环节，企业应当结合合同的类型、监管要求和环境等情形，根据企业合同管理制度进行设置和更新。比如，有些类

239

型的合同可能不涉及其他部门会签；有的合同不会涉及财务、税务等，故该等合同无须财务部门进行审核。

二、合同信息化审查注意事项

合同审查是确保合同合法性、合规性和风险控制的重要环节。在进行信息化系统的合同审查时，审查主要包括承办部门合规初审、法务部门法律审查和合规审查、资金财务部门审查、其他相关部门会审等环节，具体的审查内容详见本书第四章。发表的审查意见应当注意以下几个关键点：

1.明确性： 审查意见需要明确指出合同中存在的问题，避免使用模糊不清的表述，如"原则同意"或"基本可行"，应具体到合同的条款号和具体内容。

2.具体性： 审查范围应具体到合同的每一项条款，包括但不限于合同的主体资格、权利义务、违约责任、争议解决方式等。

3.合法性： 确保合同内容符合相关法律法规的要求，不违反法律的禁止性规定。

4.合规性： 检查合同是否符合公司的内部政策和合规要求。

5.风险评估： 识别合同中可能存在的风险点，包括但不限于履约风险、违约风险、法律风险等，并提出相应的风险控制建议。

三、合同签署授权管理注意事项

合同生效的方式一般是"签字并盖章"或者"签字或盖章"，需要由企业的合同管理制度予以明确规定。对于需要"签字并盖章"的合同，则需要对由谁签署合同进行规定或者授权。

✎**案例：** 某企业合同授权管理，分为年度集中授权和专项授权

某企业实行法定代表人或者法定代表人授权委托总经理或者其他高管

人员签署合同的签署管理制度。法定代表人的授权分为年度集中授权和专项授权。对于预算内的经营管理事项合同、公司董事会审议通过的事项合同以及标的在20万元以内的预算外经营管理事项合同，采用法定代表人年度集中授权制，即每年度法定代表人一次性集中授权总经理合同签订权，总经理根据实际情况可以亲自签署，也可授权企业其他高管人员签署；对于预算外经营管理事项合同以及涉及企业重组、资产转让、处理、置换、保险、租赁、担保、抵押等重大投资或资产经营管理活动等重大事项合同，采用法定代表人专项授权制，由法定代表人选择亲自签署或授权企业其他高管人员签署。

合同管理信息化系统根据上述有关合同签署授权的规定，在合同审核的最后一步设置了法定代表人/总经理授权节点，由法定代表人或总经理选择被授权人；作出选择之后，系统自动生成电子授权委托书。被授权人根据授权委托书签署合同，电子授权委托书模板如下：

授权委托书

委托人：

受托人：

兹委托上述受托人代理委托人处理以下事宜：

一、代理范围：代理委托人与_____签订关于_____的合同。

二、代理权限如下：

1.代为洽谈合同，商定合同内容；

2.作为代理人签署上述合同。

受托人的代理权不包括：_____。

声明：受托人代理签署合同应加盖我单位(或公司)公章或合同专用章，仅签字未盖章的，不代表我单位确认和接受前述合同内容。

三、受托人在授权范围内的行为，法律后果由我单位(或公司)承担。

四、本授权委托书于___年___月___日经我单位(或公司)签字并盖章后生效。有效期限至完成代理事宜为止，且最晚不超过___年___月___日；超过该日期仍未完成代理事宜的，本授权自动终止。

五、代理人没有复任权。

委托人(盖章)：

法定代表人(签字)：

受委托人(签字)：

签署日期：___年___月___日

图9-9　电子授权委托书模板

四、合同用印与签章管理注意事项

1. 合同用印管理

每份合同审核通过后，同时发送消息，提醒相关人员继续下一步的签订工作。

合同编号完成后，关联用印管理，有力支持公司对印章的合规管理。建议企业用印采用"三步管理法"：

第一步：用印提醒。印章管理部门会收到用印提醒，待用印合同会出现在用印负责人的待办工作栏目中，每一份待用印合同都会展示其审核完成时间、需用印种类及份数（该信息来源于合同起草时填写的用印信息）。

第二步；由承办人通过系统打印合同最终版及合同审批单。打印前系统会对这两份电子文档添加防伪水印并自动将文档转换为PDF格式，格式转换过程中会做加密处理，防止中间人员对两份文档进行篡改操作。如果合同最终版由相对方提供，则承办人只需导出合同审核单即可。

第三步：确认用印。用印负责人在收到用印提醒并看到具有防伪水印的合同审核单之后，才会对该合同进行用印操作。当合同最终版由己方提供时，因为做过防伪处理，所以用印前法律顾问无须对纸质版的合同内容进行核对；而当合同最终版由相对方提供时，建议法律顾问核对合同内容。用印结束后，用印负责人只需点击"确认用印"功能按钮，即可自动添加用印记录。

2. 合同签章管理

合同当事方及其他利害关系方应关注电子合同中电子印章和电子签名的真实性。《电子签名法》第十三条第一款明确规定，可靠的电子章需要同时满足如下几项条件：第一，电子签章制作数据用于电子签名时，属于电子签名人专有；第二，签署时电子签名制作数据仅由电子签名人控制；第三，签署后对电子签名的任何改动能够被发现；第四，签署后对数据电文内容和形式的任何改动能够被发现。如果电子签章不符合以上四项条件，则可能被认定为无效,如果申请制作电子签章属于冒用、冒领、加盖的电子签章缺少时间戳、第三方认证服务提供者没有提供电子认证服务的资质等,公司基于不符合条件的电子签章所签署的一切法律文件、作出的一切行为均可能存在效力瑕疵。

另外,在使用电子签章的过程中也需要格外注重以下几个方面:

(1)合规性:电子签章的使用应当符合相关法律法规的规定,选择合规的电子签章技术和供应商,不得在法律法规禁止使用的情形中使用电子签章,《电子签名法》第三条明确规定:涉及婚姻、收养、继承等人身关系的;涉及停止供水、供热、供气等公用事业服务的;法律、法规规定的其他情形不得使用电子签章。

(2)安全性:在电子签章生成、存储及使用的过程中,应当采取相应的安全措施,防止印章被盗用、篡改或者被伪造。并且管理电子签章的人员也应当具备相应的权限及责任意识。

(3)可追溯性:电子签章应当保证可追溯性,也即在事后能够追溯到电子签章的生成、使用和撤销等相关信息。在发生争议时可对相应的电子签章进行核查和验证。

实践中也存在合同一方或几方使用电子签章而其他方手签或使用实体印章签署的合同的情况。这种情况下,需要在合同中对于合同生效条件及电子印鉴真实性查验和认证作出约定。

司法实践中,裁判观点大多是以《电子签名法》可靠性要素为依据,判定案涉的电子签章效力,从而判断协议的效力。

案例:电子签章要件齐备,合法有效

在朱××(原告、上诉人)、中国××财产保险公司××分公司(被告、被上诉人)保证保险合同纠纷案中,涉案电子合同是通过线上签约系统进行签订,该线上签约系统的数字认证服务由具有电子认证服务许可证的北京数字认证公司(第三方CA)提供。电子签名包含了用户身份的数据,核心技术是加密技术,北京数字认证公司的验证结论表明涉案电子签名的签发者为朱××本人，且电子合同通过解密后比对一致，电子合同和电子签名未被篡改，是朱××签署的合法有效的签名。

本案的重点是审查朱××通过电子平台签约是否属其真实意思表示。根据被告所提交的证据，案涉电子合同均具备朱××的个人电子签名且经电子存证，可以证明其真实性。

第十章
企业常见合同合规审查要点

【导读】

　　合同管理中,对合同进行合规审查是一项至关重要的工作,其重要意义在本书相关章节已有阐述,此处不再赘述。合规审查的目的是确保合同主体、内容、形式、流程等符合法律法规的要求,同时也符合企业的内部管理规定,以使合同利益最大化、风险最小化。由于每个企业经营范围和业务特点不同,本书仅对买卖合同、租赁合同等企业常见的18类合同提示审查要点;由于每户企业的主管单位、管控要求不一,企业内部规章制度规定也千差万别,本书对18类企业常见合同的合规审查要点,更多地从法律法规规定和国资监管要求层面展开。企业业务及相关职能部门、法律和合规部门对合同进行相关审查时,需要结合企业主管单位管控要求、监管部门监管规定和企业内部规章制度规定进行个性化审查,特别要关注和审查这些规定中含有"必须""应当""禁止""不得"等字样的条款,并参照本书第23问"对合同进行合规审查有哪些审查要点"予以开展,除选择相同类别的合同对照合规审查要点进行外,还特别要审查送审合同的立项依据是否充分,是否符合"无业务、不合同"原则;审查合同相对方来源是否合规,除依法应该招投标外,是否按照物资招采、中介机构选聘等监管要求和内部规章制度规定选择确定合同相对方等,以便精准、高效、务实地完成对合同的合规审查。

第53问　买卖合同有哪些合规审查要点？

一、分析

根据《民法典》第五百九十五条规定："买卖合同是出卖人转移标的物的所有权于买受人，买受人支付价款的合同。"买卖关系的主体是出卖人和买受人。转移买卖标的物的一方为出卖人，也就是卖方；受领买卖标的，支付价款的一方是买受人，也就是买方。

买卖合同的内容一般包括标的物的名称、数量、质量、价款、履行期限、履行地点、包装方式、检验标准和方法、结算方式、合同使用的文字及其效力等条款。实务中，买卖合同的合规审查要点一般包含对合同相对方的主体资格、标的物相关条款、违约责任条款、所有权保留条款等重要内容的审查。

1. 审查合同相对方的主体资格

《民法典》第五百九十七条规定："因出卖人未取得处分权致使标的物所有权不能转移的，买受人可以解除合同并请求出卖人承担违约责任。法律、行政法规禁止或者限制转让的标的物，依照其规定。"无权处分是指没有处分权而处分他人财产，无权处分行为是现代社会生活中的常见现象，在买卖交易关系中尤为普遍。当出卖人对买卖合同的标的物不具有处分权时，意味着买受人无法获得标的物的所有权，也就是不能实现合同的目的。因此，作为买受人，应重点审查出卖人是否为标的物的所有权人，是否具有处置标的物的合法权限，避免无权处分而导致合同目的无法实现。作为出卖人，如果交易价款较高，还应审查买受人是否具备足够的资金支付能力，避免交付标的物后无法及时收回货款。如果买受人资金支付能力欠缺或存疑，还可以通过追加保证人等方式保护自身权益。

2.审查合同标的物的基本信息

买卖合同的标的物一般为货物或产品。现实生活中，商品更新发展快，名称多元化，若双方对合同标的物约定不明，可能导致交付特定标的物的目的落空。因此，买卖合同所约定的标的物应当明确具体，使标的物特定化，约定内容包括标的物的名称、品牌、规格、型号、等级、生产厂家、数量等，必要时可配上描述性说明或图片，防止因标的物约定不明确而出现纠纷。

此外，《民法典》第六百一十九条规定："出卖人应当按照约定的包装方式交付标的物。对包装方式没有约定或者约定不明确，依据本法第五百一十条的规定仍不能确定的，应当按照通用的方式包装；没有通用方式的，应当采取足以保护标的物且有利于节约资源、保护生态环境的包装方式。"标的物的包装方式包括包装材料的具体要求和包装的具体操作方式。在买卖合同中，就一些易腐、易碎、易爆、易燃、易潮以及化学物品等标的物来讲，包装方式对于标的物品质的保护具有重要的意义。包装方式是否在合同中进行约定，应当根据买卖合同的具体情况来确定。需要约定包装方式的，当事人应以条款的形式对此作出以下具体明确的约定：包装的规格、包装的材料、包装费用、包装的标识、包装的具体方式等。出卖人应当按照约定的包装方式交付标的物，这是本条规定的出卖人的义务，如果出卖人不履行或者不正确履行这一义务，则属于违约行为，应当依法承担违约责任。

3.审查标的物的质量标准和检验验收条款

在买卖合同纠纷中，超过一半的争议都与标的物质量有关，主要的诉讼表现形式为：买受人以标的物出现质量问题为由向出卖人提起违约诉讼；或是出卖人以买受人未及时支付货款为由提起违约诉讼，买受人则以标的物存在质量问题进行抗辩或提出反诉。根据《标准化法》等相关法律规定，我国现行的产品质量标准一般可分为国家标准、地方标准、行业标准、团体标准和企业标准等。买卖合同应明确约定标的物的质量标准，作为双方判断标的物是否存在质量问题的依据。同时，买卖合同还应有明确的质量检验条款，包括检验期限、检验方式、检验步骤等。《民法典》第六百二十一条第一款规定："当事人约定检验期限的，买受人应当在检验期限内将标的物的数量或者质量不符合约定的情形通知出卖人。买受人怠于通知的，视为标的物的数量或者质量符合约定。"因此，作为卖方，建议在合同中约定明确的检验期限，并要求买方在检验期限内提出书面的质量异议，若没有在约定期限内提出书面异议，视为出卖人提供的产品数量和质量符合合同约定的要求。作为买方，建议在合同中明确：质量检验不合格时，卖方承担退换货义务；因检验、退换货产生成本费用时，由卖方承担；质量不合格时，卖方须承担违约责任。

此外，合同标的物应当符合《产品质量法》第二十七条的规定，即"产品或者其包装上的标识必须真实，并符合下列要求：（一）有产品质量检验合格证明；（二）有中文标明的产品名称、生产厂厂名和厂址；（三）根据产品的特点和使用要求，需要标明产品规格、等级、所含主要成份的名称和含量的，用中文相应予以标明；需要事先让消费者知晓的，应当在外包装上标明，或者预先向消费者提供有关资料；（四）限期使用的产品，应当在显著位置清晰地标明生产日期和安全使用期或者失效日期；（五）使用不当，容易造成产品本身损坏或者可能危及人身、财产安全的产品，应当有警示标志或者中文警示说明。裸装的食品和其他根据产品的特点难以附加标识的裸装产品，可以不附加产品标识"。作为买方，应在合同中明确标的物不得违反《产品质量法》的规定，否则不予验收。

4. 审查标的物的交付条款

《民法典》第六百零一条规定："出卖人应当按照约定的时间交付标的物。约定交付期限的，出卖人可以在该交付期限内的任何时间交付。"第六百零二条规定："当事人没有约定标的物的交付期限或者约定不明确的，适用本法第五百一十条、第五百一十一条第四项的规定。"第六百零三条规定："出卖人应当按照约定的地点交付标的物。当事人没有约定交付地点或者约定不明确，依据本法第五百一十条的规定仍不能确定的，适用下列规定：（一）标的物需要运输的，出卖人应当将标的物交付给第一承运人以运交给买受人；（二）标的物不需要运输，出卖人和买受人订立合同时知道标的物在某一地点的，出卖人应当在该地点交付标的物；不知道标的物在某一地点的，应当在出卖人订立合同时的营业地交付标的物。"第六百零四条规定："标的物毁损、灭失的风险，在标的物交付之前由出卖人承担，交付之后由买受人承担，但是法律另有规定或者当事人另有约定的除外。"第六百零五条规定："因买受人的原因致使标的物未按照约定的期限交付的，买受人应当自违反约定时起承担标的物毁损、灭失的风险。"在买卖过程中，由于不可归因于双方当事人的原因（如水灾、地震等不可抗力）可能会致使标的物遭受毁损、灭失，买卖双方可以根据实际情况对标的物的交付方式、风险转移分界点进行约定。此外，交货的地点和方式是合同的关键内容，涉及合同双方的利益实现、交易成本、标的物毁损灭失及风险承担问题。因此，关于合同交货地点、运输及装卸方式、提货方式、风险转移分界点的约定应当准确、具体。

5.审查价格及支付条款

《民法典》第六百二十六条规定："买受人应当按照约定的数额和支付方式支付价款。对价款的数额和支付方式没有约定或者约定不明确的，适用本法第五百一十条、第五百一十一条第二项和第五项的规定。"第六百二十七条规定："买受人应当按照约定的地点支付价款。对支付地点没有约定或者约定不明确，依据本法第五百一十条的规定仍不能确定的，买受人应当在出卖人的营业地支付；但是，约定支付价款以交付标的物或者交付提取标的物单证为条件的，在交付标的物或者交付提取标的物单证的所在地支付。"第六百二十八条规定："买受人应当按照约定的时间支付价款。对支付时间没有约定或者约定不明确，依据本法第五百一十条的规定仍不能确定的，买受人应当在收到标的物或者提取标的物单证的同时支付。"在买卖合同中，支付合同价款是买方的主要义务。合同价款如何支付关系到交易是否能够顺利履行。首先，买卖价款的支付条件、支付比例、开票时间及开票信息等应明确。其次，需要明确该价格是否为包干价。例如，机械设备的买卖往往还涉及产品包装、运输装卸、安装调试、技术培训等环节，在此情形下，作为买方需要明确价格是否涵盖包装费、运输装卸费、安装调试费、技术培训费及卖方履行买卖合同项下其他义务所需的费用，避免买方额外支付费用。最后，对于买方而言，合同价款的支付节点应当与卖方主要义务的履行相对应，以便对卖方的履约行为有所制约。例如，签订合同后支付首笔价款，货物交付并验收合格后支付第二笔价款，货物安装并试运行成功后支付第三笔价款，货物质保期届满且产品无质量问题、卖方无违约情形时支付剩余价款。

6. 审查违约责任条款

违约责任条款是确保合同相对方完全履行约定的义务、保障己方权利的必备条款。买卖合同约定的违约责任条款应当符合实际、可执行。对于买方而言，其主要义务是按照合同约定及时足额支付价款，若存在逾期付款情形，则买方应当承担支付违约金等责任；若买方严重违约，如逾期付款超过××天，则需考虑赋予卖方单方解除合同的权利。如果在合同中没有约定逾期付款违约责任，则对卖方不利，卖方无法就合同条款直接主张合同违约金，只能主张逾期付款的利息。《最高人民法院关于审理买卖合同纠纷案件适用法律问题的解释（2020年修正）》（以下简称《买卖合同司法解释》）第十八条第四款规定："买卖合同没有约定逾期付款违约金或者该违约金的计算方法，出卖人以买受人违约为由主张赔偿逾期付款损失，违约行为发生在2019年8月19日之前的，人民法院可以中国人民银行同期同类人民币贷款基准利率为基础，参照逾期罚息利率标准计算；违约行为发生在2019年8月20日之后的，人民法院可以违约行为发生时中国人民银行授权全国银行间同业拆借中心公布的一年期贷款市场报价利率（LPR）标准为基础，加计30%—50%计算逾期付款损失。"实践中，如果卖方因买方逾期付款发生其他损失（实际损失、可得利益损失）的，举证责任在卖方，需要有明确的损失证据及损失因果关联性，才能证明所主张内容的合理性。

对于卖方而言,其主要义务是按照合同约定的质量标准、期限交付标的物,若存在标的物瑕疵、逾期交货等情形,则卖方应当承担支付违约金、赔偿金等责任;若卖方严重违约,如逾期交货超过××天、交付的货物存在严重瑕疵导致合同目的无法实现等,则需考虑赋予买方单方解除合同的权利。如果合同中未对卖方逾期交货违约责任进行约定,则对买方不利,届时若买方产生损失,也需要承担举证责任。如果合同中未对产品质量问题的违约责任进行约定,根据买卖合同产品交易的目的,《民法典》第五百八十二条规定:"履行不符合约定的,应当按照当事人的约定承担违约责任。对违约责任没有约定或者约定不明确,依据本法第五百一十条的规定仍不能确定的,受损害方根据标的的性质以及损失的大小,可以合理选择请求对方承担修理、重作、更换、退货、减少价款或者报酬等违约责任。"

7. 卖方可以通过所有权保留条款保障权利

在买卖合同没有特别约定的情况下,标的物为动产的,其所有权自标的物交付时起转移。如果标的物交付后,交易价款尚未支付完毕,而买方支付能力减弱,则卖方的风险将大大增加。在此情形下,卖方可在合同中约定标的物交付后所有权保留条款以防范风险。《民法典》第六百四十一条规定:"当事人可以在买卖合同中约定买受人未履行支付价款或者其他义务的,标的物的所有权属于出卖人。出卖人对标的物保留的所有权,未经登记,不得对抗善意第三人。"第六百四十二条规定:"当事人约定出卖人保留合同标的物的所有权,在标的物所有权转移前,买受人有下列情形之一,造成出卖人损害的,除当事人另有约定外,出卖人有权取回标的物:(一)未按照约定支付价款,经催告后在合理期限内仍未支付;(二)未按照约定完成特定条件;(三)将标的物出卖、出质或者作出其他不当处分。出卖人可以与买受人协商取回标的物;协商不成的,可以参照适用担保物权的实现程序。"《买卖合同司法解释》第二十六条规定:"买受人已经支付标的物总价款的百分之七十五以上,出卖人主张取回标的物的,人民法院不予支持。"因此，在买受人已支付货款的金额未达到总价款的百分之七十五，且存在买卖合同约定或法律法规规定的特定违约情形时，出卖人可以要求依据"所有权保留条款"取回买卖合同标的物。但需注意的是，根据《买卖合同司法解释》第二十五条的规定，标的物所有权保留的规定适用于动产，不适用于不动产。

8.审查是否构成融资性贸易

对于国有企业来说，融资性贸易业务的实质是为物资贸易中的交易对手提供资金支持，并赚取资金占用费。但由于融资性贸易存在资金占用大、盈利水平低、业务风险高等问题，国资委明令禁止国有企业开展融资性贸易。国务院国资委《中央企业违规经营投资责任追究实施办法（试行）》第九条规定，购销管理方面违反规定开展融资性贸易业务或"空转""走单"等虚假贸易业务的，依法追究责任。国务院国资委《关于加强地方国有企业债务风险管控工作的指导意见》再次指出，严控低毛利贸易、金融衍生、PPP等高风险业务，严禁融资性贸易和"空转""走单"等虚假贸易业务。融资性贸易的表现形式多样，具有一定的隐蔽性，主要特征有：一是虚构贸易背景，或人为增加交易环节；二是上游供应商和下游客户均为同一实际控制人控制，或上下游之间存在特定利益关系；三是贸易标的由对方实质控制；四是直接提供资金或通过结算票据、办理保理、增信支持等方式变相提供资金。相关部门在审查买卖合同时，应当结合上下游合同和融资性贸易的特征认真识别，认定名为买卖实为融资性贸易的，应当立即停止退出。

9.审查企业国有资产转让程序是否合规

《企业国有资产交易监督管理办法》第四十八条规定："企业一定金额以上的生产设备、房产、在建工程以及土地使用权、债权、知识产权等资产对外转让，应当按照企业内部管理制度履行相应决策程序后，在产权交易机构公开进行。涉及国家出资企业内部或特定行业的资产转让，确需在国有及国有控股、国有实际控制企业之间非公开转让的，由转让方逐级报国家出资企业审核批准。"根据前述规定，国有及国有控股企业、国有实际控制企业的重大资产转让行为应当根据相关法律法规、企业内部管理制度履行决策程序，并在依法设立的产权交易机构中公开进行。

二、实务案例与操作建议

案例： 合理利用所有权保留条款降低交易风险

2020年，电器厂家A公司与B公司分别与买方订立买卖合同，向其销售电器产品金额分别为55万元、120万元。合同签订后，A公司与B公司均按期交货，但买方却因资不抵债而被申请破产。A公司与B公司随后接到买方通知，称其公司已由破产管理人接手，无法再向供应商支付货款，需等待破产清算结果。在债权追偿过程中发现，A公司与买方约定过所有权保留条款，经协商，破产管理人买断了货物所有权，A公司无须等待破产清算结果，就收到了破产管理人一次性支付的44万元，成功追回80%的货款。而B公司由于未约定所有权保留条款，只能等待买方完成破产清算之后按比例分配债权，最终只追回5%的货款，损失惨重。

第54问　房屋租赁合同有哪些合规审查要点？

一、分析

《民法典》第七百零三条规定："租赁合同是出租人将租赁物交付承租人使用、收益，承租人支付租金的合同。"租赁物可以是动产，如汽车、机械设备、计算机等，也可以是不动产，如房屋。租赁合同是在人们的经济生活和日常生活中经常使用的一种合同。它可以在自然人、法人之间调剂余缺，充分发挥物的使用功能，最大限度地使用其价值。通过租赁，承租人与出租人双方的利益可以同时得到满足，因此，租赁是现实经济生活中较为重要的一种经济形式。

租赁合同的内容一般包括租赁物的名称、数量、用途、租赁期限、租金及其支付期限和方式、租赁物维修等条款。如果租赁物为商品房，根据《商品房屋租赁管理办法》（住房和城乡建设部令第6号）第七条规定："……房屋租赁合同的内容由当事人双方约定，一般应当包括以下内容：（一）房屋租赁当事人的姓名（名称）和住所；（二）房屋的坐落、面积、结构、附属设施，家具和家电等室内设施状况；（三）租金和押金数额、支付方式；（四）租赁用途和房屋使用要求；（五）房屋和室内设施的安全性能；（六）租赁期限；（七）房屋维修责任；（八）物业服务、水、电、燃气等相关费用的缴纳；（九）争议解决办法和违约责任；（十）其他约定。房屋租赁当事人应当在房屋租赁合同中约定房屋被征收或者拆迁时的处理办法。建设（房地产）管理部门可以会同工商行政管理部门制定房屋租赁合同示范文本，供当事人选用。"

1.审查合同相对方的主体资格

作为承租人，首先应当审查出租人是否为房屋所有人或合法使用权人，是否存在共有产权的情况等，防止无处分权人擅自出租房屋。具体方式为查验出租方提供的房屋所有权证、国有土地使用证、商品房买卖合同等能够证明权利合法来源的文件，并将相关文件留存备案。《商品房屋租赁管理办法》第十一条规定："承租人转租房屋的，应当经出租人书面同意。承租人未经出租人书面同意转租的，出租人可以解除租赁合同，收回房屋并要求承租人赔偿损失。"因此，如存在转租情形，次承租人还需核实出租人与承租人签订的租赁合同、同意转租的说明等，避免出租人无权转租导致租赁合同被解除、次承租人蒙受损失。

2.审查房屋是否存在禁止出租的情形

《民法典》第三百六十九条规定："……设立居住权的住宅不得出租，但是当事人另有约定的除外。"《商品房屋租赁管理办法》第六条规定："有下列情形之一的房屋不得出租：（一）属于违法建筑的；（二）不符合安全、防灾等工程建设强制性标准的；（三）违反规定改变房屋使用性质的；（四）法律、法规规定禁止出租的其他情形。"第二十一条规定："违反本办法第六条规定的，由直辖市、市、县人民政府建设（房地产）主管部门责令限期改正，对没有违法所得的，可处以五千元以下罚款；对有违法所得的，可以处以违法所得一倍以上三倍以下，但不超过三万元的罚款。"《最高人民法院关于审理城镇房屋租赁合同纠纷案件具体应用法律若干问题的解释》第二条规定："出租人就未取得建设工程规划许可证或者未按照建设工程规划许可证的规定建设的房屋，与承租人订立的租赁合同无效。但在一审法庭辩论终结前取得建设工程规划许可证或者经主管部门批准建设的，人民法院应当认定有效。"第三条规定："出租人就未经批准或者未按照批准内容建设的临时建筑，与承租人订立的租赁合同无效。但在一审法庭辩论终结前经主管部门批准建设的，人民法院应当认定有效。租赁期限超过临时建筑的使用期限，超过部分无效。但在一审法庭辩论终结前经主管部门批准延长使用期限的，人民法院应当认定延长使用期限内的租赁期间有效。"根据前述规定，当事人在订立房屋租赁合同前，应当审查房屋是否存在禁止出租、可能导致租赁合同无效的情形，必要时可要求出租人在租赁合同中对房屋不存在前述情形予以承诺。

3. 审查房屋是否已设定抵押或被人民法院查封

《最高人民法院关于审理城镇房屋租赁合同纠纷案件具体应用法律若干问题的解释》第十四条规定："租赁房屋在承租人按照租赁合同占有期限内发生所有权变动，承租人请求房屋受让人继续履行原租赁合同的，人民法院应予支持。但租赁房屋具有下列情形或者当事人另有约定的除外：（一）房屋在出租前已设立抵押权，因抵押权人实现抵押权发生所有权变动的；（二）房屋在出租前已被人民法院依法查封的。"《最高人民法院关于人民法院民事执行中查封、扣押、冻结财产的规定》第二十四条第二款规定："第三人未经人民法院准许占有查封、扣押、冻结的财产或者实施其他有碍执行的行为的，人民法院可以依据申请执行人的申请或者依职权解除其占有或者排除其妨害。"根据前述规定，出租人在房屋出租前已经在所出租房屋上设定抵押权或房屋已经被人民法院查封的，承租人的租赁权不能对抗在先设立的抵押权或人民法院的查封。承租前房屋已被抵押的，抵押权实现后，租赁合同提前终止，承租人无权要求受让人继续履行原租赁合同，抵押权实现造成承租人的损失，存在无法获得赔偿的风险。承租前房屋已被查封的，承租人提出的要求房屋受让人继续履行租赁合同的请求不会被人民法院支持，并且人民法院可以依申请或者依职权解除其占有或者排除其妨害。因此，作为承租人，签订租赁合同前应当审查房屋是否已设定抵押，是否存在被人民法院查封的情形。

4. 审查租赁期限

租赁期限是租赁合同的存续期间，租赁期限一旦届满，租赁合同将失去效力。租赁期限直接关系到租赁物的使用和返还时间、租金的收取期限，对合同双方当事人意义重大。因此，租赁合同约定的租赁期限应当明确具体，如"从某年某月某日起至某年某月某日止"。《民法典》第七百零五条规定："租赁期限不得超过二十年，超过二十年的，超过部分无效。租赁期限届满，当事人可以续订租赁合同，但是，约定的租赁期限自续订之日起不得超过二十年。"第七百三十条规定："当事人对租赁期限没有约定或者约定不明确，依据本法第五百一十条的规定仍不能确定的，视为不定期租赁；当事人可以随时解除合同，但是应当在合理期限之前通知对方。"在审查租赁合同时，对于租赁期限超过20年的约定（如"永久"或者"30年"），需修改为20年以下。

5. 审查租赁用途

在签订房屋租赁合同前，应首先核实租赁房屋房产证上载明的用途，做到租赁合同约定的用途不与规定用途相冲突。例如，房产证记载用途为住宅，则对于经营用房的承租原则上不予考虑；工业厂房或者办公性质的房屋不得出租用于开设商场或宾馆。其次，需要在租赁合同中明确约定租赁物的具体用途，如经营餐饮、幼教、超市、诊所等。对于出租方而言，租赁合同应当约定，若承租方擅自改变租赁用途或将租赁物用于违法犯罪活动，则出租方有权单方解除协议。《民法典》第七百一十条规定："承租人按照约定的方法或者根据租赁物的性质使用租赁物，致使租赁物受到损耗的，不承担赔偿责任。"第七百一十一条规定："承租人未按照约定的方法或者未根据租赁物的性质使用租赁物，致使租赁物受到损失的，出租人可以解除合同并请求赔偿损失。"根据前述规定，对于承租方而言，明确约定并严格遵守房屋的租赁用途可以避免违约赔偿责任。

6. 审查租金及支付方式

首先，房屋租赁合同约定的租金标准应当明确具体，包括租金的计算标准、计租期限、租金总额等。其次，需要注意租金对应的租赁物使用范围是否明确，如租金是否涵盖关联区域（如楼道、建筑物外立面、停车位等）的使用。

此外，还需审查租金的支付期限。《民法典》第七百二十一条规定："承租人应当按照约定的期限支付租金。对支付租金的期限没有约定或者约定不明确，依据本法第五百一十条的规定仍不能确定，租赁期限不满一年的，应当在租赁期限届满时支付；租赁期限一年以上的，应当在每届满一年时支付，剩余期限不满一年的，应当在租赁期限届满时支付。"第七百二十二条规定："承租人无正当理由未支付或者迟延支付租金的，出租人可以请求承租人在合理期限内支付；承租人逾期不支付的，出租人可以解除合同。"支付租金是承租人的主要义务，为避免合同履行中发生纠纷，一般租赁合同中应明确约定租金支付期限。租金的支付期限可以按年、月、日计算，也可以按小时计算。租金的支付可以是一次性支付，也可以是分期支付；一次性支付可以是事前支付，也可以是在租赁期限届满后支付，这些都由双方当事人在合同中约定。

另外，在经营性用房租赁实践中，租赁合同双方往往会达成免租期约定，即出租方将房屋交付承租方使用但承租方无须支付租金的时间段。若出租方同意给予承租方免租期，则应约定免租期的具体期限、起算时间，以及承租方享受免租期后出现违约行为导致出租方解除合同时，承租方补交免租期租金的义务等。

7.审查房屋装饰装修条款

基于房屋租赁的特性，房屋承租人一般都会在租赁后进行一定程度的装修，双方应在租赁合同中对房屋装修事宜进行约定，避免不必要的争议和损失。《民法典》第七百一十五条规定："承租人经出租人同意，可以对租赁物进行改善或者增设他物。承租人未经出租人同意，对租赁物进行改善或者增设他物的，出租人可以请求承租人恢复原状或者赔偿损失。"《最高人民法院关于审理城镇房屋租赁合同纠纷案件具体应用法律若干问题的解释》第六条规定："承租人擅自变动房屋建筑主体和承重结构或者扩建，在出租人要求的合理期限内仍不予恢复原状，出租人请求解除合同并要求赔偿损失的，人民法院依照民法典第七百一十一条的规定处理。"因此，承租人对房屋进行装修前，应当征得出租人同意。在不改变房屋主体结构、不危及原建筑物的安全或造成潜在危险的情况下，出租人可以同意承租方进行装修改造，但承租方应当将装修改造方案交出租方审核批准后方可施工。承租人未经出租人同意对租赁房屋进行装饰装修的，承租人应当自行拆除装饰装修物并将租赁房屋恢复原状,如因拆除行为导致租赁房屋损毁的,还应当恢复原状或赔偿损失。

此外,还需注意房屋租赁过程中添附物的处理。《最高人民法院关于审理城镇房屋租赁合同纠纷案件具体应用法律若干问题的解释》第七条规定:"承租人经出租人同意装饰装修,租赁合同无效时,未形成附合的装饰装修物,出租人同意利用的,可折价归出租人所有;不同意利用的,可由承租人拆除。因拆除造成房屋毁损的,承租人应当恢复原状。已形成附合的装饰装修物,出租人同意利用的,可折价归出租人所有;不同意利用的,由双方各自按照导致合同无效的过错分担现值损失。"第八条规定:"承租人经出租人同意装饰装修,租赁期间届满或者合同解除时,除当事人另有约定外,未形成附合的装饰装修物,可由承租人拆除。因拆除造成房屋毁损的,承租人应当恢复原状。"第十条规定:"承租人经出租人同意装饰装修,租赁期间届满时,承租人请求出租人补偿附合装饰装修费用的,不予支持。但当事人另有约定的除外。"根据前述规定,租赁合同双方可根据实际情况,对已形成附合或未形成附合的装饰装修物在合同无效、合同解除、租赁期限届满等情形下如何处理进行约定,避免不必要的争议。

8. 审查房屋维修条款

《民法典》第七百一十二条规定:"出租人应当履行租赁物的维修义务,但是当事人另有约定的除外。"第七百一十三条规定:"承租人在租赁物需要维修时可以请求出租人在合理期限内维修。出租人未履行维修义务的,承租人可以自行维修,维修费用由出租人负担。因维修租赁物影响承租人使用的,应当相应减少租金或者延长租期。因承租人的过错致使租赁物需要维修的,出租人不承担前款规定的维修义务。"根据前述规定,出租人负有保持租赁物适于使用、收益状态的义务,在租赁物存在瑕疵或被毁损的情况下,出租人应当承担维修义务,但是当事人另有约定的除外。出租人无正当理由在催告确定的合理期限内没有对租赁物进行维修的,构成不履行维修义务,承租人可以自行修理。由于维修租赁物是出租人的义务,出租人未尽其义务,承租人代为履行的,由此支出的费用应当由出租人负担，承租人已经垫付的，有权要求出租人偿还，或要求抵扣租金。租赁合同缔约双方应当对房屋的维修、修缮等进行详细的约定，如当租赁物影响承租方正常使用时，出租方负责对租赁物进行维修，费用由出租方承担；但承租方使用不当、故意破坏等造成的维修费用由承租方自行承担。对于承租方而言，还可在租赁合同中约定出租方维修期间不得影响承租方正常营业及办公，如维修时间超过一定期限仍未能达到正常使用标准，承租方有权委托第三方进行维修、解除合同或者减少相应数额的租金等。

9. 审查房屋维护条款

《民法典》第七百一十四条规定："承租人应当妥善保管租赁物，因保管不善造成租赁物毁损、灭失的，应当承担赔偿责任。"妥善保管租赁物是承租人的主要义务之一。承租人的保管义务应包括以下几项内容：第一，按照约定的方式或者租赁物的性质所要求的方法保管租赁物。第二，按照租赁物的使用状况进行正常的维护。第三，租赁物有瑕疵并影响承租人正常使用时，承租人应及时通知出租人，并采取积极措施防止损坏的扩大。承租人如果没有对租赁物尽到上述妥善保管的义务，造成租赁物毁损、灭失的，应当承担损害赔偿责任。在房屋租赁合同中，应当对承租人对房屋的"妥善保管"义务进行细化约定，如未经出租方书面同意，承租方不得对房屋设施进行任何改动或增建；承租方负责对其装修配套或自行添置的设备、设施等的维修养护并承担相关的费用。如因承租方造成房产本身或其固有设备设施损毁的，应及时或在出租方指定的期限内修复，并自行承担相关费用及因此造成的其他一切损失。

10. 审查房屋租赁的安全生产责任条款

《中华人民共和国安全生产法》第四十九条第二款规定："生产经营项目、场所发包或者出租给其他单位的，生产经营单位应当与承包单位、承租单位签订专门的安全生产管理协议，或者在承包合同、租赁合同中约定各自的安全生产管理职责；生产经营单位对承包单位、承租单位的安全生产工作统一协调、管理，定期进行安全检查，发现安全问题的，应当及时督促整改。"因此，在审查房屋租赁合同过程中，需要关注安全生产责任条款，明确出租方与承租方的安全管理职责。例如，承租人应安全使用出租房屋，发现承租房屋有安全隐患，应当及时告知出租人予以消除；出租人应定期对出租的房屋进行安全检查，及时发现和排除安全隐患，保障承租人的居住安全等。

11. 审查房屋转租条款

《民法典》第七百一十六条规定："承租人经出租人同意，可以将租赁物转租给第三人。承租人转租的，承租人与出租人之间的租赁合同继续有效；第三人造成租赁物损失的，承租人应当赔偿损失。承租人未经出租人同意转租的，出租人可以解除合同。"第七百一十七条规定："承租人经出租人同意将租赁物转租给第三人，转租期限超过承租人剩余租赁期限的，超过部分的约定对出租人不具有法律约束力，但是出租人与承租人另有约定的除外。"第七百一十八条规定："出租人知道或者应当知道承租人转租，但是在六个月内未提出异议的，视为出租人同意转租。"第七百一十九条规定："承租人拖欠租金的，次承租人可以代承租人支付其欠付的租金和违约金，但是转租合同对出租人不具有法律约束力的除外。次承租人代为支付的租金和违约金，可以充抵次承租人应当向承租人支付的租金；超出其应付的租金数额的，可以向承租人追偿。"转租，是指承租人将租赁物转让给第三人使用、收益，承租人与第三人形成新的租赁合同关系，而承租人与出租人的租赁关系继续合法有效的一种交易形式。在我国实践中，尤其是在房屋租赁市场，有人为了牟取暴利，将租来的房屋层层转租，致使住房的租金过高，侵害了房屋所有人的利益。为了规范上述现象，《民法典》规定承租人将租赁物转租他人的必须经出租人同意。因此，房屋租赁合同当事人可以根据实际情况在租赁合同中明确承租人是否有权将房屋的全部或部分对外转租。未经出租人同意转租的，出租人可以解除合同。

12. 审查违约责任条款

租赁合同的违约责任条款应当与合同缔约双方的主要权利义务相对应。对于承租方而言，应注意约定出租人延迟交付租赁房屋、交付的房屋有瑕疵导致无法使用、擅自提前终止租赁合同等情形对应的违约责任。对于出租方而言，应注意约定承租人逾期支付租金及其他费用、擅自转租、提前退租、破坏房屋及附属设施等情形对应的违约责任。为增加违约责任条款的可操作性，可以约定一方违约后计算损失的范围，也可约定违约金的具体金额或比例。为了有效制约、防范合同相对方违约，违约金数额不应低于违约所获利益。

13. 审查国有资产出租程序是否合规

国有资产出租作为国有资产交易的一种类型，应当遵循公开、公平、公正原则。全国不同省市都出台了约束各级国有企业资产出租行为的规范文件，遍及浙江、福建、广东、贵州、四川、重庆、湖南、湖北等地。例如，根据四川省政府国有资产监督管理委员会《关于规范省属企业资产出租管理的意见》（川国资产权〔2011〕78号）第一条规定："省属企业资产出租应当遵循等价有偿和公开、公平、公正的原则，引入市场竞争机制，采取公开招租的方式进行，以提高企业资产的利用效益，实现企业资产价值最大化。"第二条规定："本意见适用于省属企业及其各级独资、控股子企业（以下简称各级子企业）资产出租的管理。本意见所称资产出租是指省属企业及其各级子企业作为出租方，将自身拥有的非流动性资产（包括土地使用权、房屋建筑物、广告位、设施设备等）出租给自然人、法人或其它组织（以下简称承租人）使用，向承租人收取租金的行为。下列情形除外：（一）专业租赁公司从事的租赁经营业务；（二）租赁期不超过三个月的短期租赁行为；（三）企业承办的专业市场、商场按市场规则组织的对外招租；（四）物业管理公司从事的经营业务；（五）企业住房分配给本企业职工居住的；（六）法律和行政法规另有规定的。"因此，对于省属企业资产出租事宜，应当依照法律法规、企业规章制度等规定制订出租方案并履行审批手续，进行资产评估、备案、公开招租等。同时需要注意的是，根据前述意见，省属企业资产出租期限一次不宜过长，一般不超过3年，特殊情况可以适当延长，但不应超过10年。出租期限超过10年以上的资产出租项目，省属企业应将资产出租方案报省国资委审核。

14.审查租赁物返还条款

《民法典》第七百三十三条规定:"租赁期限届满,承租人应当返还租赁物。返还的租赁物应当符合按照约定或者根据租赁物的性质使用后的状态。"租赁期限届满,承租人应向出租人返还租赁物,这是租赁合同中承租人的一项主要义务,主要包括以下两个方面的内容:第一,承租人应于租赁关系终止时向出租人返还租赁物;第二,承租人返还的租赁物应当符合按照约定或者根据租赁物的性质使用后的状态。房屋租赁合同的当事人可以根据实际情况约定租赁物返还条款,如租赁期满或合同提前终止的,承租人应于租赁期满或合同终止当日内向出租人交还房产。交还的该房产应满足以下条件:(1)承租人应自担费用对该房产进行打扫和清理,使该房产及其固定设备设施处于可正常使用状态;(2)在双方没有争议的情况下,承租人已结清全部租金、物业管理费、水电费等相关费用。承租人应严格按照合同约定进行房屋交还,若违反约定或在规定期限内未完成交还的,应按日租金的万分之三/日向出租人支付滞纳金。

二、实务案例与操作建议

案例:租赁合同确定的违约成本应当高于违约所获利益

A企业系一家商业管理公司。2020年1月,A企业与某高校签订租赁合同,承租高校周边两栋商铺,合计面积为3500m^2,租赁期限为五年,租赁用途为企业办公、电商平台、零售商业、餐饮服务、美容美发等。A企业承租两栋商铺后对外招商引资,将商铺的不同单元转租给不同的商户用于经营火锅店、西餐、快餐、茶饮等,并与商户分别签订了《商铺租赁合同》《物业服务合同》等,转租期限为五年。2023年,因餐饮零售经营难以盈利,商户集体商议欲提前退租,而A企业认为租赁期限尚未届满,遂拒绝商户的退租申请,双方发生争议。根据A企业与商户签订的《商铺租赁合同》约定,商户无故提前退租的,A企业可以没收商户缴纳的租赁保证金，要求商户支付合计三个月租金的违约金，补缴免租期对应的租金，自费拆除装修添附物并将房屋恢复原状等，以上费用支出合计60余万元。商户权衡后认为，违约成本远高于提前退租所获利益，最终放弃了退租申请，选择继续履行《商铺租赁合同》。A企业也因此稳定了租金收入，避免了退租潮带来的经营风险。

第55问　借款合同有哪些合规审查要点？

一、分析

《民法典》第六百六十七条规定："借款合同是借款人向贷款人借款，到期返还借款并支付利息的合同。"实践中，借款合同可分为金融借款合同和民间借贷合同，前者是指金融机构向借款人提供贷款，借款人到期返还借款并支付利息的合同；后者则泛指非金融机构的自然人、法人之间的借款合同。

借款合同的主要条款一般包括借款种类、币种、用途、数额、利率、还款期限和还款方式等条款。借款合同的审查要点一般包括对合同主体、借款用途、利息条款、还款期限条款、担保条款、违约责任条款等重要内容的审查。

1. 审查合同主体

《民法典》第六百六十九条规定："订立借款合同，借款人应当按照贷款人的要求提供与借款有关的业务活动和财务状况的真实情况。"作为贷款人，签订借款合同前应当着重审查借款人的资信状况、经营情况，确保其经营状况正常，具备良好的信用和资金偿还能力，具体可以要求借款人提供相关证明资料，或利用公开渠道查询借款人是否存在诉讼纠纷、是否为失信被执行人或被限制高消费等。若借款人存在进入破产程序、资不抵债、连续3年及以上亏损且经营净现金流为负等不具备持续经营能力的情形，则向贷款人提供借款时应当慎重。

2.审查借款用途

《民法典》第六百七十二条规定："贷款人按照约定可以检查、监督借款的使用情况。借款人应当按照约定向贷款人定期提供有关财务会计报表或者其他资料。"第六百七十三条规定："借款人未按照约定的借款用途使用借款的，贷款人可以停止发放借款、提前收回借款或者解除合同。"借款用途是借款人使用借款的目的，是借款合同的重要条款，因为其与借款人能否按期偿还借款有很直接的关系。借款人擅自改变借款用途，就会使原先当事人共同预期的收益变得不确定，增加了贷款人的贷款风险，最终导致借款难以收回。根据前述规定，贷款人在签订借款合同前应当审查借款人的借款用途是否符合法律法规的规定、是否违背公序良俗。对于涉及敏感行业（如房地产、高污染行业等）的借款，需要特别关注其合规性和政策风险。同时，借款合同签订后，贷款人可以对借款人执行借款合同情况及借款人的经营情况进行追踪调查和检查。在借款合同中可以约定借款人不得将所借款项用于其他用途，否则应当就挪用的款项支付违约金，且贷款人有权解除合同，以此加强对资金使用范围的限制，保障贷款人的资金安全。

3.审查借款金额与放款时间

《民法典》第六百七十一条规定："贷款人未按照约定的日期、数额提供借款，造成借款人损失的，应当赔偿损失。借款人未按照约定的日期、数额收取借款的，应当按照约定的日期、数额支付利息。"对于贷款人来说，自借款合同成立后，按照约定的日期、数额向借款人提供借款，是其主要的合同义务。但是，贷款人由于资金周转或者其他原因，可能不能按照约定的日期提供借款，或者不能按照约定的数额提供借款。贷款人的这种违约行为可能会直接影响借款人对借款的使用，损害其合法利益，给其造成损失。例如，贷款人不能在约定的期间内提供借款，可能会打乱借款人的资金使用计划，直接影响借款人的生产或者经营活动，甚至会出现因借款人资金不到位侵犯第三人合法权益的后果，引发"三角债"或者其他纠纷，影响整个资金的良性周转和循环。因此，借款合同应当约定借款金额与贷款人发放借款的时间，以及贷款人逾期发放借款的违约责任。

4. 审查是否存在合同无效情形

《最高人民法院关于审理民间借贷案件适用法律若干问题的规定》（2020年第二次修正）（法释〔2020〕17号）（以下简称《民间借贷司法解释》第十三条规定："具有下列情形之一的，人民法院应当认定民间借贷合同无效：（一）套取金融机构贷款转贷的；（二）以向其他营利法人借贷、向本单位职工集资，或者以向公众非法吸收存款等方式取得的资金转贷的；（三）未依法取得放贷资格的出借人，以营利为目的向社会不特定对象提供借款的；（四）出借人事先知道或者应当知道借款人借款用于违法犯罪活动仍然提供借款的；（五）违反法律、行政法规强制性规定的；（六）违背公序良俗的。"根据前述规定，在审查借款合同时应当关注是否存在可能导致合同无效的情形，避免借款合同无效导致其从属的担保合同无效、利息约定无效等不利后果，保障贷款人的资金安全。

5. 审查利息支付条款

《民法典》第六百八十条规定："禁止高利放贷，借款的利率不得违反国家有关规定。借款合同对支付利息没有约定的，视为没有利息。借款合同对支付利息约定不明确，当事人不能达成补充协议的，按照当地或者当事人的交易方式、交易习惯、市场利率等因素确定利息；自然人之间借款的，视为没有利息。"根据《民间借贷司法解释》第二十五条的规定，利率标准超出合同成立时一年期贷款市场报价利率（LPR）4倍的部分，法院不予支持。该规定取消了以24%和36%为基准的"两线三区"的规定，而以一年期中国人民银行授权全国银行间同业拆借中心计算并公布的基础性贷款参考利率（LPR）的4倍作为民间借贷利率司法保护的上限。因此，在审查借款合同时，业务部门应当审查利息标准是否符合前述规定。

表10-1　新旧规定衔接时借贷案件利率的法律适用

民间借贷案件一审受理时间	借贷合同成立时间	计息期间	利　率
2020年8月20日前	不考虑	合同成立至借款返还之日	"二线三区"利率最高24%
2020年8月20日后	2020年8月20日前	合同成立至2020年8月19日	"二线三区"利率最高24%
		2020年8月20日至借款返还之日	不超过合同成立时4倍一年期LPR
	2020年8月20日后	合同成立至借款返还之日	不超过合同成立时4倍一年期LPR

此外，还需注意利息不得预先在本金中扣除。《民法典》第六百七十条规定："借款的利息不得预先在本金中扣除。利息预先在本金中扣除的，应当按照实际借款数额返还借款并计算利息。"《最高人民法院关于审理民间借贷案件适用法律若干问题的规定》（2020年修正）第二十七条规定："借据、收据、欠条等债权凭证载明的借款金额，一般认定为本金。预先在本金中扣除利息的，人民法院应当将实际出借的金额认定为本金。"

同时，借款合同还应约定利息的支付期限。《民法典》第六百七十四条规定："借款人应当按照约定的期限支付利息。对支付利息的期限没有约定或者约定不明确，依据本法第五百一十条的规定仍不能确定，借款期间不满一年的，应当在返还借款时一并支付；借款期间一年以上的，应当在每届满一年时支付，剩余期间不满一年的，应当在返还借款时一并支付。"借款合同应当对利息的支付期限约定明确。例如，按月、按季、按年支付等，并载明每次支付利息的日期，以及逾期支付利息的违约责任。

6. 审查还款期限条款

《民法典》第六百七十五条规定："借款人应当按照约定的期限返还借款。对借款期限没有约定或者约定不明确，依据本法第五百一十条的规定仍不能确定的，借款人可以随时返还；贷款人可以催告借款人在合理期限内返还。"在借款合同中,按照合同约定的期限返还借款是借款人的主要义务,也是借款合同中最主要的内容。因此,借款合同的还款日期应当清楚准确,如使用"×××年××月××日之前"之类的封闭性明确表述,而不能使用模糊的时间表述,避免还款期限约定不明导致歧义或纠纷。借款人未按照约定的期限返还借款的,应当按照合同约定的计算方式和标准支付逾期利息。借款人提前返还借款的,除合同另有约定外,应当按照实际借款的期间计算利息。

7. 审查借款担保条款

若借款人请保证人作为担保,可以由保证人在借款合同上签字确定。作为贷款人,应当对保证人的经营情况、资信情况进行审核,确保其具备偿债能力。另外,根据《公司法》第十五条第一款的规定:"公司向其他企业投资或者为他人提供担保的,按照公司章程的规定,由董事会或者股东会决议;公司章程对投资或者担保的总额及单项投资或者担保的数额有限额规定的,不得超过规定的限额。"因此,贷款人还应审查担保人的内部决策程序是否符合公司法及公司章程的要求,避免担保无效带来的风险。若借款人提供抵押或质押担保,一般应另行签署抵押合同或质押合同,并办理相关登记手续。贷款人应当审查相关抵质押手续的办理时限、抵质押期限、抵质押担保范围、价值评估、保险措施等,最大限度地保障贷款人的债权安全。

8. 审查违约责任条款

在借款合同中,贷款人只要提供了约定的借款,一般不会再有其他的违约责任,因此,主要的违约责任应当是关于借款人的,包括未按照约定用途使用借款款项以及未按照约定还款等。其中,未按照约定还款最为常见。在审查该条款时,应当注意的是,根据《民间借贷司法解释》第二十九条的规定,出借人与借款人既约定了逾期利率,又约定了违约金或者其他费用,出借人可以选择主张逾期利息、违约金或者其他费用,也可以一并主张,但是总计超过合同成立时一年期贷款市场报价利率4倍的部分,人民法院不予支持。

二、实务案例与操作建议

案例： 未依法登记的，其抵押权、质押权未设立，出借人对担保财产或财产权利不享有优先受偿权

2020年7月，A公司与B公司签订了《借款合同》，约定A公司向B公司提供借款200万元，B公司以其名下的股权提供质押担保。2020年8月，A公司通过银行转账的方式向B公司支付了借款200万元。因B公司未按期还款，A公司诉至法院，主张其对B公司名下的股权享有优先受偿权。

人民法院经审理认为，因讼争股权未办理质押登记，按照《民法典》第四百四十三条的规定，质权未设立，故对主张的优先受偿权不予支持。民间借贷中，以必须办理抵押登记、质押登记的财产或财产权利作为担保的，应当到相关登记机关办理登记手续。未依法登记的，其抵押权、质押权未设立，出借人对担保财产或财产权利不享有优先受偿权。

第十章 企业常见合同合规审查要点

第56问 保证合同有哪些合规审查要点？

《民法典》第六百八十一条规定："保证合同是为保障债权的实现，保证人和债权人约定，当债务人不履行到期债务或者发生当事人约定的情形时，保证人履行债务或者承担责任的合同。"保证是指法人、非法人组织和公民以其信誉和不特定的财产为他人的债务提供担保，当债务人不履行其债务时，该第三人按照约定履行债务或者承担责任的担保方式。

保证合同的内容一般包括被保证的主债权的种类、数额，债务人履行债务的期限，保证的方式、范围和期间等条款。

1. 审查合同主体

首先，业务部门应当严格审查担保人是否为法律法规禁止提供担保的主体。例如，《民法典》第六百八十三条规定："机关法人不得为保证人，但是经国务院批准为使用外国政府或者国际经济组织贷款进行转贷的除外。以公益为目的的非营利法人、非法人组织不得为保证人。"其次，为保障债权人的利益，保证人应当具有清偿债务的能力，拥有足以承担保证责任的财产，故业务部门还应对拟提供保证的保证人的财务状况进行审查，以确认其偿债能力。

2. 审查主债权条款与主债权合同

保证合同应当约定被保证的主债权种类和数额。被保证的主债权种类，如借款合同中的还本付息债权、买卖合同中的请求交付标的物或支付价款的债权等均属此类。业务部门应当审查保证合同中是否明确约定了被保证的主债权种类、金额、范围以及债务人履行债务的期间，并对照主债权合同审查其是否与主债权合同中的相关条款保持一致。被担保的债权也可以是将来可能发生的债权，保证人与债权人可以协商订立保证最高额的合同，约定在最高债权额限度内就一定期间连续发生的债权提供保证。在此情形下，业务部门还应审查主债权的结算及确认方式是否明确。

3. 审查保证范围

《民法典》第六百九十一条规定："保证的范围包括主债权及其利息、违约金、损害赔偿金和实现债权的费用。当事人另有约定的，按照其约定。"保证范围是保证合同的一项内容，保证合同当事人可以随意约定保证范围，约定范围既可大于也可等于或小于上述法定范围。约定范围与法定范围不一致的，适用约定范围，即约定范围优于法定范围。实践中，保证合同双方可以对担保范围进行更详细的约定，如本合同项下保证的范围包括：主合同项下的债权本金、利息、复利、罚息、违约金、损害赔偿金，因主合同解除债务人应当返还的款项，实现债权和担保权利的费用（包括但不限于公证费、诉讼费、仲裁费、财产保全费、评估费、拍卖费、执行费、律师费、鉴定费、保管费、公告费、迟延履行期间的加倍债务利息等）及所有其他费用。

4. 审查保证方式

《民法典》第六百八十六条规定："保证的方式包括一般保证和连带责任保证。当事人在保证合同中对保证方式没有约定或者约定不明确的，按照一般保证承担保证责任。"保证的方式分为一般保证和连带责任保证。一般保证是指当事人在保证合同中约定，在债务人不能履行债务时，保证人承担保证责任的保证。连带责任保证是指当事人在保证合同中约定保证人与债务人对债务承担连带责任的保证。这两种保证之间最大的区别在于保证人是否享有先诉抗辩权。在一般保证的情况下，保证人享有先诉抗辩权，即一般保证的保证人在就债务人的财产依法强制执行仍不能履行债务前，对债权人可以拒绝承担保证责任。而在连带责任保证的情况下，保证人不享有先诉抗辩权，即连带责任保证的债务人在主合同约定的债务履行期限届满时没有履行债务的，债权人可以要求债务人履行债务，也可以要求保证人在其保证范围内承担保证责任。基于此，保证人承担何种方式的保证责任就显得十分重要，业务部门应当对担保方式进行审查，避免歧义。

5. 审查共同保证人的保证责任

《民法典》第六百九十九条规定："同一债务有两个以上保证人的，保证人应当按照保证合同约定的保证份额，承担保证责任；没有约定保证份额的，债权人可以请求任何一个保证人在其保证范围内承担保证责任。"共同保证，是指两个或两个以上的保证人为同一债务向债权人所提供的担保。由于在共同保证中有多个保证人为主债权提供担保，因而能够为债权的实现提供更有力的保障。共同保证既可以是按份共同保证，也可以是连带共同保证。这两种保证的主要区别在于，在债务人不履行债务时，债权人的选择权是否受到限制。如果采取连带责任保证，则债权人既可以选择向债务人行使权利，也可以向各个保证人行使权利。因此，在两个或两个以上的保证人为同一债务而向债权人提供担保时，应当在保证合同中约定各个保证人是否承担连带责任，或各自承担保证份额内的保证责任。

6. 审查保证期间

《民法典》第六百九十二条规定："保证期间是确定保证人承担保证责任的期间，不发生中止、中断和延长。债权人与保证人可以约定保证期间，但是约定的保证期间早于主债务履行期限或者与主债务履行期限同时届满的，视为没有约定；没有约定或者约定不明确的，保证期间为主债务履行期限届满之日起六个月。债权人与债务人对主债务履行期限没有约定或者约定不明确的，保证期间自债权人请求债务人履行债务的宽限期届满之日起计算。"保证期间为确定保证人承担保证责任的期间，事关保证人和债权人之间的债权债务能否行使或履行，也是确定保证债务和诉讼时效关系的依据。保证期间既可以是法定期间，也可以是约定期间。如果债权人请求保证人承担保证责任超过该期间，则保证人无须再承担保证责任。如果当事人没有就保证期间作出特别约定，则可以适用法定期间。保证合同中之所以应当明确约定保证期间，是因为保证期间可以起到督促债权人主张权利、限制保证人责任的作用。例如，本合同项下保证期间为主合同约定的债务履行期限届满之次日起三年，若发生法律法规规定或主合同约定的事项，债权人提前收回主债权的，保证期间为自债权人向债务人或保证人发出通知确定的到期日之次日起三年。

7. 审查保证人的声明与承诺

为降低信息不对称带来的交易风险，确保保证人具备债务清偿能力，维护债权人利益，保证合同中往往要求保证人作出如下承诺：

（1）保证人自愿接受并配合债权人对其资金和财产状况的调查了解，并按债权人要求，提供真实、合法、完整、有效的财务会计报表及其他资料、信息。

（2）保证人发生歇业、申请或被申请破产、解散、被停业整顿、注销登记、被吊销营业执照、被撤销等情形时，应当提前30日通知债权人。

（3）债权人与债务人协议变更主合同，除展期、增加主债权金额、提高贷款利率或变更币种外，无须经保证人同意，保证人仍在原保证担保范围内承担连带保证责任。

（4）经债权人同意，债务人转移全部或部分主合同项下债务的，无须经保证人同意，在主合同项下债务全部或部分转移后，保证人仍应按照保证合同的约定在保证担保范围内承担连带保证责任，保证人根据本合同约定应当承担的担保责任不受影响且不得主张任何减免。

（5）债权人有权将全部或部分主合同项下的债权转让给第三人，而无须经保证人同意；债权人转让全部或部分主合同项下债权的，应通知保证人，保证人仍在原保证担保范围内继续承担连带保证责任。

保证人在保证合同中作虚假声明，或不履行作出的承诺，或其他违反保证合同约定，给债权人造成经济损失的，应当承担赔偿责任。

8. 审查公司对外提供保证担保的程序合规性

《公司法》第十五条规定："公司向其他企业投资或者为他人提供担保，按照公司章程的规定，由董事会或者股东会决议；公司章程对投资或者担保的总额及单项投资或者担保的数额有限额规定的，不得超过规定的限额。公司为公司股东或者实际控制人提供担保的，应当经股东会决议。

前款规定的股东或者受前款规定的实际控制人支配的股东，不得参加前款规定事项的表决。该项表决由出席会议的其他股东所持表决权的过半数通过。"根据前述规定，当公司对外担保时，业务部门应当严格依据相关法律法规及公司章程审核董事会或股东会的决议文件，避免出现保证合同无效或效力瑕疵的情形。

第57问 抵押合同有哪些合规审查要点？

抵押权是指为担保债务的履行，债务人或者第三人不转移财产的占有权，将该财产抵押给债权人的，债务人不履行到期债务或者发生当事人约定的实现抵押权的情形，债权人有权就该财产优先受偿。抵押合同是抵押人与抵押权人之间签订的旨在设立抵押权的合同。《民法典》第四百条规定："设立抵押权，当事人应当采用书面形式订立抵押合同。抵押合同一般包括下列条款：（一）被担保债权的种类和数额；（二）债务人履行债务的期限；（三）抵押财产的名称、数量等情况；（四）担保的范围。"由于抵押涉及的财产数额较大，法律关系比较复杂，因此设立抵押权不仅要求当事人双方意思表示一致，还应当签订书面抵押合同。前述规定对于抵押合同内容的要求是指导性的，而不是强制性的。实践中，抵押合同除包括上述四项内容外，当事人之间可能还有其他认为需要约定的事项，这些内容也可以在协商一致的情况下在抵押合同中进行约定。

1. 审查抵押财产的基本情况

《民法典》第三百九十五条规定："债务人或者第三人有权处分的下列财产可以抵押：（一）建筑物和其他土地附着物；（二）建设用地使用权；（三）海域使用权；（四）生产设备、原材料、半成品、产品；（五）正在建造的建筑物、船舶、航空器；（六）交通运输工具；（七）法律、行政法规未禁止抵押的其他财产。抵押人可以将前款所列财产一并抵押。"第三百九十六条规定："企业、个体工商户、农业生产经营者可以将现有的以及将有的生产设备、原材料、半成品、产品抵押，债务人不履行到期债务或者发生当事人约定的实现抵押权的情形，债权人有权就抵押财产确定时的动产优先受偿。"第三百九十七条规定："以建筑物抵押的，该建筑物占用范围内的建设用地使用权一并抵押。以建设用地使用权抵押的，该土地上的建筑物一并抵押。抵押人未依据前款规定一并抵押的，未抵押的财产视为一并抵押。"第三百九十八条规定："乡镇、村企业的建设用地使用权不得单独抵押。以乡镇、村企业的厂房等建筑物抵押的，其占用范围内的建设用地使用权一并抵押。"第三百九十九条规定："下列财产不得抵押：（一）土地所有权；（二）宅基地、自留地、自留山等集体所有土地的使用权，但是法律规定可以抵押的除外；（三）学校、幼儿园、医疗机构等为公益目的成立的非营利法人的教育设施、医疗卫生设施和其他公益设施；（四）所有权、使用权不明或者有争议的财产；（五）依法被查封、扣押、监管的财产；（六）法律、行政法规规定不得抵押的其他财产。"业务部门应当对拟设定抵押的财产进行审查，确认抵押物的权属、价值以及是否存在限制设定抵押的情形。必要时，可以在合同中约定：抵押权的效力及因抵押物的从物、从权利、附着物、代位权、附合物、加工物和孳息以及因抵押物毁损、灭失或被征收而产生的保险金、赔偿金、补偿金等。抵押物应当尽量选择便于执行、流通的财产。抵押物的相关权属证明和资料经各方确认后应当交由抵押权人保管。

此外，根据《民法典》第四百一十四条规定："同一财产向两个以上债权人抵押的，拍卖、变卖抵押财产所得的价款依照下列规定清偿：（一）抵押权已经登记的，按照登记的时间先后确定清偿顺序；（二）抵押权已经登记的先于未登记的受偿；（三）抵押权未登记的，按照债权比例清偿。其他可以登记的担保物权，清偿顺序参照适用前款规定。"同一担保财产上可能存在为多个债权设定的不同的担保物权，根据前述规定，若同一抵押物已存在其他抵押权，需审查抵押顺位约定是否清晰，并注意优先受偿顺序，避免因顺位靠后等问题而无法实现抵押权。

2. 审查主债权条款与主债权合同

业务部门应当审查抵押合同中是否明确约定了主债权的种类、金额、范围以及债务人履行债务的期间,并对照主债权合同审查其是否与抵押合同的主债权条款保持一致。被担保的债权也可以是将来可能发生的债权,抵押人与债权人可以协商订立最高额抵押合同,约定在最高债权额限度内就一定期间连续发生的债权提供抵押担保。在此情形下,业务部门还应审查主债权的结算及确认方式是否明确。

3.审查抵押担保范围

《民法典》第三百八十九条规定:"担保物权的担保范围包括主债权及其利息、违约金、损害赔偿金、保管担保财产和实现担保物权的费用。当事人另有约定的,按照其约定。"主债权指债权人与债务人之间因债的法律关系所发生的原本债权。利息指实现担保物权时主债权所产生的一切收益。利息可以按照法律规定确定,也可以由当事人自己约定,但当事人不能违反法律规定约定过高的利息,否则超过部分的利息无效。违约金指按照当事人的约定,一方当事人违约时,应当根据违约情况向另一方支付的一定数额的金钱。当事人约定了违约金,一方违约时,应当按照该约定支付违约金。如果约定的违约金低于或者高于造成的损失时,当事人可以请求人民法院或者仲裁机构予以调整,此时在计算担保范围时,应当以人民法院或者仲裁机构最终确定的违约金数额为准。损害赔偿金指一方当事人因违反合同或者因其他行为给债权人造成的财产、人身损失而给付的赔偿额。损害赔偿金的范围可以由法律直接规定,或由双方当事人约定,在法律没有特别规定或者当事人没有约定的情况下,应按照完全赔偿原则确定具体赔偿数额。保管担保财产的费用指债权人在占有担保财产期间因履行善良保管义务而支付的各种费用。实现担保物权的费用指担保物权人在实现担保物权过程中所花费的各种实际费用,如对担保财产的评估费用、拍卖或者变卖担保财产的费用、向人民法院申请强制变卖或者拍卖的费用等。对担保物权所担保的债权范围,当事人可以依照自己的意思进行约定,当事人约定的效力优先于《民法典》第三百八十九条规定的担保物权法定担保范围。实践中,抵押合同的当事人往往根据实际情况约定抵押担保的范围,如抵押担保的范围包括但不限于主合同项下全部债务本金、利息、逾期利息、罚息、复利、违约金、赔偿金、债务人应向债权人支付的其他款项以及债权人实现债权和担保权利而发生的一切费用（包括但不限于诉讼费、仲裁费、律师代理费、财产保全费、差旅费、执行费、评估费、拍卖费、公证费、送达费、公告费、邮寄费、鉴定费等）。

4.审查抵押登记条款

《民法典》第四百零二条规定："以本法第三百九十五条第一款第一项至第三项规定的财产或者第五项规定的正在建造的建筑物抵押的，应当办理抵押登记。抵押权自登记时设立。"财产抵押是重要的民事法律行为，法律除要求设立抵押权要订立书面合同外，还要求对某些财产办理抵押登记，不办理抵押登记，抵押权不发生法律效力。根据前述规定，需要进行抵押登记的财产为：（1）建筑物和其他土地附着物；（2）建设用地使用权；（3）海域使用权；（4）正在建造的建筑物。前述财产设定抵押时，在抵押合同中明确约定抵押登记手续办理事宜尤为重要。常见的约定内容，如依法需要办理抵押登记的，抵押人应在抵押权人要求的时限内配合到有关登记部门办理抵押登记手续。抵押权证书、抵押登记文件正本原件由抵押权人占有。抵押登记事项发生变化，依法需要进行变更登记的，抵押人应在抵押权人要求的时限内配合到有关登记部门办理变更登记。

5.审查抵押财产占有和保管条款

抵押权是不转移财产占有的物权。实践中，签订抵押合同后，抵押财产往往由抵押人继续占有、使用，只有确保抵押物状态完好、价值不减损，才能保障债权人的利益。因此，抵押合同的当事人需要在抵押合同中约定抵押财产的占有和保管条款。例如，抵押物如果由抵押人自行或委托第三方占有和保管，抵押人或第三方在占有和保管期间应维护抵押物的完好，并按时缴纳与抵押物相关的各项税费，不得采用非合理方式使用抵押物而使其价值减损。抵押权人有权检查抵押物的使用、管理情况，抵押人应充分协助和配合。抵押物发生毁损、灭失、被征收的，抵押人应在发生或知晓其可能发生之日起三日内告知甲方，并立即采取措施防止损失扩大；抵押物发生毁损、灭失、被征收的，抵押权人对抵押人所获得的保险金、赔偿金或补偿金享有优先受偿权。抵押合同签订后，抵押人应到有关保险机构办理抵押物的财产保险基本险及附加险手续，保险期限不短于主合同履行期限，保险金额不低于主合同债权金额。

6. 审查抵押物保险条款

为避免抵押物毁损或灭失导致债权人利益受损，抵押合同往往对抵押物保险条款进行约定。例如，抵押物保险应按抵押权人要求确定保险金额和保险期限，并应指定抵押权人为保险权益的第一受益人或被保险人。抵押物保险需由抵押人及/或抵押权人办理投保手续的，抵押人及/或抵押权人应及时办理相关手续或提供必要协助支持，并履行维持保险的有效存续所必需的其他义务。根据本合同约定抵押人需承担全部或部分保费的，在本合同有效期内，抵押人应按时支付相应保费。根据本合同约定应由抵押人为抵押物投保的，抵押人未及时办理相关手续或提供必要协助支持或履行必要义务，或未按本合同约定支付应由其承担的保费的，抵押权人有权代为抵押人办理相关手续及/或代为缴付应由抵押人承担的保费及/或采取其他保险维持措施，抵押权人有权向抵押人追偿因此支出的应由抵押人承担的保险费和其他相关费用。经抵押人同意，抵押物价值减少、毁损或灭失时，保险公司或其他第三人为此支付给抵押人的赔偿金，应优先用于修复抵押财产或购买同抵押财产等值的财产（如需）。而后，针对剩余的赔偿金，抵押权人有权自行选择下列方法处理，抵押人应根据抵押权人的要求协助办理有关手续：（1）清偿或提前清偿主合同项下全部债务本息及相关费用；（2）为主合同项下全部债务本息及费用提供质押担保；（3）抵押人提供符合抵押权人要求的新的担保后，由抵押人处分赔偿金。

7. 审查抵押权实现条款

《民法典》第四百一十条规定："债务人不履行到期债务或者发生当事人约定的实现抵押权的情形，抵押权人可以与抵押人协议以抵押财产折价或者以拍卖、变卖该抵押财产所得的价款优先受偿。协议损害其他债权人利益的，其他债权人可以请求人民法院撤销该协议。抵押权人与抵押人未就抵押权实现方式达成协议的，抵押权人可以请求人民法院拍卖、变卖抵押财产。抵押财产折价或者变卖的，应当参照市场价格。"实践中，抵押合同双方可以据实约定抵押权实现的条件。例如，出现下列任一情况时，抵押权人有权依法实现抵押权：（1）债务人未按时足额偿还主合同项下债务；（2）抵押人在抵押物价值减损时未按约定恢复抵押物的价值或另行提供价值相当的担保；（3）债务人申请或被申请破产或歇业、解散、清算、停业整顿、吊销营业执照、撤销；（4）抵押人在生产经营过程中不遵循公平交易原则处分已经设立动产浮动抵押的抵押物；（5）法律法规规定和抵押合同约定抵押权人可实现抵押权的其他情形。依法拍卖、变卖抵押物后所得的价款按如下方式处理：（1）清偿债务人已到期的债务；（2）债务人有尚未到期的债务时，清偿已到期债务后的余额存入抵押权人指定的保证金账户。该等款项自存入保证金账户之日起即转为抵押权人占有，该等款项本息为抵押权人在主合同项下全部债权提供质押担保，并签订相应的保证金质押协议。在主合同项下债务未得到全部清偿前，未经抵押权人同意，抵押人不得动用；债务到期时，抵押权人在书面通知债务人后有权扣划该款项以偿还到期债务。

8. 审查抵押人的承诺与保证

为降低信息不对称带来的交易风险，确保抵押财产的价值，抵押合同中往往要求抵押人作出如下承诺：

（1）根据抵押权人的要求提供相关资料，并保证所提供资料的真实性、有效性、合法性。

（2）未经抵押权人书面同意，保证不将抵押合同项下的抵押物再设立任何形式的抵押、质押或其他担保权利，也不将抵押物出租（包括原租赁合同到期后续租）、赠予、转让、设立居住权、出资、迁移、改为公益用途、与其他物添附或改建、分割等，并应协助和配合抵押权人对抵押物的监督、检查。

（3）债权人依法将主债权转让给第三人的，不必通知抵押人，抵押人在原抵押担保范围内继续承担担保责任。

（4）主合同双方协议变更主合同的，涉及币种、利率、金额、期限或其他变更导致增加主债权金额或延展主合同履行期限的，应征得抵押人的同意，否则抵押人只在原担保范围内承担担保责任；不涉及增加主债权金额或延展主合同履行期限的，无须征得抵押人的同意，抵押人应对变更后的主合同承担担保责任。

（5）在抵押权受到或可能受到来自任何第三方的侵害时，抵押人有义务通知抵押权人并协助其免受侵害。

（6）抵押人的行为足以使抵押物价值减少的，应停止其行为；造成抵押物价值减少时，有义务恢复抵押物的价值，或提供与减少的价值相当的担保。

（7）抵押人对抵押物价值减少无过错的，应当在所获损害赔偿的范围内向抵押权人提供担保或按照本合同约定的其他方式处理赔偿款项。抵押物价值未减少的部分仍作为主合同债权的担保。

9.审查公司对外提供抵押担保的程序合规性

《公司法》第十五条规定："公司向其他企业投资或者为他人提供担保，按照公司章程的规定，由董事会或者股东会决议；公司章程对投资或者担保的总额及单项投资或者担保的数额有限额规定的，不得超过规定的限额。公司为公司股东或者实际控制人提供担保的，应当经股东会决议。前款规定的股东或者受前款规定的实际控制人支配的股东，不得参加前款规定事项的表决。该项表决由出席会议的其他股东所持表决权的过半数通过。"根据前述规定，当公司对外担保时，业务部门应当审核该公司的章程、董事会或股东会的决议文件，避免抵押合同的效力出现争议。

第十章 企业常见合同合规审查要点

第58问 质押合同有哪些合规审查要点？

一、分析

质权是指债务人或者第三人将其动产移转给债权人占有作为债权的担保，当债务人不履行到期债务或者当事人约定的实现质权的情形出现时，债权人享有以该动产折价或者就拍卖、变卖该动产的价款优先受偿的权利。质押合同是质权人与出质人之间签订的旨在设立质权的合同。《民法典》第四百二十七条规定："设立质权，当事人应当采用书面形式订立质押合同。质押合同一般包括下列条款：（一）被担保债权的种类和数额；（二）债务人履行债务的期限；（三）质押财产的名称、数量等情况；（四）担保的范围；（五）质押财产交付的时间、方式。"根据前述规定，当事人设定质权应当通过订立质押合同来进行。质押合同是明确质权人与出质人权利义务的协议，也是将来处理当事人之间纠纷的重要依据。因此，在订立质押合同时，对当事人之间的权利义务应尽可能约定清楚、明确。

1. 审查质押财产的基本情况

质押财产可以是动产或权利，质权也可以分为动产质权、权利质权。针对动产质押，《民法典》第四百二十六条规定："法律、行政法规禁止转让的动产不得出质。"前述规定禁止转让的动产主要是指违禁品，如毒品、枪支、管制刀具等。针对权利质押，《民法典》第四百四十条规定："债务人或者第三人有权处分的下列权利可以出质：（一）汇票、本票、支票；（二）债券、存款单；（三）仓单、提单；（四）可以转让的基金份额、股权；

（五）可以转让的注册商标专用权、专利权、著作权等知识产权中的财产权；（六）现有的以及将有的应收账款；（七）法律、行政法规规定可以出质的其他财产权利。"业务部门应当对拟设定质押的财产进行审查，确认质押财产的权属、价值以及是否存在限制设定质押的情形。质押财产应当尽量选择便于执行、流通的财产。质押财产的相关权属证明和资料经各方确认后应当交由质权人保管。

2. 审查主债权条款与主债权合同

业务部门应当审查质押合同中是否明确约定了主债权的种类、金额、范围以及债务人履行债务的期间，并对照主债权合同审查其是否与质押合同的主债权条款保持一致。此外，出质人与质权人可以协议设立最高额质权，其是指为担保债务的履行，债务人或者第三人对一定期间内将要连续发生的债权提供质押财产担保的，债务人不履行到期债务或者发生当事人约定的实现质权的情形，质权人有权在最高债权额限度内就该质押财产优先受偿。最高额质权对于配合继续性交易、扩大担保融资，发挥着重要作用。在设定最高额质权的情形下，还应审查主债权的结算及确认方式是否明确。

3. 审查质押担保范围

《民法典》第三百八十九条规定："担保物权的担保范围包括主债权及其利息、违约金、损害赔偿金、保管担保财产和实现担保物权的费用。当事人另有约定的，按照其约定。"对担保物权所担保的债权范围，当事人可以依照自己的意思进行约定。前述规定的"主债权及其利息、违约金、损害赔偿金、保管担保财产和实现担保物权的费用"属于担保物权的法定担保范围，当事人约定的效力优先于前述规定的效力。实践中，质押合同的当事人可以根据实际情况约定质押担保的范围。例如，质押担保的范围包括但不限于主合同项下全部债务本金、利息、逾期利息、罚息、复利、违约金、赔偿金、债务人应向债权人支付的其他款项以及债权人实现债权和担保权利而发生的一切费用（包括但不限于诉讼费、仲裁费、律师代理费、财产保全费、差旅费、执行费、评估费、拍卖费、公证费、送达费、公告费、邮寄费、鉴定费等）。

4. 审查质押登记条款

《民法典》第四百四十一条规定："以汇票、本票、支票、债券、存款单、仓单、提单出质的，质权自权利凭证交付质权人时设立；没有权利凭证的，质权自办理出质登记时设立。法律另有规定的，依照其规定。"第四百四十三条第一款规定："以基金份额、股权出质的，质权自办理出质登记时设立。"第四百四十四条第一款规定："以注册商标专用权、专利权、著作权等知识产权中的财产权出质的，质权自办理出质登记时设立。"第四百四十五条第一款规定："以应收账款出质的，质权自办理出质登记时设立。"根据前述规定，以相关财产权利设定质押的，订立质押合同后，质权并不当然设立，须办理出质登记时才能设立。例如，债券质押登记，基于不同的债券品种，以及交易所债券市场和银行间债券市场的区分等，分别到中国证券登记结算机构、中央国债登记结算有限公司、上海清算所等登记；以股权出质的，上市公司的股权、在全国中小企业股份转让系统转让股权的股份公司以及退市公司的股权的质押登记，在证券登记结算机构办理；有限责任公司的股权和未在证券登记结算机构登记的股份有限公司的股权的质押登记，在市场监管机构办理；著作权质押登记在国家版权局委托的中国版权保护中心办理；专利权和注册商标专用权的质押登记在国家知识产权局办理等。相应地，质押合同当事人应约定办理质押登记的相关事宜。例如，出质权利应办理出质登记或进行背书记载的，出质人应当自本合同签订之日起15日内与质权人共同到有关部门办理出质登记或背书手续。质押登记事项发生变化，依法需要进行变更登记的，出质人应当自登记事项变更之日起15日内与质权人共同到有关部门办理出质变更手续。出质人应当在出质登记或背书记载之日起15日内，将出质权利凭证和相关资料交给质权人，质权人依据权利质押清单进行验收，并向出质人出具收据。

5. 审查质物的保管条款

《民法典》第四百三十二条规定："质权人负有妥善保管质押财产的

义务；因保管不善致使质押财产毁损、灭失的，应当承担赔偿责任。质权人的行为可能使质押财产毁损、灭失的，出质人可以请求质权人将质押财产提存，或者请求提前清偿债务并返还质押财产。"质权人在占有质押财产的同时即产生妥善保管质押财产的义务，因质权人未尽妥善保管义务致使质押财产灭失或者毁损，是对出质人的质押财产所有权的侵害。质权人违反保管义务造成质押财产毁损、灭失的，应当承担赔偿责任。如果出质人认为质权人的行为可能使质押财产毁损、灭失的，出质人可以请求质权人将质押财产提存，或者请求提前清偿债务并返还质押财产。为明确质权人的妥善保管义务，质押合同的当事人可以根据实际情况在质押合同中约定质押财产的占有和保管条款。例如，质权人应当妥善保管出质权利凭证和相关资料，因质权人保管不善造成出质权利凭证和相关资料毁损或灭失的，质权人应当承担补办费用。未经质权人书面同意，出质人不得采取赠予、转让或以其他任何方式处分本合同项下的出质权利。以存单、凭证式国债、银行承兑汇票等质押的，不以任何理由挂失止付。

6. 审查质权的实现条款

《民法典》第四百三十六条第二款、第三款规定："债务人不履行到期债务或者发生当事人约定的实现质权的情形，质权人可以与出质人协议以质押财产折价，也可以就拍卖、变卖质押财产所得的价款优先受偿。质押财产折价或者变卖的，应当参照市场价格。"质权人实现质权，是指质权人在债权已届清偿期而债务人不履行债务或者发生当事人约定的实现质权的情形时，处分占有的质押财产并优先受偿的行为。质权人实现质权的前提条件是债务履行期限届满，而债务未受清偿或者发生当事人约定的实现质权的情形。实践中，质押合同双方可以据实约定质权实现的条件。例如，主合同约定的债务履行期限届满，债务人未履行偿付债务本息及其他费用义务的，质权人有权依法拍卖、变卖出质权利，并从所得价款中优先受偿，或与出质人协商，将出质权利折价抵偿主合同项下的债务。质权人依照主合同约定或国家法律、法规规定解除主合同，或依据主合同约定提前收回主债权时，质权人有权依法拍卖、变卖出质权利，并从所得价款中优先受偿，或与出质人协商，将出质权利折价抵偿主合同项下的债务。处分质押合同项下出质权利所得价款超过债务本息及其他一切相关费用的部分，归出质人所有。质权人依质押合同处分出质权利时，出质人应当予以配合，不得设置任何障碍。质权人依据质押合同处分质物所得的任何款项不足以清偿主合同项下全部债务的，质权人可以选择将该等款项用于清偿本金、利息、罚息、复利、损害赔偿金、违约金、实现债权及担保权利的费用、因主合同解除债务人应当返还的款项及其他应付费用。

7. 审查出质人的承诺与保证

为降低信息不对称带来的交易风险，确保质押财产的价值，质押合同中往往要求出质人作出如下承诺：

（1）出质人是质押合同项下质物的完全的、有效的、合法的所有者或国家授权的经营管理者，质物不存在所有权或经营管理权方面的争议，质物不属于共有财产，或虽属于共有财产但已就质押事项征得共有人书面同意。

（2）出质权利发生权属争议，或出质人歇业、申请或被申请破产、解散、停业整顿、吊销营业执照、撤销等，出质人应当于事项发生之日起5日内通知质权人。

（3）质权人有权将全部或部分主债权转让给第三人，而无须经出质人同意；质权人转让全部或部分主债权的，应通知出质人，出质人仍在质押合同约定的担保范围内继续承担担保责任。

（4）经质权人同意，债务人转移全部或部分主合同项下债务的，无须经出质人同意，在主合同项下债务全部或部分转移后，出质人仍应按照质押合同约定在担保范围内承担担保责任。

（5）质权人与债务人协议变更主合同，除展期、增加主债权金额、提高贷款利率或变更币种外，无须经出质人同意，出质人仍在质押合同约定的担保范围内承担担保责任。

（6）出质人的行为足以使质物价值减少的，应停止其行为；造成质物价值减少时，有义务恢复质物的价值，或提供与减少的价值相当的担保。

（7）出质人对质物价值减少无过错的，应当在所获损害赔偿的范围内向质权人提供担保或按照本合同约定的其他方式处理赔偿款项。质物价值未减少的部分仍作为主合同债权的担保。

8.审查公司对外提供质押担保的程序合规性

《公司法》第十五条规定："公司向其他企业投资或者为他人提供担保，按照公司章程的规定，由董事会或者股东会决议；公司章程对投资或者担保的总额及单项投资或者担保的数额有限额规定的，不得超过规定的限额。公司为公司股东或者实际控制人提供担保的，应当经股东会决议。前款规定的股东或者受前款规定的实际控制人支配的股东，不得参加前款规定事项的表决。该项表决由出席会议的其他股东所持表决权的过半数通过。"根据前述规定，当公司对外担保时，业务部门应当审核该公司的章程、董事会或股东会的决议文件，避免质押合同的效力出现争议。

二、实务案例与操作建议

案例： 某省国资委关于加强省属企业借款和担保指导意见

一般应在本集团范围内开展融资担保业务和提供借款，包括集团本部和纳入合并范围内的各级子企业。原则上只能对具备持续经营能力和偿债能力的各级子企业提供担保和借款，不得对以下几类企业提供：1.进入重组或破产清算程序、资不抵债、连续三年及以上亏损且经营净现金流为负等不具备持续经营能力的子企业；2.金融子企业；3.集团内无直接股权关系的子企业（受托管理除外）之间。以上三种情况确因客观情况需要提供担保和借款且风险可控的，需经集团董事会审批。

第十章 企业常见合同合规审查要点

第59问 股权转让合同有哪些合规审查要点?

股权转让合同是指股权转让方与受让方就股权转让过程中双方各自权利义务关系而达成的合同。股权转让合同的特殊性在于转让的标的是股权,不同于一般的产品或服务,是股东基于投资而享有的资产收益、参与重大决策和选择管理者等综合权利。股权的价值与目标公司的经营情况相关,且处于变动状态。

实践中,股权转让合同的主要内容包括:合同主体条款、标的股权基本情况、股权转让价款及有关费用支付条款、股权交割条款、承诺及保证条款、保密条款、违约条款、争议解决条款等。股权转让合同的合规审查要点一般包括对合同主体、标的股权、股权转让前置程序、交易价款支付条款、股权交割条款、过渡期条款、承诺及保证条款、保密条款及违约责任条款等重要内容的审查。

1. 审查合同主体

股权转让合同的主体包括转让方和受让方。对转让方要着重审查其是否为在工商部门登记的股东,是否为标的股权的合法持有人并具备转让股权的完整合法权利,是否存在明股实债、股权代持或股权共有人等情形。对受让方的审查则一般关注其是否具有资金支付能力,是否具备担任股东的资质,其成为公司股东是否会受到法律及政策的限制等。例如,根据《中华人民共和国公务员法》第五十九条第十六项规定,公务员不得违反有关规定从事或者参与营利性活动,在企业或者其他营利性组织中兼任职务。

2.审查标的股权

审查标的股权时，首先，应当关注其是否可以转让，若其已经被质押或被人民法院冻结，则股权转让将受到法律的限制。其次，受让人应当关注其对应的注册资本是否已实缴完毕。《公司法》第八十八条规定："股东转让已认缴出资但未届出资期限的股权的，由受让人承担缴纳该出资的义务；受让人未按期足额缴纳出资的，转让人对受让人未按期缴纳的出资承担补充责任。未按照公司章程规定的出资日期缴纳出资或者作为出资的非货币财产的实际价额显著低于所认缴的出资额的股东转让股权的，转让人与受让人在出资不足的范围内承担连带责任；受让人不知道且不应当知道存在上述情形的，由转让人承担责任。"根据前述规定，转让出资义务未到期的股权的，由受让人承担缴纳出资的义务；转让人对受让人未按期缴纳的出资承担补充责任。如果出资义务已到期而股东未缴纳，则转让股东需要与受让人对未缴纳的出资承担连带责任。如果股东转让时并未将出资义务已到期的情况告知受让人，或者受让人本人也不知情，则由转让股东承担出资义务。股东已用于出资的财产存在瑕疵时，对于出资不足的部分，转让股东需要与受让人对未缴纳的出资承担连带责任。如果股东转让时并未将已经出资的财产存在瑕疵的情况告诉受让人，或者受让人对此也不知情，则由转让股东承担出资的补足责任。在股权转让实践中，若拟转让的股权未完成实缴，则双方应当在股权转让协议中对后续实缴义务的履行进行约定。

3.审查股权转让前置程序

《公司法》第八十四条规定："有限责任公司的股东之间可以相互转让其全部或者部分股权。股东向股东以外的人转让股权的，应当将股权转让的数量、价格、支付方式和期限等事项书面通知其他股东，其他股东在同等条件下有优先购买权。股东自接到书面通知之日起三十日内未答复的，视为放弃优先购买权。两个以上股东行使优先购买权的，协商确定各自的购买比例；协商不成的，按照转让时各自的出资比例行使优先购买权。公司章程对股权转让另有规定的，从其规定。"根据前述规定，在签署股权转让协议前，应当关注该项股权转让是否涉及其他股东的优先购买权、目标公司的章程是否对股权转让有所限制。若其他股东放弃行使优先购买权，应当取得关于放弃优先购买权的声明文件或股东会决议。

此外，针对国有企业产权转让，还需遵守《中华人民共和国企业国有资产法》《企业国有资产交易监督管理办法》及相关国资监管规定、企业章程与规章制度，遵循等价有偿和公开、公平、公正的原则，履行相应前置审批程序后，在依法设立的产权交易机构中公开进行。例如，产权转让应当由转让方按照企业章程和企业内部管理制度进行决策，形成书面决议。国有控股和国有实际控制企业中国有股东委派的股东代表，应当按照本办法规定和委派单位的指示发表意见、行使表决权，并将履职情况和结果及时报告委派单位。转让方应当按照企业发展战略做好产权转让的可行性研究和方案论证。产权转让涉及职工安置事项的，安置方案应当经职工代表大会或职工大会审议通过；涉及债权债务处置事项的，应当符合国家相关法律法规的规定。产权转让事项经批准后，由转让方委托会计师事务所对转让标的企业进行审计。涉及参股权转让不宜单独进行专项审计的，转让方应当取得转让标的企业最近一期年度审计报告。对按照有关法律法规规定必须进行资产评估的产权转让事项，转让方应当委托具有相应资质的评估机构对转让标的进行资产评估，产权转让价格应以经核准或备案的评估结果为基础确定。产权转让原则上通过产权市场公开进行。转让方可以根据企业实际情况和工作进度安排，采取信息预披露和正式披露相结合的方式，通过产权交易机构网站分阶段对外披露产权转让信息，公开征集受让方。其中正式披露信息时间不得少于20个工作日。因产权转让使转让标的企业的实际控制权发生转移的，转让方应当在转让行为获批后10个工作日内，通过产权交易机构进行信息预披露，时间不得少于20个工作日。产权转让原则上不得针对受让方设置资格条件，确需设置的，不得有明确指向性或违反公平竞争原则，所设资格条件相关内容应当在信息披露前报同级国资监管机构备案，国资监管机构在5个工作日内未反馈意见的视为同意。

4.审查交易价款支付条款

为最大限度地降低受让方的交易风险,股权转让交易价款应当分期支付,且每一期价款的支付前提应与转让方主要义务的履行匹配。例如,各方确认交易价款全部采取现金转账方式支付。第一期转让价款占转让总价款的20%,在下列条件全部成就之后5个工作日内支付:(1)股权转让协议已生效;(2)转让方按照法律尽调机构与财务尽调机构提出的建议,完成目标公司风险事项的整改工作,如解除目标公司的对外担保、完成注册资本实缴等;(3)相关承诺书、担保书或担保合同已签订并生效。第二期转让价款占转让总价款的55%,在下列条件全部成就之后5个工作日内支付:(1)双方已按协议约定完成全部股权交割事项并签署《股份交割确认书》;(2)截至股权交割日,转让方的声明、保证、承诺等均是真实、准确、完整的。第三期转让价款占转让总价款的5%,在下列条件全部成就之后5个工作日内支付:在股权交割完成日起满12个月,转让方与目标公司没有出现任何违反承诺和保证事项的情形。第四期转让价款占转让总价款的20%,在下列条件全部成就之后5个工作日内支付:在股权交割完成日起满24个月,转让方与目标公司没有出现任何违反承诺和保证事项的情形。若目标公司因交易基准日之前的事项或未披露事项发生对外赔偿、款项支付、资产损失或责任承担(包括但不限于违约金、赔偿款、应实缴而未实缴的注册资本、担保责任、社保、住房公积金、罚金、罚款、税费等),转让方应当全额赔偿由此给受让方造成的损失。该项赔偿可在任何一笔转让价款中直接扣减。

5.审查股权交割条款

股权交割是股权交易程序的重要环节,包括移交证照、印章、档案、资产,变更股东名册与工商登记信息,任免高级管理人员等一系列具体事务,是转让方的主要合同义务,也是受让方关注的重点,关系到股权受让方是否能够真正实现交易目的。因此,建议在股权转让合同中约定详细的股权交割条款,明确各方的权利义务。例如,转让方应当在股权转让协议签订后5个工作日内向受让方移交目标公司的文书证照,包括但不限于资质证照、公司印章、银行U盾与全部账户密码、纳税申报资料、各类业务合同、人事档案、财务资料、历次会议纪要或决议等，双方清点后签署交割备忘录。转让方应当在股权转让协议签订后5个工作日内变更目标公司股东名册，并将变更后的股东名册交受让方备案。转让方应当在股权转让协议签订后5个工作日内配合受让方办理股权变更工商登记手续。股权转让涉及人员变更的，转让方应当与企业原管理层及员工做好充分沟通与协调，协助受让方顺利接管，避免可能发生的矛盾。

6.审查过渡期条款

股权转让不同于一般的货物买卖，转让协议的签署日或基准日距离股权的实际交割尚需一定的期限，该期间称为过渡期。过渡期内，目标公司往往已完成估值作价，但仍被出让方所控制，且公司的经营行为呈动态的持续变化状态，价值也可能随之而改变，存在不可预见的经营风险。因此，交易双方须重视过渡期的安排与监管，以免为项目推进埋下隐患。在过渡期较长的股权转让项目中，受让方为了保护自身的利益，往往会在股权转让合同中约定出让方应当在过渡期内履行一定的义务，以规避过渡期内的风险。例如，在过渡期内，转让方应当尽最大努力保持目标公司业务、资产等重大方面完好无损，按过去惯例与正常的商业逻辑开展业务，维持现有员工、供应商、经销商、客户等正常的雇佣与合作关系；未经受让方同意，转让方不得修改公司章程、变更公司注册资本、对外提供担保、变更公司形式、变更主营业务、处置重大资产、变更人员岗位与薪酬待遇等；受让方可安排财务人员或委派董事、高级管理人员等提前介入目标公司的治理，参与实际经营，对一定金额以上的交易拥有审批权；若出现极端不利变化或未披露的重大风险，导致标的股权估值发生重大改变，受让方可以单方解除合同，终止交易。

此外，由于目标公司始终处于经营状态，在过渡期内可能产生盈利，也可能出现亏损，从而对交易双方的利益产生影响，因此，在股权转让协议中应当根据实际情况明确损益的归属，避免纠纷风险。例如，在过渡期内，目标公司的损益由转让方享有和承担，或者由转让方与受让方平均分配和承担。

7.审查承诺及保证条款

为避免信息不对称带来的交易风险,交易双方往往需要在股权转让协议中作出各项承诺与保证,常见内容包括:

(1)转让方承诺将严格按照协议约定履行全部义务,配合受让方做好相关工作。

(2)转让方提供的关于标的公司资产及业务的所有信息、文件和资料均真实、准确、完整并无误导。

(3)转让方对其所持有的标的公司的股权拥有合法的、完全的所有权及控制权,有权转让、处分该股权,未在该股权上设置任何担保措施,也不存在其他限制交易的法律障碍。

(4)转让方承诺除已在《审计报告》和《资产评估报告》中列示的保证、抵押、质押等担保情形外,标的公司不存在任何向其他第三方主体提供担保的情形。

(5)未向受让方披露的一切债务,包括且不限于对外负债、担保责任、赔偿费用、税务负担、罚款和行政费用等,最终均由转让方承担。

(6)转让方与受让方保证具有签署合同的合法权限,各方在签署合同之前已经根据各自的情况履行了必要的前置审批或决议程序,并保证各自办理后续的审批手续。

(7)任何一方承诺不实或违背承诺,均应当按照合同约定承担违约赔偿责任。

8.审查保密条款

股权转让合同中,合同双方必然会了解到交易相对方以及目标公司的一些保密信息。因此,在实践中,保密条款属于股权转让合同中的必备条款,保密的范围除转让方和受让方的信息外,还包括目标公司的信息。例如,未经权利人同意,任何一方不得对外披露因履行股权转让合同而获悉的目标公司、交易相对方的商业秘密,包括但不限于技术文件、商业计划、市场策略、客户资料、财务数据、产品配方、研发进展等所有未公开的信息，或将商业秘密用于与协议无关的其他用途。双方应采取合理的安全措施，确保保密信息的存储安全，防止未经授权的访问、复制、披露或使用。任何一方违反保密义务均应承担违约责任，并赔偿由此给对方造成的损失。

9.审查违约责任条款

股权转让合同中，受让方的主要义务是支付股权转让价款，而转让方的主要义务是如实披露目标公司与标的股权的真实情况、全面履行股权交割义务、及时办理工商变更登记等。审查违约条款时，一是要审查其全面性，即是否全面涵盖了各方的主要合同义务；二是违约责任是否明确，即是否可操作、无歧义。例如，交易各方应严格遵守合同约定，诚实履行相关义务，任何一方违约，都应向守约方承担违约责任，赔偿守约方因此遭受的损失，包括但不限于直接损失、违约金、诉讼费、律师费、保全费、鉴定费、调查取证费、差旅费等合理费用。受让方未按时支付股权转让款的，应以逾期金额为基数，按照每日万分之五的比例向转让方支付违约金，超过30日仍未支付或者未支付完毕的，则转让方有权单方解除本协议。转让方未按期变更股东名册或办理股权转让工商变更登记的，以受让方已支付的股权转让价款为基数，按照每日万分之五的比例向受让方支付违约金，超过30日仍未办理股东名册记载或工商变更登记的，受让方有权单方解除本协议。

第60问 投资合作合同有哪些合规审查要点？

投资合作合同又称出资协议，其并不属于《民法典》规定的有名合同，但在企业经营管理、项目投资过程中却十分常见。这里所称的投资合作合同主要是指股东共同设立合资公司，为规范公司设立相关工作、后续公司治理、利润分配等过程中各股东的权利义务而订立的合同。实务中，投资合作合同的主要内容一般包括签约各方的主体信息、拟设立合资公司的基本情况（如公司名称、住所地、经营范围、经营期限、注册资本等）、股权比例、出资方式与时间、各方的权利义务、公司的法人治理结构（包括股东会、董事会、监事会、经营层等）、违约责任、争议解决条款、保密条款等。因此，对投资合作合同的合规审查要点主要包括相对方主体资格、出资条款、公司设立与费用承担条款、公司治理条款、违约责任条款、保密条款、合作期限条款等。

1. 审查相对方主体资格

投资合作合同的签约主体可以是法人或自然人。若签约主体是自然人，应当审查签约方是否具有完全民事行为能力，避免因民事行为能力欠缺而导致资格受限。此外，特定公职人员依法不能作为股东，例如，《公务员法》第五十九条规定，公务员不得违反规定从事或参与营利性活动，在企业或其他营利性组织中兼职。例如，《教育部关于积极发展、规范管理高校科技产业的指导意见》规定，高校除对高校资产公司进行投资外，不得再以事业单位法人的身份对外进行投资。《律师事务所管理办法》第四十四条规定，律师事务所不得以独资、与他人合资或者委托持股方式兴办企业，并委派律师担任企业法定代表人、总经理职务，不得从事与法律服务无关的其他经营性活动。《国务院机关事务管理局关于印发〈中央行政事业单位国有资产管理暂行办法〉的通知》第二十九条规定，各部门行政单位和参照公务员法管理的单位，不得将国有资产用于对外投资。

此外，还需对相对方的资信情况、履约能力进行审查，必要时应当委托中介机构对相对方开展尽职调查，调查内容包括相对方是否依法设立并有效存续，是否具备履行合同所需的法定资质或重要资产，是否存在影响本次合作的实质性法律风险（如重大法律纠纷、重大行政处罚、重大对外担保与或有负债、被人民法院列入失信被执行人名单、进入破产程序、被吊销或注销营业执照等）。需要特别注意的是，《公司法》第五十条规定："有限责任公司设立时，股东未按照公司章程规定实际缴纳出资，或者实际出资的非货币财产的实际价额显著低于所认缴的出资额的，设立时的其他股东与该股东在出资不足的范围内承担连带责任。"因此，与合作方设立合资公司时，应当对合作方的资信状况、出资能力进行审慎核查，避免因合作方无法按期出资而导致我方承担逾期出资的连带责任。

2. 审查出资条款

按时足额缴纳出资是股东的核心义务之一，出资条款也是投资合作协议的重要条款之一。出资条款主要包括各股东的出资金额、出资方式、出资时间等内容。《公司法》第四十八条规定："股东可以用货币出资，也可以用实物、知识产权、土地使用权、股权、债权等可以用货币估价并可以依法转让的非货币财产作价出资；但是，法律、行政法规规定不得作为出资的财产除外。对作为出资的非货币财产应当评估作价，核实财产，不得高估或者低估作价。法律、行政法规对评估作价有规定的，从其规定。"股东应当按期足额缴纳公司章程规定的各自所认缴的出资额。股东以货币出资的，应当将货币出资足额存入有限责任公司在银行开设的账户；以非货币财产出资的，应当依法办理其财产权的转移手续。股东未按期足额缴纳出资的，除应当向公司足额缴纳外，还应当对给公司造成的损失承担赔偿责任。在审查出资条款时，应当确认股东出资方式符合《公司法》的规定，股东不得以劳务、信用、自然人姓名、商誉、特许经营权或者设定担保的财产等作价出资。还需注意的是，根据《公司法》第四十七条第一款的规定，有限责任公司全体股东认缴的出资额由股东按照公司章程的规定自公司成立之日起五年内缴足。针对出资时间，应当审查该时间约定是否明确，同时也要兼顾出资时间的合理性，尤其是对于需要进行评估作价并办理产权转移的出资方式而言，要充分考虑评估及产权转移的办理时间。

3. 审查公司设立与费用承担条款

公司设立过程一般会涉及名称预先核准、租房、验资、申请刻章、开户等多个环节，需要有相应的经办人员，同时也涉及股东垫付开办费用、签署各类申请文件等配合事项。为了确保公司设立工作顺利进行，应当审查投资合作协议中是否约定了负责经办的人员、需要股东协作的事项是否存在遗漏、相关开办费用的垫付与承担是否已明确约定。

此外，在公司设立成功的情况下，设立过程中产生的权利义务一般由设立后的公司承继。在公司设立失败的情况下，公司设立过程中产生的开办费用一般由股东按认缴的出资比例承担，但法律对此并无明文规定，可以由各股东根据实际情况在投资合作合同中进行约定。

4. 审查公司治理条款

公司治理条款主要包括公司设立后的股东会、董事会、监事会、经营层等基本内容，也可以包括对公司的经营管理等事项的约定。对于公司股东会、董事会、监事会组成及其基本职权，在《公司法》中均有规定。例如，《公司法》第五十九条第一款规定："股东会行使下列职权：（一）选举和更换董事、监事，决定有关董事、监事的报酬事项；（二）审议批准董事会的报告；（三）审议批准监事会的报告；（四）审议批准公司的利润分配方案和弥补亏损方案；（五）对公司增加或者减少注册资本作出决议；（六）对发行公司债券作出决议；（七）对公司合并、分立、解散、清算或者变更公司形式作出决议；（八）修改公司章程；（九）公司章程规定的其他职权。股东会可以授权董事会对发行公司债券作出决议。"第六十七条第二款规定："董事会行使下列职权：（一）召集股东会会议，并向股东会报告工作；（二）执行股东会的决议；（三）决定公司的经营计划和投资方案；（四）制订公司的利润分配方案和弥补亏损方案；（五）制订公司增加或者减少注册资本以及发行公司债券的方案；（六）制订公司合并、分立、解散或者变更公司形式的方案；（七）决定公司内部管理机构的设置；（八）决定聘任或者解聘公司经理及其报酬事项，并根据经理的提名决定聘任或者解聘公司副经理、财务负责人及其报酬事项；（九）制定公司的基本管理制度；（十）公司章程规定或者股东会授予的其他职权。"第七十八条规定："监事会行使下列职权：（一）检查公司财务；（二）对董事、高级管理人员执行职务的行为进行监督，对违反法律、行政法规、公司章程或者股东会决议的董事、高级管理人员提出解任的建议；（三）当董事、高级管理人员的行为损害公司的利益时，要求董事、高级管理人员予以纠正；（四）提议召开临时股东会会议，在董事会不履行本法规定的召集和主持股东会会议职责时召集和主持股东会会议；（五）向股东会会议提出提案；（六）依照本法第一百八十九条的规定，对董事、高级管理人员提起诉讼；（七）公司章程规定的其他职权。"

在前述规定的基础上，《公司法》同时也赋予了股东在公司章程中进行补充规定和另行规定的权利，在股东对有关事项存在特殊要求的情况下，可在投资合作合同中先行约定，并进一步约定各方按照投资合作合同的约定制定公司章程，确保股东的意图在投资合作合同与公司章程中均得以体现和落实。此外，若股东对于公司设立后的经营管理事项以及彼此之间的行为还有其他规定或限制的，如指定董事长或总经理由某一方委派、特殊的利润分配规则、股东的一票否决权、股东的竞业禁止义务、业绩对赌与股权回购等，也可以在投资合作合同中进行约定。

5.审查违约责任条款

股东的主要合同义务就是按照合同的约定进行出资并在公司设立过程中履行相应的相互协作和配合义务。因此，股东的违约责任主要是未按照约定的时间、方式、数额出资，未履行或未适当履行协作和配合义务而产生的赔偿责任，包括对其他出资人的违约赔偿责任以及对公司的损害赔偿责任。根据《公司法》的相关规定，在股东未按期出资的情况下，公司向该股东发出书面催缴书，催缴其出资。公司依照《公司法》和公司章程的规定发出书面催缴书催缴出资的，可以载明缴纳出资的宽限期；宽限期自公司发出催缴书之日起，不得少于60日。宽限期届满，股东仍未履行出资义务的，公司经董事会决议可以向该股东发出失权通知，通知应当以书面形式发出。自通知发出之日起，该股东丧失其未缴纳出资的股权。公司成立后，股东不得抽逃出资。违反该规定的，股东应当返还抽逃的出资；给公司造成损失的，负有责任的董事、监事、高级管理人员应当与该股东承担连带赔偿责任。审查违约责任条款时，一方面是审查违约责任的全面性，即是否涵盖了可能出现的各种违约情形；另一方面是审查违约责任的明确性，即违约情形的描述与责任承担方式是否清楚、明确。

6.审查保密条款

在合同谈判、签署、履行过程中，股东之间可能会知悉并掌握彼此的身份信息、财产信息及其他个人信息，同时也可能知悉并掌握拟设立公司、拟合作项目等相关信息。这些商业秘密和信息具有商业价值，如果被泄露或被不正当使用，会导致其商业价值的贬损，损害原所有人的利益。当事人披露这类秘密和信息的目的是促成合同订立，按照诚信原则，获得信息的人对此负有保密义务，不得泄露或不正当使用，否则应承担相应的民事责任。根据《反不正当竞争法》第九条第四款的规定，商业秘密是指不为公众所知悉、具有商业价值并经权利人采取相应保密措施的技术信息、经营信息等商业信息。在审查投资合作合同时，一方面，应当审查商业秘密、保密信息的范围，如技术信息、经营信息、产品配方、工艺流程、客户情报、公司内部文件、财务和会计报表、公司的战略发展规划等；另一方面，应当审查保密义务的期限，如合同当事人对于其在订立合同过程中获知的商业秘密和其他应当保密的信息有保密的义务，无论合同是否成立、解除或终止，均不得泄露或不正当使用。

7.审查合作期限条款

《公司法》第八十四条规定："有限责任公司的股东之间可以相互转让

其全部或者部分股权。股东向股东以外的人转让股权的，应当将股权转让的数量、价格、支付方式和期限等事项书面通知其他股东，其他股东在同等条件下有优先购买权。股东自接到书面通知之日起三十日内未答复的，视为放弃优先购买权。两个以上股东行使优先购买权的，协商确定各自的购买比例；协商不成的，按照转让时各自的出资比例行使优先购买权。公司章程对股权转让另有规定的，从其规定。"根据该规定，股东可以对内或对外转让股权。股东对外转让股权时，其他股东享有优先购买权。实践中，部分项目往往需要数年才能完成，若股东中途通过股权转让等方式退出公司，则可能导致项目搁浅或失败，给其他股东造成损害。因此，针对需要各方长期合作的项目，应当注意对合作期限的约定。在合同中明确约定，合作期限届满前，任何一方不得以股权转让、减资等方式退出项目公司，否则应当承担一定金额的违约金，赔偿由此给其他股东造成的损害。

第61问 技术合同有哪些合规审查要点？

《民法典》第八百四十三条规定："技术合同是当事人就技术开发、转让、许可、咨询或者服务订立的确立相互之间权利和义务的合同。"技术合同属于《民法典》规定的一种有名合同。其标的是技术开发、技术转让、技术许可、技术咨询、技术服务。技术开发合同是当事人之间就新技术、新产品、新工艺、新品种或者新材料及其系统的研究开发所订立的合同。技术转让合同是合法拥有技术的权利人，将现有特定的专利、专利申请、技术秘密的相关权利让与他人所订立的合同。技术许可合同是合法拥有技术的权利人，将现有特定的专利、技术秘密的相关权利许可他人实施、使用所订立的合同。技术咨询合同是当事人一方以技术知识为对方就特定技术项目提供可行性论证、技术预测、专题技术调查、分析评价报告等所订立的合同。技术服务合同是当事人一方以技术知识为对方解决特定技术问题所订立的合同，不包括承揽合同和建设工程合同。技术合同的标的是凝聚着人类智慧的创造性劳动成果，或者是利用劳动成果为社会提供的服务。技术合同是技术商品生产和消费之间的一个媒介。技术成果如果不被运用，则难以体现其自身的价值，技术成果的持有者只有与需求方联合才可以将技术成果转化为现实的生产力，而这种联合往往是通过技术合同这种形式实现的。

《民法典》第八百四十五条规定："技术合同的内容一般包括项目的名称，标的的内容、范围和要求，履行的计划、地点和方式，技术信息和资料的保密，技术成果的归属和收益的分配办法，验收标准和方法，名词和术语的解释等条款。与履行合同有关的技术背景资料、可行性论证和技术评价报告、项目任务书和计划书、技术标准、技术规范、原始设计和工艺文件，以及其他技术文档，按照当事人的约定可以作为合同的组成部分。技术合同涉及专利的，应当注明发明创造的名称、专利申请人和专利权人、申请日期、申请号、专利号以及专利权的有效期限。"实践中，对技术合同的合规审查要点主要包括对名词和术语条款，权利义务条款，技术合同价款、报酬或者使用费的支付方式，技术成果的权属，职务技术成果与非职务技术成果的区分，后续技术成果的归属与分享，技术合同是否涉及无效情形，保密条款，违约责任条款等重要内容的审查。

1. 审查名词和术语条款

技术合同的内容具有很强的专业性，在合同文本中要使用一些专业名词术语和简化符号。为防止因理解不同而发生争议，对关键性术语和简化符号，需经双方协商作出明确无疑义的解释。

2. 审查权利义务条款

对于委托技术开发合同而言，委托人的主要义务是按照约定支付研究开发经费和报酬，提供技术资料，提出研究开发要求，完成协作事项，接受研究开发成果；研究开发人的义务是按照约定制订和实施研究开发计划，合理使用研究开发经费，按期完成研究开发工作，交付研究开发成果，提供有关的技术资料和必要的技术指导，帮助委托人掌握研究开发成果。对于合作技术开发合同而言，各方当事人应当按照约定进行投资，包括以技术进行投资，分工参与和协作配合研究开发工作。对于专利实施许可合同而言，许可人的义务是按照约定许可被许可人实施专利，交付实施专利有关的技术资料，提供必要的技术指导；被许可人的义务是按照约定实施专利，不得许可约定以外的第三人实施该专利，并按照约定支付使用费。对于技术秘密转让合同与技术秘密使用许可合同而言，让与人和许可人应当按照约定提供技术资料，进行技术指导，保证技术的实用性、可靠性，承担保密义务，且应当保证自己是所提供技术的合法拥有者，保证所提供的技术完整、无误、有效，能够达到约定的目标；受让人和被许可人应当按照约定使用技术，支付转让费、使用费。

3. 审查技术合同价款、报酬或者使用费的支付方式

《民法典》第八百四十六条规定："技术合同价款、报酬或者使用费的支付方式由当事人约定，可以采取一次总算、一次总付或者一次总算、分期支付，也可以采取提成支付或者提成支付附加预付入门费的方式。约定提成支付的，可以按照产品价格、实施专利和使用技术秘密后新增的产值、利润或者产品销售额的一定比例提成，也可以按照约定的其他方式计算。提成支付的比例可以采取固定比例、逐年递增比例或者逐年递减比例。约定提成支付的，当事人可以约定查阅有关会计账目的办法。"由于技术在形成过程中所耗费的人类劳动、使用的资金、运用的科技知识、信息、经验、技能和研究方法，以及技术成果的经济效益和社会效益不同，且其没有统一的市场价格，也不能由国家根据经济理论和价格政策确定，所以技术合同的价款、报酬和使用费由当事人协商确定。当事人应当根据技术成果的经济效益和社会效益、研究开发技术的成本、技术成果的工业化开发程度、享有的权益和承担的责任等，在订立合同时协商议定具体事宜。当事人除在合同中约定技术合同价款、报酬或者使用费外，还应当约定支付方式。

4. 审查技术成果的权属

技术成果，是指利用科学技术知识、信息和经验作出的产品、工艺、材料及其改进等技术方案，包括专利、专利申请、技术秘密、计算机软件、集成电路布图设计、植物新品种等。技术合同履行的结果可能创造出一项或几项技术成果，当事人应当在合同中约定其所有权和使用权的归属、分享以及由此产生的利益分配办法。《民法典》第八百五十九条规定："委托开发完成的发明创造，除法律另有规定或者当事人另有约定外，申请专利的权利属于研究开发人。研究开发人取得专利权的，委托人可以依法实施该专利。研究开发人转让专利申请权的，委托人享有以同等条件优先受让的权利。"第八百六十条规定："合作开发完成的发明创造，申请专利的权利属于合作开发的当事人共有；当事人一方转让其共有的专利申请权的，其他各方享有以同等条件优先受让的权利。但是，当事人另有约定的除外。合作开发的当事人一方声明放弃其共有的专利申请权的，除当事

人另有约定外,可以由另一方单独申请或者由其他各方共同申请。申请人取得专利权的,放弃专利申请权的一方可以免费实施该专利。合作开发的当事人一方不同意申请专利的,另一方或者其他各方不得申请专利。"第八百六十一条规定:"委托开发或者合作开发完成的技术秘密成果的使用权、转让权以及收益的分配办法,由当事人约定;没有约定或者约定不明确,依据本法第五百一十条的规定仍不能确定的,在没有相同技术方案被授予专利权前,当事人均有使用和转让的权利。但是,委托开发的研究开发人不得在向委托人交付研究开发成果之前,将研究开发成果转让给第三人。"

5.区分职务技术成果与非职务技术成果

当事人在约定技术成果所有权和使用权时,需要注意区分职务技术成果和非职务技术成果。《民法典》第八百四十七条规定:"职务技术成果的使用权、转让权属于法人或者非法人组织的,法人或者非法人组织可以就该项职务技术成果订立技术合同。法人或者非法人组织订立技术合同转让职务技术成果时,职务技术成果的完成人享有以同等条件优先受让的权利。职务技术成果是执行法人或者非法人组织的工作任务,或者主要是利用法人或者非法人组织的物质技术条件所完成的技术成果。"第八百四十八条规定:"非职务技术成果的使用权、转让权属于完成技术成果的个人,完成技术成果的个人可以就该项非职务技术成果订立技术合同。"职务技术成果的使用权、转让权属于法人或者非法人组织的,法人或者非法人组织可以就该项职务技术成果订立技术合同。个人未经法人或者非法人组织同意,擅自以生产经营为目的使用、转让法人或者非法人组织的职务技术成果的,是侵犯法人或者非法人组织技术权益的行为。未执行法人或者非法人组织的工作任务,也未利用法人或者非法人组织的物质技术条件所完成的技术成果,是非职务技术成果。非职务技术成果的财产权即非职务技术成果的使用权、转让权属于完成技术成果的个人。法人或者非法人组织擅自以生产经营为目的使用或者转让属于个人的非职务技术成果的,是侵犯个人合法权益的行为。

6.审查后续技术成果的归属与分享

《民法典》第八百七十五条规定:"当事人可以按照互利的原则,在合同中约定实施专利、使用技术秘密后续改进的技术成果的分享办法;没有约定或者约定不明确,依据本法第五百一十条的规定仍不能确定的,一方后续改进的技术成果,其他各方无权分享。"后续改进,是指在技术转让合同、技术许可合同的有效期内,一方或双方对作为合同标的的专利或者技术秘密成果所作的革新和改良。技术转让合同的当事人或者技术许可合同的当事人双方可以按照互利原则,在合同中约定实施专利、使用技术秘密后续改进的技术成果的分享办法。既可以约定双方当事人共同享有所有权,也可以约定由合同的一方当事人享有所有权。

《民法典》第八百八十五条规定:"技术咨询合同、技术服务合同履行过程中,受托人利用委托人提供的技术资料和工作条件完成的新的技术成果,属于受托人。委托人利用受托人的工作成果完成的新的技术成果,属于委托人。当事人另有约定的,按照其约定。"新的技术成果,是指技术咨询合同或者技术服务合同的当事人在履行合同义务之外派生完成的或者后续发展的技术成果。新的技术成果中不仅包含受托人的技术知识、技术技能、智慧智力、劳动心血等,也包含委托人提供的一些数据、资料、样品、背景材料、支付的费用,有的还可能提供了一些场地、建议、观点等。由此产生的新的技术成果,双方当事人都有贡献,为此,如果对新的技术成果没有约定或者约定不明确,就会产生权属纠纷。为了减少纠纷,应当对技术咨询合同、技术服务合同履行过程中产生的技术成果的归属和分享作出明确约定。

7.审查技术合同是否涉及无效情形

《民法典》第八百五十条规定:"非法垄断技术或者侵害他人技术成果的技术合同无效。"非法垄断技术,是指合同的一方当事人通过合同条款限制另一方当事人在合同标的技术的基础上进行新的研究开发,或者阻碍其从其他渠道吸收新技术,又或者妨碍其根据市场需求,按照合理的方式充分实施专利和使用技术秘密。常见的非法垄断技术条款主要有以下几种表现形式:(1)限制另一方在合同标的基础上进行新的研究开发。例如,在合同中约定一方在所取得的技术基础上进行新的研究开发,或者进行新的研究活动要得到其许可等。(2)阻碍另一方从其他渠道吸收新技术。例如,在合同中约定一方当事人在取得技术成果或者接受技术服务后,不得采用合同外第三方新的有竞争优势的技术。(3)妨碍另一方根据市场需求,以合理的方式实施技术。合同的双方当事人可以自由约定实施专利和使用非专利技术的期限、地区、方式等,但是除此以外不得限制另一方当事人的生产规模、产品规模、原料来源、销售渠道等。(4)阻碍国家推广、使用技术。根据专利法的有关规定,国家对专利实行强制许可制度,对重要的发明创造实行计划许可。如果当事人受让专利权的目的不是实施这一技术,而是防止他人使用这一新技术后冲出其控制的市场,那么这个技术合同则是为了规避专利法的规定,是徒具形式而当事人并不想使其发生法律后果的技术合同,应认定为无效。侵害他人技术成果,指侵害另一方或者第三方的专利权、专利申请权、专利实施权、技术秘密使用权和转让权或者发明权、发现权以及其他科技成果权的行为。主要是未经拥有者或者持有技术成果的个人或者法人、非法人组织的许可,而与他人订立自己无权处分的技术成果的技术合同,或者订立了侵害技术成果完成人身份权、荣誉权的技术合同。《技术合同认定规则》第十八条规定:"申请认定登记的技术合同,其合同条款含有下列非法垄断技术、妨碍技术进步等不合理限制条款的,不予登记:①一方限制另一方在合同标的技术的基础上进行新的研究开发的;②一方强制性要求另一方在合同标的基础上研究开发所取得的科技成果及其知识产权独占回授的;③一方限制另一方从其他渠道吸收竞争技术的;④一方限制另一方根据市场需求实施专利和使用技术秘密的。"

8. 审查保密条款

《民法典》第八百七十一条规定:"技术转让合同的受让人和技术许可合同的被许可人应当按照约定的范围和期限,对让与人、许可人提供的技术中尚未公开的秘密部分,承担保密义务。"技术转让合同的让与人对受让人转让的技术,有的是处于保密状态的技术,有的技术虽已公开,但是相关的背景材料、技术参数等未曾公开,这些技术及相关材料有可能涉及国家利益或者让与人的重大经济利益。因此，受让人对让与人提供或者传授的技术和有关技术资料，应当按照合同约定的范围和期限承担保密义务。对超过合同约定范围和期限仍需保密的技术，受让人应当遵循诚实信用原则，履行合同保密的附随义务。

9.审查违约责任条款

《民法典》第八百五十四条规定："委托开发合同的当事人违反约定造成研究开发工作停滞、延误或者失败的，应当承担违约责任。"第八百五十六条规定："合作开发合同的当事人违反约定造成研究开发工作停滞、延误或者失败的，应当承担违约责任。"第八百七十三条规定："被许可人未按照约定支付使用费的，应当补交使用费并按照约定支付违约金；不补交使用费或者支付违约金的，应当停止实施专利或者使用技术秘密，交还技术资料，承担违约责任；实施专利或者使用技术秘密超越约定的范围的，未经许可人同意擅自许可第三人实施该专利或者使用该技术秘密的，应当停止违约行为，承担违约责任；违反约定的保密义务的，应当承担违约责任。受让人承担违约责任，参照适用前款规定。"第八百八十一条规定："技术咨询合同的委托人未按照约定提供必要的资料，影响工作进度和质量，不接受或者逾期接受工作成果的，支付的报酬不得追回，未支付的报酬应当支付。技术咨询合同的受托人未按期提出咨询报告或者提出的咨询报告不符合约定的，应当承担减收或者免收报酬等违约责任。技术咨询合同的委托人按照受托人符合约定要求的咨询报告和意见作出决策所造成的损失，由委托人承担，但是当事人另有约定的除外。"第八百八十四条规定："技术服务合同的委托人不履行合同义务或者履行合同义务不符合约定，影响工作进度和质量，不接受或者逾期接受工作成果的，支付的报酬不得追回，未支付的报酬应当支付。技术服务合同的受托人未按照约定完成服务工作的，应当承担免收报酬等违约责任。"违约金是合同一方当事人违反合同约定，向另一方当事人支付的金钱。技术合同的当事人有可能违反合同的约定，给另一方当事人造成损失。因此，当事人应当在合同中约定违约金、违反合同进行损害赔偿的计算方法以及违约金与损害赔偿的关系。

第十章 企业常见合同合规审查要点

第62问 承揽合同有哪些合规审查要点？

《民法典》第七百七十条规定："承揽合同是指承揽人按照定作人的要求完成工作，交付工作成果，由定作人给付报酬的合同。承揽包括加工、定作、修理、复制、测试、检验等工作。"承揽合同的主体是承揽人和定作人。承揽人就是按照定作人指示完成特定工作并向定作人交付该工作成果的人；定作人是要求承揽人完成承揽工作并接受承揽工作成果、支付报酬的人。承揽人和定作人可以是法人或者非法人组织，也可以是自然人。承揽合同的客体是完成特定的工作。承揽合同的对象为承揽标的，承揽标的是有体物的，合同的标的物又可以称为承揽物或者定作物。承揽工作具有特定性，如修理汽车、裁剪制作衣服等。承揽人完成的承揽工作需有承揽工作成果，该工作成果可以是有形的，如加工的零部件、印刷的图书、录制的磁带；也可以是无形的，如测试仪器的运行、检验的结论。

承揽合同的内容一般包括承揽的标的、数量、质量、报酬，承揽方式，材料的提供，履行期限，验收标准和方法等条款。实践中，对承揽合同的合规审查包括对承揽标的条款、材料提供条款、工作要求条款、定作人协作条款、报酬支付条款、成果验收条款、违约责任条款、保密条款等重要内容的审查，同时还需要特别注意定作人的任意解除权与承揽人的留置权。

1. 审查承揽标的条款

承揽标的是指承揽合同权利义务所指向的对象，也就是承揽人按照定作人要求所应进行的承揽工作。例如，甲与乙签约定作一套机械设备合同，合同的标的就是制作完成甲所要求的机械设备。承揽合同双方当事人应当在合同中明确标的的名称、技术指标、质量要求、规格、型号等，以使标的特定化。具体而言，标的可以从五个方面定义：一是标的的物理和化学成分，如定作服装就要明确面料的种类，制作家具需明确材料的质地等；二是标的的规格，通常是用度量衡来确定标的物的质量，如定作一张书桌时，就应当明确其高度、长度、宽度等规格；三是标的的性能，如强度、硬度、弹性、延度、抗蚀性、耐水性、耐热性、传导性、牢固性等；四是标的的款式，主要是指标的的色泽、图案、式样、时尚等特性；五是标的的感觉要素，主要是指标的的味道、触感、音质、新鲜度等。承揽合同的标的是合同的必要条款，合同不约定标的，可能会导致合同目的无法实现。

2. 审查材料提供条款

材料是指完成承揽工作所需的原料。当事人可以在合同中约定由承揽人或者由定作人提供材料。由承揽人提供材料的，承揽人应当按照约定的规格、数量和质量选用材料，并接受定作人的检验。由定作人提供材料的，也应当在合同中明确约定材料的规格、数量、质量以及原材料的正常损耗定额、供料日期、供料方式等。承揽人应及时对定作人提供的材料进行检验，若不符合约定的要求，应及时通知定作人更换、补齐或者采取其他补救措施。承揽人对定作人提供的材料不得擅自更换，不得更换无须修理的零部件。因承揽人问题，未及时通知定作人原材料不符合约定，进而影响完成工作时间的，承揽人应当承担违约责任。定作人在接到原材料不符合约定的通知后，应当及时采取措施，补齐或者更换原材料，使其达到合同约定的要求。因定作人迟延补齐、更换的，工期顺延；定作人未采取措施补齐、更换的，承揽人有权解除合同，因此造成承揽人损失的，由定作人承担损害赔偿责任。如果经承揽人检验，定作人提供的原材料符合约定，承揽人应当妥善保管该原材料；因承揽人保管不善，造成原材料损失的，由承揽人承担赔偿责任。

3. 审查工作要求条款

承揽工作的性质就是承揽人按照定作人的要求进行工作，定作人一般通过提供图纸或者技术要求的方式对承揽人的工作提出要求。在此情形下，一般应当将图纸和技术要求作为承揽合同的附件，并要求承揽人严格按照合同约定的要求完成工作。《民法典》第七百七十六条规定："承揽人发现定作人提供的图纸或者技术要求不合理的，应当及时通知定作人。因定作人怠于答复等原因造成承揽人损失的，应当赔偿损失。"根据该规定，如果承揽人在工作之前或者之中发现定作人提供的图纸或者技术要求不合理，即按此图纸或者技术要求难以产生符合合同约定的工作成果，在此情况下，承揽人应当及时将该情况通知定作人。承揽合同可以对该通知的期限作出约定。承揽人未及时通知定作人的，怠于通知期间的误工损失由承揽人自己承担，造成工期拖延、给定作人造成损失的，承揽人应当赔偿定作人损失。如果承揽人发现定作人提供的图纸或者技术要求不合理而未通知定作人，仍然按照原图纸或者技术要求进行工作致使工作成果不符合合同约定，由承揽人承担违约责任，定作人有权要求承揽人修理、更换、减少价款或者解除合同。造成定作人损失的，承揽人应当赔偿损失。承揽人通知定作人后，定作人也应及时答复承揽人，对图纸或者技术要求进行修正，否则，因怠于答复造成的损失，由定作人承担。这里的"怠于"法律没有具体明确的期限规定，各方可以在合同中予以约定。

4. 审查定作人协作条款

《民法典》第七百七十八条规定："承揽工作需要定作人协助的，定作人有协助的义务。定作人不履行协助义务致使承揽工作不能完成的，承揽人可以催告定作人在合理期限内履行义务，并可以顺延履行期限；定作人逾期不履行的，承揽人可以解除合同。"按照承揽工作的性质、交易习惯或者诚实信用原则，定作人有协助义务的，其应当协助承揽人完成工作。例如，应当由定作人提供工作场所的，定作人应当及时提供适合工作的场所；应当由定作人提供承揽人完成工作所需生活条件和环境的，定作人应当及时提供符合完成工作所要求的生活条件和环境。定作人的协助，是承揽合同适当履行的保障。在有的情形之下，定作人若不协助承揽人进行工作，承揽合同将不能顺利履行，甚至无法履行，双方当事人订立合同的目的难以实现。因此，承揽合同需要定作人协助的，双方应当在合同中明确约定定作人的协助义务。定作人不履行的，承揽人应当催告定作人在合理期限内履行，并可以顺延完成工作的期限。如果在合理期限内定作人仍未履行协助义务，导致合同目的无法实现的，承揽人可以解除合同。

5. 审查报酬支付条款

报酬主要是指定作人应当支付承揽人进行承揽工作所付出的技能、劳务的酬金。向承揽人支付报酬是定作人最基本的义务，定作人应当按照合同约定的期限，以合同约定的币种、数额，向承揽人支付报酬。当事人可以约定报酬的具体数额，也可以约定报酬的计算方法。《民法典》第七百八十二条规定："定作人应当按照约定的期限支付报酬。对支付报酬的期限没有约定或者约定不明确，依据本法第五百一十条的规定仍不能确定的，定作人应当在承揽人交付工作成果时支付；工作成果部分交付的，定作人应当相应支付。"需要注意的是，定作人支付报酬的前提是承揽人交付的工作成果符合合同约定的质量和数量；不符合质量、数量要求的，定作人可以不支付报酬或者相应减少报酬，相关约定可以在承揽合同中予以明确。

6. 审查成果验收条款

《民法典》第七百八十条规定："承揽人完成工作的，应当向定作人交付工作成果，并提交必要的技术资料和有关质量证明。定作人应当验收该工作成果。"定作人在承揽人交付工作成果时，应当验收该工作成果，这既是定作人的权利，也是定作人的义务。验收的目的主要是检验工作成果的质量、数量是否符合合同约定或者定作人的要求。验收往往是双方当事人进行结算、定作人支付报酬等费用的前提条件，因此，根据公平和诚实信用原则，定作人在接到工作成果时，应当及时进行验收。验收一般包括三个步骤：一是确认交付时间和地点；二是查点工作成果的数量；三是查验工作成果的质量以及有关技术资料和质量证明。经验收，定作人认为承揽人交付的工作成果合格的，应当接受工作成果，并按照合同的约定或者交易习惯支付报酬以及其他应付费用。定作人在检验中发现定作物的数量或者质量不符合要求的，应当在合同约定的期限内通知承揽人。验收时，如果双方当事人对工作成果的质量或者数量等发生争议，可由国家法定的检验机构进行鉴定。为了便于定作人的验收和检验，承揽人在交付工作成果的同时，还应当提交必要的技术资料和有关质量证明。技术资料主要包括使用说明书、结构图纸、有关技术数据。质量证明包括有关部门出具的质量合格证书以及其他能够证明工作成果质量的数据、鉴定证明等。承揽人除交付工作成果、必要的技术资料和质量证明外，还应当交付工作成果的附从物，如工作成果必备的备件、配件、特殊的维护工具等。如果定作人提供的材料尚有剩余，承揽人应当退还定作人。

7. 审查违约责任条款

《民法典》第七百八十一条规定："承揽人交付的工作成果不符合质量要求的，定作人可以合理选择请求承揽人承担修理、重作、减少报酬、赔偿损失等违约责任。"根据该规定，承揽人所交付的工作成果不符合质量标准的，承揽人应当对工作成果负瑕疵担保责任，定作人有权要求承揽人承担相应的违约责任。违约责任的类型主要包括：（1）修理。工作成果有轻微瑕疵的，定作人可以要求承揽人进行修整、修补，使工作成果符合质量标准。因修理造成工作成果迟延交付的，承揽人仍应承担逾期交付的违约责任。（2）重作。工作成果有严重瑕疵的，定作人可以拒收，要求承揽人返工重新制作或者调换。因重作造成工作成果迟延交付的，承揽人仍应承担逾期交付的违约责任。（3）减少报酬。工作成果有瑕疵，而定作人同意利用的，可以按质论价，相应地减少应付的报酬。（4）赔偿损失。由于工作成果不符合质量标准，给定作人造成人身伤害或者财产损失的，定作人有权要求承揽人赔偿因此造成的损失。除上述四种类型的违约责任外，定作人可以根据合同约定要求承揽人承担其他类型的违约责任。例如，合同中约定违约金的，承揽人应当向定作人支付违约金；承揽人按约定向定作人支付定金，工作成果不符合质量标准的，定作人有权不返还定金；定作人向承揽人支付定金，工作成果不符合质量标准的，定作人有权要求承揽人双倍返还所付的定金等。

8.审查保密条款

《民法典》第七百八十五条规定:"承揽人应当按照定作人的要求保守秘密,未经定作人许可,不得留存复制品或者技术资料。"承揽人在订立合同过程中知悉的定作人的商业秘密,定作人要求保密的,承揽人应当保密,不得泄露或者不正当地使用。在工作完成后,承揽人应当将涉密的图纸、技术资料等一并返还定作人。未经定作人的许可,承揽人不得留存复制品或者技术资料。定作人保密的要求可以通过合同约定,也可以在合同履行期间要求承揽人保守秘密。定作人应当明确承揽人保密的内容、期限。保密的内容包括技术秘密和商业秘密,如具有创造性的图纸、技术数据,或者是专利技术的工作成果,也包括其他定作人不愿他人知晓的信息,如定作人的名称、工作成果的名称等。保密的期限不限于承揽合同履行期间,在承揽合同终止后的一段期间内,承揽人仍应当保守有关秘密。承揽人未尽保密义务,泄露秘密,给定作人造成损失的,应承担损害赔偿责任。如果定作人已经公开秘密,承揽人可以不再承担保密义务,但不能不正当地利用已公开的秘密。如定作人将其工作成果申请专利,承揽人不得未经定作人许可,擅自生产与工作成果同样的产品。

9.审查定作人的任意解除权

《民法典》第七百八十七条规定:"定作人在承揽人完成工作前可以随时解除合同,造成承揽人损失的,应当赔偿损失。"根据该规定,定作人在承揽人完成工作前可以随时解除合同,这是承揽合同的一大特点,也是由承揽合同的性质所决定的。承揽合同是定作人为了满足其特殊需求而订立的,承揽人根据定作人的指示进行工作,如果定作人于合同成立后由于各种原因不再需要承揽人完成工作,则应当允许定作人解除合同。然而,定作人解除合同的,应当赔偿承揽人的损失,这些损失主要包括承揽人已完成的工作部分所应当获得的报酬、承揽人为完成这部分工作所支出的材料费以及承揽人因合同解除而受到的其他损失。当事人可以根据实际情况在承揽合同中约定合同解除的相关事宜,如定作人应当提前5日书面通知承揽人。解除通知送达承揽人时,解除生效,合同终止,承揽人可以不再进行承揽工作。合同解除后，承揽人应当将已完成的部分工作交付定作人。定作人提供材料的，如有剩余，也应当返还定作人；定作人预先支付报酬的，在扣除已完成部分的报酬后，承揽人也应当将剩余价款返还定作人；等等。

10. 审查承揽人的留置权

《民法典》第七百八十三条规定："定作人未向承揽人支付报酬或者材料费等价款的，承揽人对完成的工作成果享有留置权或者有权拒绝交付，但是当事人另有约定的除外。"定作人应当按照约定支付报酬，这是承揽合同中定作人的一项基本义务。付款期限届满时，定作人未向承揽人支付报酬或者材料费等价款的，承揽人有权留置工作成果，并通知定作人在不少于2个月的期限内支付报酬以及其他应付价款，定作人逾期仍不履行的，承揽人可以与债务人协议将留置的工作成果折价，也可以依法拍卖、变卖该工作成果，以所得价款优先受偿。受偿的范围包括定作人未付的报酬及利息、承揽人提供材料的费用、工作成果的保管费、合同中约定的违约金以及承揽人的其他损失等。工作成果折价或者拍卖、变卖后，其价款超过定作人应付款项数额的部分，归定作人所有，不足部分由定作人清偿。作为定作人，在订立合同时应特别注意因资金周转困难等特殊情形引发逾期付款，进而导致承揽人行使留置权而带来的风险。

第63问 委托合同有哪些合规审查要点？

《民法典》第九百一十九条规定："委托合同是委托人和受托人约定，由受托人处理委托人事务的合同。"委托合同有广泛的适用范围，可产生于任何一种民事主体之间，可以在自然人之间、法人之间、非法人组织之间或者自然人、法人与非法人组织之间缔结；可以为概括的委托，也可以为特别的委托。委托合同的目的是有利于生产经营，方便人们日常生活，常见的委托合同包括与律师事务所、会计师事务所等中介机构签订的委托服务合同，以及委托买卖、委托租赁、委托借贷、委托管理、委托办理登记等各种类型的合同。

委托合同的基本条款主要包括：合同主体条款，委托事项条款（委托人所委托的具体事务），委托报酬及有关费用条款（主要包括委托费用的数额、支付方式以及处理委托事务所产生的费用承担等），委托要求条款（指委托人对受托人处理委托事项的具体要求，包括是否允许转委托以及转委托后的责任承担等），合同解除条款（主要包括合同解除的条件以及解除后果），保密条款（主要是指受托人对委托人及委托事项的保密义务），违约条款，争议解决条款等。实践中，对委托合同的合规审查要点包括对合同主体、委托事项、委托要求、委托报酬支付条款、解除条款、保密条款、违约责任条款等重要内容的审查。

1. 审查合同主体

委托合同的主体包括委托方和受托方。站在委托人的角度，受托人的能力和资质对于委托人而言至关重要，关系到委托目的能否实现。因此，在委托合同中，从委托人的角度，尤其要加强对受托方的能力和资质的审查。特别是对于某些需要有特殊资质的事项，如委托律师代理案件应审查受托人是否为依法成立的律师事务所、委托鉴定机构进行鉴定则需要受托人具备相应的鉴定资质。在受托人为法人或其他机构，需要指派专门的人员完成委托事务的情况下，还应当对受托人指派的人员的资质进行审查。

2. 审查委托事项

在审查委托事项时，需要把握两个原则：一是合法性原则，所委托的事项不得违反法律法规的相关规定（如委托他人代为销售、运输毒品、淫秽物品等），不得违背公序良俗（如委托他人代孕、代替参加考试等），以及按照事务的性质不能委托他人代理的事务（如与人身密切联系的婚姻登记、立遗嘱、收养子女等）。二是明确性原则，受托人在处理委托事务时，应以委托人指示的委托事务范围为准，因此合同约定的委托事项必须清楚，委托权限必须明确。以受托人处理委托事务的范围为标准，可以把委托划分为两大类，即特别委托和概括委托，前者是指仅将一项或者数项事务委托给受托人，后者则指将所有事务一并委托给受托人。划分特别委托与概括委托的意义在于，使受托人能够明确自己可以从事哪些活动，也使第三人知道受托人的身份和权限，以防止因委托权限不明确而引发不必要的纠纷，如果发生了纠纷，也便于根据委托权限确定当事人之间的相互责任。委托人可以根据自己的需要选择特别委托或概括委托。

3. 审查委托要求

《民法典》第九百二十二条规定："受托人应当按照委托人的指示处理委托事务。需要变更委托人指示的，应当经委托人同意；因情况紧急，难以和委托人取得联系的，受托人应当妥善处理委托事务，但是事后应当将该情况及时报告委托人。"受托人按照委托人的指示处理委托事务，是受托人首要的义务，委托人的指示主要是委托人就委托事务的处理方式方法或者欲达到的效果等提出的具体要求。因此，委托要求是委托合同的核心条款。对于委托人而言，其直接关系到委托事务的处理结果是否符合自己的预期；对于受托人而言，其是妥善处理委托事务并获得委托报酬必须遵守的行为准则。例如，委托人委托受托人销售产品，有权指示受托人以特定的价格出售，受托人原则上不得变更委托人的指示，如果受托人在处理委托事务的过程中，因客观情况发生变化，为了维护委托人的利益而需要变更委托人的指示，则应当经委托人同意，这样可以防止受托人得到授权后任意行事，损害委托人的利益。再如，受托人应当亲自处理委托事务，未经委托人同意，受托人不得转移委托；受托人在办理委托事务的过程中，应当根据委托人的要求，向委托人报告事务处理的进展情况、存在的问题和应对措施等，以使委托人及时了解事务的状况；等等。

4. 审查委托报酬支付条款

《民法典》第九百二十八条规定："受托人完成委托事务的，委托人应当按照约定向其支付报酬。因不可归责于受托人的事由，委托合同解除或者委托事务不能完成的，委托人应当向受托人支付相应的报酬。当事人另有约定的，按照其约定。"委托合同可以是有偿合同，也可以是无偿合同。如果当事人在合同中约定了处理委托事务的报酬，在委托事务完成后，委托人应当按照约定向受托人支付报酬。一般处理事务完毕，委托关系才终止。但在委托事务未全部完毕之前合同提前终止的情况也很多，可能是因为委托人，也可能是因为受托人，还有可能是不可抗力等不可归责于任何一方的原因。根据《民法典》的规定，在这种情况下，委托人并不需要向受托人支付约定的所有报酬，而只需支付"相应的报酬"，一般来说，就是根据受托人处理委托事务所付出的工作时间的长短或者所处理事务的大小及完成情况，向受托人支付相应的报酬。当事人可以根据实际情况自行约定这种情况下受托人的报酬请求权，如当事人约定，因不可归责于受托人的因素，委托合同解除或者委托事务不能完成的，委托人依然向受托人支付事先约定的所有报酬。但是，如果是可归责于受托人的因素导致委托合同解除或者委托事务不能完成的，受托人可能因其过错丧失报酬请求权。因此造成委托人损失的，受托人甚至还可能要承担相应的赔偿责任。

5. 审查解除条款

《民法典》第九百三十三条规定："委托人或者受托人可以随时解除委

托合同。因解除合同造成对方损失的，除不可归责于该当事人的事由外，无偿委托合同的解除方应当赔偿因解除时间不当造成的直接损失，有偿委托合同的解除方应当赔偿对方的直接损失和合同履行后可以获得的利益。"根据该规定，委托合同的双方当事人均有任意解除合同的权利，即只要一方想终止合同，就可以随时解除合同，而且无须任何理由。一方当事人在行使任意解除权时，给对方造成损失的，除不可归责于解除一方的事由外，所要承担的赔偿责任范围在有偿委托和无偿委托中是不同的。在无偿委托中，解除方的责任范围仅限于直接损失；而在有偿委托中，解除方的责任范围不仅包括直接损失，还包括间接损失，即可以获得的利益。一般来说，可以获得的利益，不得超过解除方可以预见或者应当预见的因解除合同可能造成的损失。例如，甲和乙订立委托合同，甲委托乙在1个月内购买某种生产设备，向乙支付了相关费用以及报酬，计划于1个月后即投入生产，并在订立合同时明确将其生产经营计划写入委托合同中。合同签订后，乙因自身因素无法继续履行，通知甲解除委托合同。在这种情况下，乙应向甲赔偿的损失不仅包括直接损失，如乙已经花费的部分委托费用等，还应当包括甲的间接损失，如乙解除合同导致甲未能在计划时间安装好生产设备并投入正常生产期间内可以获得的经济利益。因此，在审查解除条款时，应当重点审查解除权的行使以及合同解除后的后果及责任承担问题。例如，解约方一般应当在合理期间内提前以书面形式通知合同相对方，至于具体提前的时间期限，可以由双方自行约定；擅自解约的一方应当赔偿由此给相对方造成的损失，以及损失计算标准等。

6.审查保密条款

在委托合同中，合同双方必然会了解到对方的一些保密信息，尤其是受托方必然知悉委托事项的详细信息，这些信息在某些情况下对于委托方而言是极为重要的，如在委托技术开发合同中，受托方应当对项目信息、技术资料、实验数据等商业秘密严格保密；在委托尽职调查服务合同中，受托方应当对被调查对象的相关资料信息、项目信息等严格保密。因此，在审查委托合同过程中，还应当重点审查保密范围、保密期限、泄密的违约责任等，必要时也可单独签订保密协议。

7.审查违约责任条款

《民法典》第九百二十九条规定："有偿的委托合同，因受托人的过错造成委托人损失的，委托人可以请求赔偿损失。无偿的委托合同，因受托人的故意或者重大过失造成委托人损失的，委托人可以请求赔偿损失。受托人超越权限造成委托人损失的，应当赔偿损失。"第九百三十条规定："受托人处理委托事务时，因不可归责于自己的事由受到损失的，可以向委托人请求赔偿损失。"第九百三十一条规定："委托人经受托人同意，可以在受托人之外委托第三人处理委托事务。因此造成受托人损失的，受托人可以向委托人请求赔偿损失。"在委托合同中，委托方的主要合同义务是支付委托报酬、受领委托事务的处理结果以及处理事务过程中必要的配合，而受托方的主要合同义务是按照委托人的指示办理委托事务，在处理委托事务过程中还应当秉承诚实信用的原则尽力办好委托事务，达到委托要求。因此，对于委托方而言，主要的违约责任是未按照约定及时足额支付委托报酬的责任、迟延受领委托事务处理结果的责任以及在委托事务处理过程中己方原因导致的责任（包括承担不利后果以及赔偿受托人因此所受损失的责任）。对于受托方而言，主要的违约责任则是未能按照委托人的要求处理委托事务所带来的责任（如擅自转移委托，超越权限处理委托事务导致委托人损失等）。在审查委托合同过程中应当对违约条款予以关注，根据实际情况对违约情形与违约责任的承担方式予以明确。

第64问 债权转让合同有哪些合规审查要点？

债权转让是指不改变债权的内容，由债权人通过合同约定将债权转让给第三人。债权原则上具有可转让性，债权人可以将债权全部或部分转让。债权全部转让的，第三人作为受让人取代原债权人即让与人的地位，成为新的债权人；债权部分转让的，由第三人作为受让人，除受让人和让与人另有约定外，受让人与让与人按份享有债权。随着经济社会的发展，商事交易越来越频繁，债权流转的数量和频率也在与日俱增。尤其是在金融不良资产处置、融资租赁、商业保理、民间借贷等领域，债权转让行为大量存在。

债权转让合同的主要内容一般包括债权转让方、受让方与标的债权基本信息、债权转让价格及支付方式、债权转让基准日、债权交割条款、债权转让通知条款、声明与保证条款、违约责任条款、争议解决条款等。实践中，对债权转让合同的合规审查主要包括对标的债权是否存在不得转让或债务人抗辩的情形，标的债权的数额、范围与从权利，债权交割条款，债权转让通知条款，声明与保证条款及违约责任条款等重要内容的审查。

1. 审查标的债权是否存在不得转让或债务人抗辩的情形

《民法典》第五百四十五条规定："债权人可以将债权的全部或者部分转让给第三人，但是有下列情形之一的除外：（一）根据债权性质不得转让；（二）按照当事人约定不得转让；（三）依照法律规定不得转让。当事人约定非金钱债权不得转让的，不得对抗善意第三人。当事人约定金钱债权不得转让的，不得对抗第三人。"为了维护社会公共利益或者特定主体的私人利益，法律又对债权的可转让性进行了一定的限制。根据债权性质不得转让的权利，主要包括以下类型：（1）当事人基于信任关系订立的委托合同、赠与合同等产生的债权。例如，赠与合同的赠与人明确表示将赠与的钱款用于某贫困地区希望小学的建设，受赠人如果将受赠的权利转移给他人，用来建造别的项目，显然违反了赠与人订立合同的目的，损害了赠与人的合法权益。（2）债权人的变动必然导致债权内容的实质性变更，如要求医院进行手术或者要求律师提供咨询的债权也不可被单独转让。（3）债权人的变动会危害债务人基于基础关系所享有的利益，实质性地增加了债务人的负担或风险，或实质性地损害了债务人的利益。在债权的部分转让中，不可分的债权根据其性质不得被部分转让。同时，债权部分转让如果实质性地增加了债务人的负担或者风险的，也不得被部分转让。金钱债权的部分转让不会实质性地增加债务人的履行负担，故金钱债权可以部分转让。对于非金钱债权而言，只有对该债权的履行是可分的，并且部分转让不会实质性地增加债务人的履行负担或者风险的，才可以被部分转让。当事人可以对债权的转让作出特别约定，禁止债权人将权利转让给第三人，这种约定只要是有效的，债权人就应当遵守，不得再将权利转让给他人；否则其行为构成违约，造成债务人利益损害的，债权人应当承担违约责任。我国一些法律对某些权利的转让作出了禁止性规定。当事人应当严格遵守，不得违反法律的规定，擅自转让法律禁止转让的权利。例如，根据文物保护法的规定，私人收藏的文物，严禁倒卖谋利，严禁私自卖给外国人。私人收藏的文物其所有权受国家的法律保护，其所有权的转移必须严格遵守国家法律的规定，转移的渠道要受法律的限制。因此，公民不得违反该规定将文物买卖合同中取得文物的债权转让给外国人。基于此，在签署债权转让协议之前，首先应当审查标的债权是否存在法定或约定的不得转让的情形。

《民法典》第五百四十八条规定："债务人接到债权转让通知后，债务人对让与人的抗辩，可以向受让人主张。"第五百四十九条规定："有下列情形之一的，债务人可以向受让人主张抵销：（一）债务人接到债权转让通知时，债务人对让与人享有债权，且债务人的债权先于转让的债权到期或者同时到期；（二）债务人的债权与转让的债权是基于同一合同产生。"由于债权人转让债权无须经债务人同意，因此债务人的利益不应因债权人转让权利的行为而遭受损害，受让人所享有的权利也不应优于让与人曾经享有的权利，而是享有和让与人同样的权利。债务人可以向受让人主张其对让与人的抗辩，这些抗辩包括阻止或者排斥债权的成立、存续或者行使的所有事由所产生的一切实体抗辩以及程序抗辩，包括：诉讼时效完成的抗辩，债权不发生的抗辩，债权因清偿、提存、免除、抵销等而消灭的抗辩，基于双务合同产生的同时履行抗辩、不安抗辩和后履行抗，先诉抗辩以及程序上的抗辩等。债权让与后，债务人还可能因某项事实产生新的抗辩。比如，附解除条件的合同权利转让后，合同约定的解除条件成就时，债务人可以向受让人提出终止合同的抗辩。基于此，在签订债权转让协议前，受让人还应核查标的债权是否存在债务人抗辩情形（如债权已清偿、抵销、免除或超过诉讼时效等），以尽可能降低交易风险。

2. 审查标的债权的数额、范围与从权利

在标的债权依法可以转让的情况下，需要进一步明确的事项就是其数额与范围，具体需要审查其是否包含全部主债权、违约金及孳息等，尽可能避免歧义。《民法典》第五百四十七条规定："债权人转让债权的，受让人取得与债权有关的从权利，但是该从权利专属于债权人自身的除外。受让人取得从权利不因该从权利未办理转移登记手续或者未转移占有而受到影响。"从权利是指附随于主权利的权利。抵押权、质权、保证等担保权利以及附属于主债权的利息等孳息请求权，都属于主权利的从权利。考虑到有的从权利的设置是针对债权人自身的，与债权人有不可分离的关系，《民法典》第五百四十七条在确立从权利随主权利转让原则的同时，规定专属于债权人自身的从权利不随主权利的转让而转让。在法律另有规定或者当事人另有约定时，受让人也可能会在取得主债权的同时未取得从权利。例如，最高额抵押担保的债权确定前，部分债权转让的，最高额抵押权不得转让，但是当事人另有约定的除外。保证人与债权人约定禁止债权转让，债权人未经保证人书面同意转让债权的，保证人对受让人不再承担保证责任。抵押权人在转让部分债权时，也可以与受让人约定，仅转让债权而不转让担保该部分债权的抵押权。

3. 审查债权交割条款

为确保受让方有效行使债权，转让方应当向受让方全面移交与债权有关的凭证，一般包括债权形成的合同、转账凭证、收据、债权担保协议、抵质押登记凭证等。同时需要明确转让方办理债权交割、移交相关资料的时间和方式，在交接资料较多的情况下，采取另行签署交接清单并作为合同附件的方式为宜。在不动产抵押权随主债权转让的情况下，则还需办理抵押变更登记。

4. 审查债权转让通知条款

《民法典》第五百四十六条第一款规定："债权人转让债权，未通知债务人的，该转让对债务人不发生效力。"债权人转让债权有利于债权的流通，发挥债权的经济价值。但是，债权人转让债权的行为会给债务人的利益造成一定的影响。例如，在债务人不知道债权人权利转让的情况下，其可能无法获知当前的债权人，此时其就会面临重复履行和向错误的债权人履行的风险，引起不必要的纠纷。因此，为了保护债务人的利益，《民法典》规定了债权转让的通知。根据前述规定，债权转让通知是债权转让合同效力及于债务人的必要程序。但《民法典》并未进一步规定通知主体、通知时间及通知方式等内容，因此，为了避免产生争议，在债权转让合同中应当明确约定相关内容。一般而言，通知主体为债权转让方，债权转让通知的时间可以约定为在债权转让合同签署后一定日期内进行通知。在通知方式上，一般应选择书面通知并易于留痕的通知方式，如在债务人能够书面确认的情况下，应当由债务人签收债权转让通知书。若债务人难以直接签收，可通过EMS邮寄通知。在邮寄方式也难以通知到债务人的情况下，可采取公告通知的方式，并应进一步约定公告费用的承担问题。此外，对于受让方而言，为了避免在后期的通知问题上出现不必要的障碍，可要求转让方在签署债权转让合同时一并出具多份债权转让通知交由受让方留存备用。

5. 审查声明与保证条款

在债权转让合同中，为尽可能消除信息不对称带来的交易风险，转让方与受让方往往都应作出相关声明与承诺。对于受让方，其承诺的内容主要包括：

（1）受让方具有签署和履行债权转让协议的主体资格，已获相应授权或批准，有权按协议约定购买标的债权。

（2）在签署协议之前，受让方已审阅了与标的债权有关的文件，自行估计了标的债权收回的可能性，对标的债权进行了充分的风险评估，自愿承担由该风险造成的一切损失或预期利益的不获得，转让方无须对此承担任何责任。

（3）受让方取得债权后，不得以任何形式将标的债权再次转让给其他第三方（受让方的分公司或全资子公司除外）。

（4）受让方取得债权后，承诺不会通过暴力催收、威胁、恐吓，或其他对转让方声誉造成不利影响的方式对标的债权进行非法催收。

对于转让方，其承诺的内容主要包括：

（1）转让方具有签署和履行债权转让协议的主体资格，已获相应授权或批准，有权按协议约定转让标的债权。

（2）转让方是标的债权的唯一的合法权利人。转让方完全有权转让全部标的债权，无须征得任何其他第三方的同意。

（3）自债权转让协议生效之日起，由受让方与债务人沟通还款方式，如果债务人还款至转让方的账户，则转让方应当将款项移转给受让方。

6. 审查违约责任条款

对于转让方而言，应当明确约定受让方未按照合同约定及时足额支付对价的违约责任。例如，每逾期一日，受让方应当支付一定金额的违约金，逾期超过一定时间，转让方有权解除合同、终止交易。对于受让方而言，应重点关注转让方未如实披露标的债权基本情况、未及时履行债权交割义务、未及时发出债权转让通知等情形下应当承担的违约责任。

第65问 广告合同有哪些合规审查要点?

广告合同是广告主、广告经营者以及广告发布者之间就广告事宜所达成的设立、变更、终止各方权利义务关系的合同。广告主,是指为推销商品或者服务,自行或者委托他人设计、制作、发布广告的自然人、法人或者其他组织。广告经营者,是指接受广告主委托提供广告设计、制作、代理服务的自然人、法人或者其他组织。广告发布者,是指为广告主或者广告主委托的广告经营者发布广告的自然人、法人或者其他组织。

实践中,按照广告合同的标的不同,可以把广告合同分为三类:一是广告设计合同,即广告经营者或发布者按照广告主的要求进行广告的设计,并提交设计成果(广告作品)。二是广告制作合同,即广告经营者或发布者按照广告主的要求进行广告的制作并提交工作成果(成品广告)。三是广告发布合同,即广告发布者或具有发布资质的广告经营者根据委托要求发布广告。实践中,有的广告合同是将设计、制作、发布分别签署合同,也有的将其中的两项或三项一并签署合同。

对广告合同的合规审查主要包括对合同当事人主体资格、广告内容、合同标的、质量要求、交付与验收、服务费的支付、知识产权、保密条款、违约责任条款等重要内容的审查。

1. 审查主体资格

《中华人民共和国广告法》(2021年修正,以下简称《广告法》)第二十九条规定:"广播电台、电视台、报刊出版单位从事广告发布业务的,应当设有专门从事广告业务的机构,配备必要的人员,具有与发布广告相适应的场所、设备。"第三十二条规定："广告主委托设计、制作、发布广告，应当委托具有合法经营资格的广告经营者、广告发布者。"作为广告主，在合同审查过程中，应当重点关注广告经营者或广告发布者是否拥有合法经营资格，以及良好的资信情况及履行能力。

2. 审查广告内容

在签订广告合同之前，应当对广告内容进行审查，确保其符合广告法及相关法律法规的规定；否则广告主、广告经营者、广告发布者可能被处以行政处罚，情节严重的，可能被吊销营业执照。《广告法》及相关法律法规对广告的禁止性内容作出了诸多规定。例如，广告中不得有下列情形：（一）使用或者变相使用中华人民共和国的国旗、国歌、国徽、军旗、军歌、军徽；（二）使用或者变相使用国家机关、国家机关工作人员的名义或者形象；（三）使用"国家级""最高级""最佳"等用语；（四）损害国家的尊严或者利益，泄露国家秘密；（五）妨碍社会安定，损害社会公共利益；（六）危害人身、财产安全，泄露个人隐私；（七）妨碍社会公共秩序或者违背社会良好风尚；（八）含有淫秽、色情、赌博、迷信、恐怖、暴力的内容；（九）含有民族、种族、宗教、性别歧视的内容；（十）妨碍环境、自然资源或者文化遗产保护；（十一）法律、行政法规规定禁止的其他情形。广告不得损害未成年人和残疾人的身心健康。广告内容涉及的事项需要取得行政许可的，应当与许可的内容相符合。禁止使用未授予专利权的专利申请和已经终止、撤销、无效的专利作广告。广告不得贬低其他生产经营者的商品或者服务。通过大众传播媒介发布的广告应当显著标明"广告"，与其他非广告信息相区别，不得使消费者产生误解。

3. 审查合同标的

广告合同的标的，是指广告经营者或发布者承担的具体工作内容，可以是广告设计、制作、发布中的一项或者是多项。实践中常见的问题，一是合同中对于广告合同标的约定不明，如合同名称是广告设计合同，但内容中又包含了广告制作的相关条款，或者合同内容是关于广告制作或发布，但没有对广告设计及样稿的提供进行任何约定。二是条款内容缺乏可操作性，如在广告设计合同中，仅约定了广告经营者的设计时限及设计义务，却没有约定广告主提供素材、进行检验和提出修改意见等事项，这样的条款在履行过程中就会无法满足实践需求，导致发生争议。实践中，应当审查广告设计、制作、发布流程中每个阶段双方的工作内容和工作时限的约定是否明确、合理。在广告发布阶段，还应当约定广告发布的媒体、时间段、位置、频率、规格等。对于在广告设施上的广告发布行为，还应当约定发布（安装）过程中的安全责任、发布后的维护保养责任等内容。需要特别指出的是，对于特殊行业（如酒类、食品、药品、化妆品、医疗器械等）的广告，广告经营者和发布者除了审查广告主的身份证明材料之外，还应当特别注意对其广告相关资质及证明材料的审查，必须根据不同的广告内容而明确约定广告主应当提供的资料明细，否则可能会给广告经营者和发布者带来法律责任。

4. 审查质量要求

在广告设计阶段，应当明确广告主对广告设计质量的要求（如作品格式、分辨率、色彩、像素等），并明确广告经营者对于广告主修改意见的遵从义务。在广告制作阶段，应当根据不同的广告形式明确约定对制作的质量要求，包括材质、规格等，满足广告主对广告成品的要求，以适于发布为准。在广告发布阶段，对于在广告设施上的广告发布，应当就广告安装的安全性、稳固性等进行约定。对于广播影视类、互联网类广告的发布，要明确约定广告发布的时间段、媒体位置、广告大小等。

5. 审查交付与验收

在广告设计阶段，交付的内容为广告作品。对于广告作品的交付，主要审查关于交付的时间、方式以及广告作品的格式方面的约定是否明确。在广告制作阶段，主要审查交付的时间、方式。在验收条款方面，主要审查是否约定了明确的验收标准，一般而言，可以从成品广告的材质、规格、色彩、像素、分辨率、格式等方面进行约定。在广告发布阶段，主要验收标准为广告安装是否按时完成、是否安全牢固、表面是否平整以及广告画面是否清洁、完整等。而对于广播影视类、互联网类的广告发布，主要验收标准为广告发布的位置、时间、规格、画面是否与成品广告一致等。交付与验收条款应当具备全面性、明确性、可操作性。

6.审查服务费的支付

广告合同中涉及的费用项目较多，需要根据合同实际情况进行约定。除核心的广告设计费、制作费和发布费外，在广告设计合同中，还可能涉及第三人权利许可费（如肖像权许可使用费、著作权许可使用费等）、拍摄费等；在广告制作合同中，还可能涉及材料费；在广告发布合同中，还可能涉及审查费、安装费、设施费、维修费等相关费用。在审查广告合同的费用条款时，一是审查有关费用项目是否全面，二是审查有关费用的承担主体、数额及支付方式等是否明确。

7.审查知识产权

在广告设计及制作过程中，必然会涉及完成广告作品的知识产权问题，因此，应当明确约定设计完成的广告作品的知识产权归属以及广告作品的使用范围。若约定作品的知识产权归属于广告主，一般应同时约定广告经营者对广告作品的使用范围，如不得用于商业用途、仅能作为其业绩的证明或介绍等。若约定作品的知识产权归属于广告经营者，则需对广告主使用作品的范围进行约定，如仅能用于本项目的宣传等。此外，在广告的设计制作过程中，还可能会涉及第三方的合法权利保护问题。《广告法》（2021年修正）第三十三条规定："广告主或者广告经营者在广告中使用他人名义或者形象的，应当事先取得其书面同意；使用无民事行为能力人、限制民事行为能力人的名义或者形象的，应当事先取得其监护人的书面同意。"因此，在广告合同中需要对第三人权利的保护等事宜进行约定，一方面是约定由哪一方负责获得第三人的授权，另一方面是对侵权责任的承担主体进行约定。一般而言，"谁提供，谁负责"是基本原则，但当事人也可以作出其他约定。在广告发布合同中，广告主应当拥有广告作品的知识产权或合法使用权，而广告发布者应当履行必要的审查核对义务。

8.审查保密条款

对于广告主不愿意公开的信息（如其产品的技术秘密、与第三方的合同信息、广告合同本身的有关信息等），广告经营者或发布者应承担相应的保密义务。此外，出于商业营销和广告效果的考虑，即使对于广告本身而言，在正式发布之前，广告主也可能有保密的要求，在此情况下，广告合同应当约定在广告发布之前，广告经营者或发布者负有保密义务。在审查广告合同的保密条款时，应当根据实际情况审查保密信息的范围、保密期限等相关内容。

9. 审查违约责任条款

在广告合同中，对于广告主而言，主要的违约情形是未按照约定支付费用、未按约定提供广告素材、未办理广告审批、未适当履行协作义务等。对于广告经营者而言，主要的违约情形是未按照约定的时间、质量标准完成广告设计制作任务。对于广告发布者而言，主要的违约情形是未按照约定的时间、位置、频次等完成广告的发布。在审查广告合同的违约条款时，一是要审查违约情形的全面性，即是否全面约定了各方的违约责任情形；二是审查违约责任是否明确，即要明确不同违约情形下所应承担的责任，同时可以将合同解除权与违约责任一并约定，即在一方严重违约的情况下，守约方可以解除合同并追究违约方的违约责任。

第十章 企业常见合同合规审查要点

第66问 运输合同有哪些合规审查要点？

《民法典》第八百零九条规定："运输合同是承运人将旅客或者货物从起运地点运输到约定地点，旅客、托运人或者收货人支付票款或者运输费用的合同。"根据运输合同是双务合同的特性，当事人一方是享受收取运费或者票款权利承担运送义务的承运人，另一方是享受运送权利并支付运费的旅客和托运人，双方当事人的数目视具体合同关系而定。运输合同最本质的特征是运费和运输服务之间的对价交易，托运人（旅客）获得的是运输服务，需要付出的是运费。承运人付出的是运输服务，获得的是运费。运输合同的种类很多，根据不同的标准可以作出不同的分类：以运输合同的标的划分，可以分为客运合同和货运合同。客运合同是指将旅客送达目的地，旅客支付票款的合同。货运合同是指将特定的货物运送至约定地点，由托运人或者收货人支付费用的合同。从承运人人数划分，可以分为单一承运人的运输合同和联运合同。单一承运人的运输合同，是指仅由单一的承运人负担运输义务的合同。联运合同，是指两个以上的承运人采用相同或者不同的运输工具进行运输的合同，其又可以划分为单式联运合同和多式联运合同。单式联运合同，是指有多个承运人，托运人与第一承运人订立运输合同后，由第一承运人与其他承运人以相同运输方式完成同一货物运输的合同。多式联运合同，是指需要由两种以上的不同运输方式（如先陆路后水路）才能将货物运到委托人指定的目的地交付给委托人或者收货人的运输合同。根据不同的运输工具，可以分为铁路运输合同、公路运输合同、水上运输合同和航空运输合同。

实践中，对运输合同的合规审查主要包括对合同主体，运输标的，托运危险物品时托运人的义务，货物包装条款，运输时间、到达地点和安全责任条款，运输路线条款，货物检验条款，货损赔偿条款，多式联运经营人与各区段承运人责任承担条款，运费条款，合同解除及变更条款，免责条款等重要内容的审查。

1. 审查合同主体

运输合同的主体包括托运人和承运人，审查运输合同时应当全面、准确地审查签约主体的基本情况。在运输合同中，尤其应当重点关注承运人的资质证照及履约能力。实践中，从事不同的运输业务（如客运、货运）、采取不同的运输方式（如道路运输、水路运输、航空运输和铁路运输）需要的资质也不同。例如，根据《道路货物运输及站场管理规定》（2023年修正）规定，从事道路货物运输经营的经营者应当取得道路运输经营许可证，并在道路运输经营许可证上注明经营范围。道路运输经营者应当具备下列条件：（一）有与其经营业务相适应并经检测合格的运输车辆：1. 车辆技术要求应当符合《道路运输车辆技术管理规定》有关规定。2. 车辆其他要求：（1）从事大型物件运输经营的，应当具有与所运输大型物件相适应的超重型车组；（2）从事冷藏保鲜、罐式容器等专用运输的，应当具有与运输货物相适应的专用容器、设备、设施，并固定在专用车辆上；（3）从事集装箱运输的，车辆还应当有固定集装箱的转锁装置。（二）有符合规定条件的驾驶人员：1. 取得与驾驶车辆相应的机动车驾驶证；2. 年龄不超过60周岁；3. 经设区的市级交通运输主管部门对有关道路货物运输法规、机动车维修和货物及装载保管基本知识考试合格，并取得从业资格证（使用总质量4500千克及以下普通货运车辆的驾驶人员除外）。（三）有健全的安全生产管理制度，包括安全生产责任制度、安全生产业务操作规程、安全生产监督检查制度、驾驶员和车辆安全生产管理制度等。根据《国内水路运输管理条例》（2023年修订）规定，水路运输业务经营者应当取得水路运输业务经营许可证。水路运输经营者投入运营的船舶应当符合下列条件：（一）与经营者的经营范围相适应；（二）取得有效的船舶登记证书和检验证书；(三)符合国务院交通运输主管部门关于船型技术标准和船龄的要求；(四)法律、行政法规规定的其他条件。因此，在审查运输合同时，首先应当对承运人的资质证照和履约能力进行审查，避免与资信状况不良、抗风险能力差的承运人合作。

2. 审查运输标的

《民法典》第八百二十五条规定："托运人办理货物运输，应当向承运人准确表明收货人的姓名、名称或者凭指示的收货人，货物的名称、性质、重量、数量，收货地点等有关货物运输的必要情况。因托运人申报不实或者遗漏重要情况，造成承运人损失的，托运人应当承担赔偿责任。"在承运人托运货物之前，往往需要托运人在办理货物运输之时向承运人准确地表明一些运输当中必要的情况，以便于承运人准确、安全地进行运输。在货物运输业务中，一般都是采用由托运人填写运单的方式来进行申报，而承运人也一般是凭借托运人填写的内容来了解货物的情况，并且采取相应的措施对货物进行运输中的保护。同时，承运人也是根据运单上填写的收货人的名称或者地址向收货人交货。如果托运人不向承运人准确、全面地表明这些运输必要的情况，就有可能造成承运人无法正确地进行运输，甚至可能对承运人造成损失。为了避免这种情况的出现，托运人在办理货物运输时，应当准确地向承运人表明有关货物运输的必要情况。实践中，托运人办理货物运输，一般应当向承运人准确表明以下内容：(1)收货人的姓名、名称或者凭指示的收货人。这在货物运输合同中是很重要的，因为在运输合同中签订合同的一方托运人很多时候不是货物的接收方，接收方往往是与承运人并不相识的第三方，为了便于承运人及时交货，就需要托运人在运输开始之前向承运人在运单上或者以其他方式表明收货人的姓名或者名称。(2)货物的名称、性质、重量、数量等内容。这些因素都涉及货物本身的情况。一方面，托运人必须向承运人告知货物的具体情况，才能使承运人采取适当的措施，确保货物在运输过程中不发生意外。另一方面，承运人收取运费、装卸货物的方式等都依赖于托运人所表明的货物的具体情况。(3)收货地点。这对承运人的正确运输也是非常重要的。如果承运人不知道收货人的收货地点，就无法在某个确定的地点交付货物，也就无法完成运输任务。（4）有关货物运输的其他必要情况。除上面列举的几种情况外，托运人还应当向承运人准确提供货物运输的其他必要情况，如货物的表面情况、包装情况等。托运人应当向承运人准确表明以上内容，如果托运人申报不实，致使承运人按照托运人申报的情况进行运输，结果给托运人造成损失，承运人可以不负任何责任。因为托运人的申报不实或者遗漏重要情况，给承运人造成损失的，托运人应当承担赔偿责任。比如，托运人把5吨重的货物误报为3吨，承运人的起重机负荷仅为3吨，造成机毁货损，损及承运人船舶，对此，托运人应当承担损害赔偿责任。因此在审查运输合同时，应当结合实际情况审查运输标的条款是否真实、准确、完整。

3. 审查托运危险物品时托运人的义务

《民法典》第八百二十八条规定："托运人托运易燃、易爆、有毒、有腐蚀性、有放射性等危险物品的，应当按照国家有关危险物品运输的规定对危险物品妥善包装，做出危险物品标志和标签，并将有关危险物品的名称、性质和防范措施的书面材料提交承运人。托运人违反前款规定的，承运人可以拒绝运输，也可以采取相应措施以避免损失的发生，因此产生的费用由托运人负担。"在货物运输中，托运人有时会托运一些易燃、易爆、有毒、有腐蚀性、有放射性等危险物品。在运输这些危险物品时往往就会涉及安全问题，如果在运输过程中对这些危险物品不进行妥善处理，就有可能对货物、运输工具等财产或者人身安全造成极大的威胁，所以对危险物品的安全运输作出强制性规定就显得极为重要。在托运危险物品时，托运人的义务包括：（1）对危险物品进行妥善包装。这里的妥善包装应当按照有关危险物品运输的规定进行。（2）托运人应当在危险物品上做出标志和标签。例如，在易爆的物品上标上"危险物品，请注意"的标签；在易燃的物品上贴上"火"的标志。在危险物品上做出标志和标签的目的是便于人们识别，提醒人们注意，也是为了提醒承运人进行安全运输。（3）托运人应当将有关危险物品的名称、性质和防范措施的书面材料提交承运人。要求托运人提供这些材料的目的，是便于承运人采取措施进行安全运输，同时也是让承运人了解危险物品后决定是否进行运输。托运人不得将危险物品报成非危险物品的名称，否则就要承担责任。如果托运人没有对危险物品妥善进行包装，或者没有对危险物品做出标志和标签，或者没有将有关危险物品的名称、性质和防范措施的书面材料及时提交承运人，承运人可以拒绝进行运输；如果在运输过程中发现了托运人托运的是危险物品，承运人也可以采取各种措施避免损失的发生，这些措施包括可以在任何地点、任何时间、根据情况将货物卸下、销毁或者使之不能为害。如果因为承运人采取的措施对托运人造成损失的，承运人可以不负赔偿责任。但如果因此而给承运人造成损失的，托运人应当向承运人负赔偿责任，同时，承运人因为采取措施而产生的各种费用也应当由托运人承担。

4.审查货物包装条款

《民法典》第八百二十七条规定："托运人应当按照约定的方式包装货物。对包装方式没有约定或者约定不明确的，适用本法第六百一十九条的规定。托运人违反前款规定的，承运人可以拒绝运输。"第六百一十九条规定："出卖人应当按照约定的包装方式交付标的物。对包装方式没有约定或者约定不明确，依据本法第五百一十条的规定仍不能确定的，应当按照通用的方式包装；没有通用方式的，应当采取足以保护标的物且有利于节约资源、保护生态环境的包装方式。"该条中的"足以保护标的物的包装方式"，在运输合同中是指托运人根据货物的性质、重量、运输方式、运输距离、气候条件及运输工具的装载条件，使用符合运输要求，便于装卸和保证货物安全的包装。在货物运输中，对货物进行包装是很重要的。例如，对于易腐烂变质的货物，如不对其进行包装，就有可能在运输过程中腐烂变质。当然，并不是说任何货物的运输都必须进行包装。货物是否需要包装要根据其本身的特性、运输路程的情况以及所使用的运输工具来决定。例如，运输的货物是硬货，并且运输的路程很短，不包装对货物的安全不构成任何问题，此时不包装也是可以的。提出货物包装要求的一般是承运人或者主管运输的部门，运输合同的当事人一般在运输合同中也会对包装的方式作出约定，但是当事人对包装的约定不得违反国家对包装标准的强制性规定。如果按照法律规定或合同约定货物需要包装,而托运人没有进行包装或者包装不符合约定或者运输安全需要,承运人可以拒绝运输,因此给托运人造成的损失,承运人不负赔偿责任;因此给承运人造成损失的,托运人应当向承运人赔偿损失。

5.审查运输时间、到达地点和安全责任条款

《民法典》第八百一十一条规定:"承运人应当在约定期限或者合理期限内将旅客、货物安全运输到约定地点。"按照约定时间进行安全运输是承运人的一项主要义务。运输合同是承运人与旅客或者托运人就运输事宜所作的一致的意思表示,一般都会对运输时间、到达地点和运输的安全等作出约定,承运人据此进行运输,否则就要承担违约责任。例如,承运人应在托运人规定的运输时间内,将货物准时、安全、按质、按量运到目的地。承运人非因不可抗力等正当理由,未在约定的时间将货物送到目的地的,托运人有权按照全部配送服务费用的一定比例收取违约金,超过30日的,托运人有权解除合同。造成托运人损失的,承运人还应当赔偿托运人全部损失,包括直接损失、间接损失和为主张损失产生的费用(如律师费、诉讼费、公证费等)。承运人运输过程中导致托运人货物毁损、灭失、减少或污染的,承运人应当赔偿托运人全部损失,包括直接损失、间接损失和为主张损失产生的费用。

6.审查运输路线条款

《民法典》第八百一十二条规定:"承运人应当按照约定的或者通常的运输路线将旅客、货物运输到约定地点。"第八百一十三条规定:"旅客、托运人或者收货人应当支付票款或者运输费用。承运人未按照约定路线或者通常路线运输增加票款或者运输费用的,旅客、托运人或者收货人可以拒绝支付增加部分的票款或者运输费用。"运输合同是从起运地点到目的地的位移,所以承运人运输时要按照约定的或者通常的运输路线进行运输,这也是承运人的一项义务。在运输合同中,承运人首先应当按照合同约定的运输路线进行运输。约定的运输路线,是指运输合同当事人在合同中明确约定的运输路线。只要是双方约定好的路线,即使是舍近求远的路线,承运人也应当按照这一路线进行运输,否则就要承担违约责任。如果当事人没有约定运输路线,承运人应当按通常的运输路线进行运输,不得无故绕行。因此,在审查运输合同时,当事人可以根据实际情况约定运输路线条款。

7. 审查货物检验条款

《民法典》第八百三十一条规定:"收货人提货时应当按照约定的期限检验货物。对检验货物的期限没有约定或者约定不明确,依据本法第五百一十条的规定仍不能确定的,应当在合理期限内检验货物。收货人在约定的期限或者合理期限内对货物的数量、毁损等未提出异议的,视为承运人已经按照运输单证的记载交付的初步证据。"在货物运输合同中,货物经过运输后,其质量和数量很有可能发生变化,而检验的目的是查明承运人交付的货物是否完好、是否与合同的约定相符合,因此,对货物进行检验密切关系着收货人的利益。同时,对货物进行检验,可以尽快地确定货物的质量状况和数量情况,明确责任,及时解决纠纷。对于收货人的检验时间,如果运输合同对检验时间有约定的,收货人应当在约定的期限内对货物进行检验。当事人可以根据实际情况约定检验时间,如果货物是易腐烂变质的东西,则收货人应当在极短的时间内对货物进行检验。如果货物的毁损不是立即就能发现的,则收货人对货物进行检验的时间可以适当延长。收货人在约定的期限内对货物的数量、毁损等未提出异议的,视为承运人已经按照运输单证的记载交付的初步证据。

8. 审查货损赔偿条款

《民法典》第八百三十二条规定:"承运人对运输过程中货物的毁损、灭失承担赔偿责任。但是,承运人证明货物的毁损、灭失是因不可抗力、货物本身的自然性质或者合理损耗以及托运人、收货人的过错造成的,不承担赔偿责任。"第八百三十三条规定:"货物的毁损、灭失的赔偿额,当事人有约定的,按照其约定;没有约定或者约定不明确,依据本法第五百一十条的规定仍不能确定的,按照交付或者应当交付时货物到达地的市场价格计算。法律、行政法规对赔偿额的计算方法和赔偿限额另有规定的,依照其规定。"在货物发生毁损、灭失的情况下,对于如何确定货物的赔偿额,当事人可以在合同中约定总的赔偿数额,也可以规定赔偿额的计算方法。有的情况下，当事人办理了保价运输，这实际上也是对赔偿额的一种约定。保价运输就是承运人处理托运人、收货人提出赔偿要求的一种方式，即托运人在办理托运货物的手续时或者与承运人签订合同时，向承运人要求进行保价运输，声明货物的价格，并支付保价费。一般情况下，保价额相当于货物的价值。托运人办理保价运输的，承运人应当按照实际损失进行赔偿，但最高不得超过保价额；实际损失低于保价额的，按照实际损失进行赔偿。如果托运人在托运货物时自愿办理了货物运输保险，在发生货物的毁损、灭失等保险事故时，得根据保险合同向保险人索赔。但保险人给付保险赔偿金后取得对承运人的赔偿金的代位求偿权。

9. 审查多式联运经营人与各区段承运人责任承担条款

《民法典》第八百三十八条规定："多式联运经营人负责履行或者组织履行多式联运合同，对全程运输享有承运人的权利，承担承运人的义务。"第八百三十九条规定："多式联运经营人可以与参加多式联运的各区段承运人就多式联运合同的各区段运输约定相互之间的责任；但是，该约定不影响多式联运经营人对全程运输承担的义务。"多式联运合同，是指多式联运经营人以两种以上的不同运输方式，负责将货物从接收地运至目的地交付收货人，并收取全程运费的合同。以两种以上的不同运输方式进行运输，是多式联运合同区别于传统运输合同的最大特征。多式联运经营人可分为两种类型：第一种就是多式联运经营人自己拥有运输工具，并且直接参加了运输合同的履行。第二种就是多式联运经营人自己不拥有运输工具或者不经营运输工具，也不直接从事运输活动，而是在签订多式联运合同后，通过双边合同与各运输方式承运人又单独签订各区段运输合同，组织其他承运人进行运输。不管多式联运经营人属于哪一种情形，根据《民法典》的规定，其都要对与之签订合同的托运人或者收货人承担全程运输的义务，也要承担全程运输所发生风险的责任。多式联运经营人也享有作为全程运输承运人的权利，如有向托运人或者收货人要求运输费用的权利等。多式联运经营人与参加多式联运的各区段承运人，可以就多式联运合同的各区段运输，另以合同约定相互之间的责任。但是，此项合同不得影响多式联运经营人对全程运输所承担的责任。例如，在一个海陆空的多式联运合同中，多式联运经营人与海上运输区段的承运人、陆路运输区段的承运人、航空运输区段的承运人分别对每一段的运输责任约定，在多式联运经营人对托运人或者收货人负全程的运输责任后，可以依据其与每一区段的运输承运人签订的合同，向其他承运人追偿。

10. 审查运费条款

收取运费是承运人的核心目的，支付运费也是托运人的主要合同义务。关于运费条款，主要审查的是付款主体、运费数额、支付时间及方式等内容是否明确具体。一般情况下，运费由托运人支付，实践中也可能会约定运费由收货人支付给承运人（俗称"到付"）。基于合同的相对性原则，托运人与承运人之间的约定并不能约束收货人，因此，在约定由收货人支付运费的情况下，应当进一步约定如果收货人拒不支付运费时如何处理。

11. 审查合同解除及变更条款

《民法典》第八百二十九条规定："在承运人将货物交付收货人之前，托运人可以要求承运人中止运输、返还货物、变更到达地或者将货物交给其他收货人，但是应当赔偿承运人因此受到的损失。"本条规定了托运人的变更或者解除权，即货物运输合同成立后，托运人有权变更或者解除合同。这种变更或者解除可以不经过承运人同意，承运人也无权过问相对方变更和解除合同的原因，只要托运人提出变更或者解除合同，均应予以变更或者解除。在承运人将货物交付收货人之前，托运人享有以上权利，承运人不得拒绝变更后的运输义务，应当按照托运人的要求中止运输、返还货物，或者按照托运人变更后的要求将货物安全、及时地运送至新的到达地或者交给新的收货人。如果因为托运人单方变更或者解除合同给承运人造成损失的，托运人应当赔偿其损失，包括承担因变更或者解除合同而产生的各种费用等。基于此，在审查运输合同时，站在承运人立场，应当关注合同解除或变更后货物如何处理、相关费用的承担是否明确、对承运人造成的损失如何赔偿等。

12. 审查免责条款

《民法典》第八百三十二条规定："承运人对运输过程中货物的毁损、

灭失承担赔偿责任。但是，承运人证明货物的毁损、灭失是因不可抗力、货物本身的自然性质或者合理损耗以及托运人、收货人的过错造成的，不承担赔偿责任。"《中华人民共和国铁路法》（2015年修正）第十八条规定："由于下列原因造成的货物、包裹、行李损失的，铁路运输企业不承担赔偿责任：（一）不可抗力。（二）货物或者包裹、行李中的物品本身的自然属性，或者合理损耗。（三）托运人、收货人或者旅客的过错。"由于货物运输一般均是异地长途运输，且在运输途中可能会出现若干意外事件导致运输受阻甚至货物损毁、灭失，法律在强调对托运人或者收货人利益保护的同时，也必须对承运人的利益作适当的保护，以体现公平的原则，因此运输合同中一般会就承运人免责的情形进行约定。根据《民法典》的相关规定，承运人可以免除赔偿责任的三种情况是：（1）不可抗力。根据《民法典》第一百八十条第二款的规定，不可抗力是指当事人不能预见、不能避免且不能克服的客观情况，包括地震、台风、洪水等自然灾害，也包括战争等社会现象。如果货物的毁损、灭失是不可抗力造成的，承运人不承担赔偿责任。（2）货物本身的自然性质或者合理损耗。货物本身的自然性质，主要是指货物的物理属性和化学属性。例如，承运人运输的货物是气体，而气体的自然属性就是易挥发，如果由于挥发造成损失，承运人就不承担责任。货物的合理损耗，主要是指一些货物在长时间的运输过程中必然会有一部分损耗。对于这一部分损失，承运人也不负赔偿责任。（3）托运人、收货人的过错。这主要是指托运人或者收货人自身的原因造成的货物损失。一般包括以下几种情况：一是托运人的货物包装有缺陷，而承运人在验收货物时又无从发现的；二是托运人自己装上运输工具的货物，其加固材料不符合规定的条件或者违反装载规定，交付货物时，承运人无法从外部发现的；三是托运人应当采取而未采取保证货物安全措施的；四是收货人负责卸货造成的损失；五是托运人应当如实申报，而没有如实申报造成损失，导致承运人没有采取相应的保护措施造成的。承运人要求免除赔偿责任的，其应当负举证责任。如果承运人自己不能证明有不可抗力、货物本身的自然性质或者合理损耗以及托运人或收货人的过错的情形存在，其就要承担损害赔偿责任。

第十章　企业常见合同合规审查要点

第67问　融资租赁合同有哪些合规审查要点？

一、分析

融资租赁合同是出租人根据承租人对出卖人、租赁物的选择，向出卖人购买租赁物，提供给承租人使用，承租人支付租金的合同。融资租赁合同的内容一般包括：租赁物的名称、数量、规格、技术性能、检验方法；租赁期限；租金构成及其支付期限和方式、币种；租赁期限届满租赁物的归属；等等。

融资租赁合同具有以下几点特征：（1）融资租赁合同通常涉及三方合同主体（出租人、承租人、出卖人），并由两个合同构成（出租人与承租人之间的融资租赁合同以及出租人与出卖人就租赁物签订的买卖合同）；（2）出租人根据承租人对出卖人和租赁物的选择购买租赁物；（3）租赁物的所有权在租赁期间归出租人享有，租赁物起物权担保作用；（4）租金的构成不仅包括租赁物的购买价格，还包括出租人的资金成本、必要费用和合理利润；（5）租赁期满后租赁物的所有权由当事人约定。实践中，对融资租赁合同的合规审查主要包括对合同主体、租赁物条款、租金条款、租赁物交付验收条款、违约责任条款等重要内容的审查。

1.审查合同主体

关于出租人的主体资质，主要分为两类。一类是《金融租赁公司管理办法》第二条规定的金融租赁公司，即经国家金融监督管理总局批准设立的，以经营融资租赁业务为主的非银行金融机构，金融租赁公司名称中应当标明"金融租赁"字样,未经国家金融监督管理总局批准,任何组织和个人不得设立金融租赁公司,任何组织不得在其名称中使用"金融租赁"字样。另一类是《融资租赁公司监督管理暂行办法》第二条第一款所称的融资租赁公司,即从事融资租赁业务的有限责任公司或者股份有限公司(不含金融租赁公司),由省级地方金融监管部门对该地区内机构具体负责监督管理。在合同审查过程中,应注意区分两类出租方主体,审查是否具备相应经营资质,并关注是否曾受到相应监管机构的约束或处罚等经营风险。

关于承租方的主体资质,除常规的资信能力、股东或实际控制人风险核查外,还应关注租赁物是否与承租人的经营能力、承租目的匹配,是否为承租人实际使用。

2. 审查租赁物条款

《民法典》第七百三十七条规定:"当事人以虚构租赁物方式订立的融资租赁合同无效。"因此,租赁物应当真实存在并在合同中准确描述。实践中,租赁物往往涉及较强的专业术语,如果在合同正文中无法完全概括,可以以合同附件的形式对租赁物明细进行详细说明,避免因融资租赁物不具体而出现纠纷时影响权利救济。

此外,《融资租赁公司监督管理暂行办法》第七条规定:"适用于融资租赁交易的租赁物为固定资产,另有规定的除外。融资租赁公司开展融资租赁业务应当以权属清晰、真实存在且能够产生收益的租赁物为载体。融资租赁公司不得接受已设置抵押、权属存在争议、已被司法机关查封、扣押的财产或所有权存在瑕疵的财产作为租赁物。"第十四条规定:"融资租赁公司应当合法取得租赁物的所有权。"《融资租赁企业监督管理办法》第二十条规定:"融资租赁企业不应接受承租人无处分权的、已经设立抵押的、已经被司法机关查封扣押的或所有权存在其他瑕疵的财产作为售后回租业务的标的物。融资租赁企业在签订售后回租协议前,应当审查租赁物发票、采购合同、登记权证、付款凭证、产权转移凭证等证明材料,以确认标的物权属关系。"因此,针对售后回租业务中租赁物的适格性审查,首先应核查租赁物是否真实(如查阅发票、采购合同等)、是否符合固定资产的特征，还应审查租赁物是否由承租人真实拥有并有权处分，核查租赁物是否设立任何抵押、权属存在争议或已被司法机关查封、扣押或所有权存在瑕疵。针对直租类合同，还应审核出租人是否有权处分；针对售后回租类合同，则应同样通过审查发票、采购合同、登记权证、付款凭证、产权转移凭证等证明材料，以确认承租人是否有权处分。

关于租赁物的适用与维护：明确租赁物的使用范围、使用方法和使用地点等限制条件，确保承租人按照约定使用租赁物。此外，还要关注合同中关于租赁物维护、保养责任的约定，确定由哪一方负责租赁物的日常维护、维修以及相应费用的承担方式。

3. 审查租金条款

首先，租金中的利润构成应当合理。《民法典》第七百四十六条规定了租金的确立原则，即融资租赁合同的租金，除当事人另有约定外，应当根据购买租赁物的大部分或者全部成本以及出租人的合理利润确定。对于何为合理利润，在司法实践中尚未形成较清晰的裁量标准及租金上限。在审核合同的过程中，可以参考其他成本，如保险、维修、保养费用以及一定的税务成本去综合考虑合理性。其次，审查租金的计算方式是否明确、合理，租金通常由租赁本金、利息、手续费等组成，要确保各项计算依据清晰，利率约定符合市场水平和法律法规规定。最后，还需关注租金的调整机制：查看合同中是否有租金调整的相关条款，明确在何种情况下租金可以调整，如市场利率变动、租赁物成本增加等，以及调整的具体幅度和方式。

4. 审查租赁期限条款

首先，确认租赁期限的起算时间和届满时间，起算时间一般以租赁物交付之日或合同生效之日为准，要确保约定明确。同时考虑租赁期限是否符合租赁物的使用年限和承租人的实际需求，避免期限过长或过短对双方造成不利影响。其次，审核合同中关于续租的条件和程序，如承租人是否有优先续租权、续租的租金调整方式等。最后，还要关注提前终止合同的条件和违约责任，明确在何种情况下双方可以提前终止合同，以及提前终止时双方的权利义务和赔偿责任。

5. 审查租赁物的交付验收条款

首先，应当明确租赁物的验收责任，说明验收标准和验收流程，以确保租赁物符合合同约定的质量和规格。对于租赁物交付，一般可通过要求承租方提供《验收合格证明》或《租赁物接受证明》等予以证明是否交付。但为避免承租方怠于验收或怠于证明的情况，可在合同中提前约定，如交付至指定地点起×个工作日内未验收或未签收的，视为租赁物已按合同约定验收完毕交付。其次，应当明确租赁物质量异议和索赔的权利归属。《民法典》第七百四十一条规定："出租人、出卖人、承租人可以约定，出卖人不履行买卖合同义务的，由承租人行使索赔的权利。承租人行使索赔权利的，出租人应当协助。"考虑到权利救济的便利和效率，建议可以在合同中约定承租人有权向出卖人索赔，同时应强调该等约定并不表示出租人对相关权利的放弃，出租人同样有权行使相关权利。

6. 审查租赁期限届满后租赁物的归属约定

《民法典》第七百五十七条规定：对租赁物的归属没有约定或者约定不明确，依据按照双方补充协议、合同相关条款或者交易习惯仍不能确定的，租赁物的所有权归出租人。因此，在审核过程中，首先应尽量提前约定明确租赁物的归属。此外，如约定租赁期满，承租人支付相当于租赁物残值的费用即可取得租赁物所有权的，建议在合同审核过程中即明确租赁物残值的计算方式或确定委托估值的相关机构。

7. 审查担保条款

一是要明确约定担保方式，常见的担保方式包括保证、抵押、质押等；二是要注意不同担保方式的要点。比如，保证金应当实际交付并明确保证金的扣除和补足等问题；保证担保应注意保证人资格和保证方式等问题；抵押应注意抵押登记等问题。融资租赁合同中租赁物的抵押以及应收账款的质押登记，可以在人民银行征信中心的动产融资统一登记公示系统上进行登记备案手续，以取得对抗第三人的效力。

8. 审查违约责任条款

首先，应当根据实际情况确认出租人对租赁物是否承担瑕疵担保责

第十章　企业常见合同合规审查要点

任。《民法典》第七百四十七条规定："租赁物不符合约定或者不符合使用目的的，出租人不承担责任。但是，承租人依赖出租人的技能确定租赁物或者出租人干预选择租赁物的除外。"因此，在合同审核过程中，应明确租赁物的选择是否依赖于出租人的技能或干预。

其次，应当明确约定承租人未按期支付租金的违约责任。《民法典》第七百五十二条规定："承租人应当按照约定支付租金。承租人经催告后在合理期限内仍不支付租金的，出租人可以请求支付全部租金；也可以解除合同，收回租赁物。"在此基础上也可对违约责任条款进行进一步明确。

9. 审查争议解决条款

确认争议解决条款的约定，选择的仲裁机构或管辖法院是否明确、合法，仲裁条款要符合仲裁法的规定，诉讼管辖条款要符合民事诉讼法关于管辖权的规定。同时考虑争议解决方式是否有利于维护自身权益，如仲裁具有一裁终局、效率较高的特点，而诉讼则具有二审终审、司法监督较强的优势。

二、实务案例与操作建议

案例： 名为融资租赁实为借贷的案例[①]

甲方某融资租赁公司（原告）与乙方某医院（被告1）签订《回租购买合同》《回租租赁合同》，甲方向乙方购买租赁物并回租给乙方使用，乙方同意向甲方承租租赁物并支付租金及其他应付款项，租赁物总价为3300万元；同时约定租赁期限、每期租金金额、租金支付日、违约情形及违约责任。被告1向原告出具《固定资产清单》《设备所有权确认函》《承诺函》，承诺设备真实存在。某投资公司（被告2）与原告签订《保证合同》，承诺

[①] 参见人民法院案例库，载 https://rmfyalk.court.gov.cn/view/content.html?id=PZr3uRkIfbeJpPW2gKUEp54IOQZeTS%252FX3IRdJh4twyU%253D&lib，最后访问时间：2025年4月17日。

为被告1在《回租租赁合同》项下的债务提供连带责任保证担保。原告向被告1支付租赁物价款2970万元（租赁物总价3300万元扣除被告讷河某医院应支付的保证金330万元），并就上述融资租赁业务及租赁物信息在中国人民银行征信中心办理了登记。被告1支付部分租金后未再支付。原告遂起诉要求承租人支付全部未付租金承担违约责任，并同时要求被告2承担保证担保责任。

  法院审理后查明，被告1向原告出具的固定资产清单系当时为配合原告放贷出具，实际其中部分设备不存在，部分设备已经在先与某某融资租赁公司进行融资租赁业务，本案售后回租项下真实存在的租赁物原价值1000余万元，但折旧后实际价值仅140余万元，属于低值高估的情形。对于本案是否具备融资租赁合同的性质，法院认为可通过出租人签订合同时的审核行为考察出租人的真实意图。出租人的真实意图如系建立融资租赁合同法律关系，理应对租赁物的真实性及权属尽到审慎注意义务。而本案中，原告不仅无法提供租赁物的发票原件，甚至连复印件亦无法提供。现场勘查照片仅涉及极少部分设备，且难以确认与本案租赁物的关联性，原告亦未提供其他审核证据。本案售后回租合同签订之前，案外人某某融资租赁公司已就本案部分设备在央行征信平台进行了登记，原告作为专业的融资租赁公司，理应进行相关查询，就涉案租赁物权属进一步与承租人核实，原告未能举证其尽到此等注意义务。可见，原告对租赁物本身是否存在、其是否能够取得所有权并不关注，难以认定原告具有进行融资租赁的真实意思表示。

  关于本案低值高估的情形，法院认为，租赁物低值高估与虚构租赁物的实质原理相同，均为无法起到对出租人债权的担保作用，实际没有融资物，只有资金空转，将影响对合同性质的认定，然而司法实践中，关于低值高估至何种程度才可导致合同性质发生转变，并未形成统一标准。法院认为，该种程度的把握应当区分不同情形。如仅存在该单一因素影响合同性质的认定，则低值高估应当达到显著程度，足以认定丧失担保作用。如并非该单一因素，则应当结合其他因素综合考量。尽管本案在承租人自认存在部分租赁物的前提下，原告单方核算无争议租赁物的价值占约定价值的2/3以上，但由于难以认定原告具有融资租赁的真实意思表示，法院认定涉案《回租租赁合同》系以融资租赁合同之名行民间借贷之实，双方之间形成借贷法律关系。

本案的判决要点在于，提示出租人未尽租赁物真实性的审核义务的风险，进一步规范融资租赁公司的审核行为，确保合规、审慎。

案例： 融资租赁出租人自行收回并处置租赁物后价值认定[①]

某运输有限公司向经销商购买3辆清障车。某融资租赁公司与某运输有限公司、谷某签订《融资租赁合同》，约定：某运输有限公司以售后回租交易方式将上述3辆清障车转让给某融资租赁公司并租回使用，谷某系共同承租人。合同履行一段时间后，某运输有限公司、谷某开始拖欠租金。某融资租赁公司收回涉案租赁车辆，并委托案外人某汽车销售公司出具《鉴定评估报告》，对涉案租赁车辆进行鉴定评估。当事各方对于评估价格产生争议。本案的争议焦点在于某融资租赁公司自行处置车辆的价格是否合理。

法院认为，某融资公司主张收回并处置案涉车辆的合同依据系格式条款，该条款在形式上字体极小，难以辨识，且在订立合同时并未就该格式条款提请相对方予以特别注意。在内容上，属于出租人针对承租人缺乏经营资金这一实际劣势，利用订立合同时的优势地位排除了承租人对车辆处置的参与权和处置价格的异议权，同时也剥夺了承租人的优先购买权。格式条款内容"排除对方主要权利"，属无效格式条款。

关于某融资租赁公司所主张的车辆残余价值是否合理的问题，法院认为，本案当事人签署的《融资租赁合同》并未按《最高人民法院关于审理融资租赁合同纠纷案件适用法律问题的解释》第二十三条第一款所规定的

[①] 参见人民法院案例库，载https://rmfyalk.court.gov.cn/view/content.html?id=M0ylgHFqtsLs6TQBIOT3UeeAKHKN8hnAvlbhTwpIzQ0%253D&lib=ck&qw，最后访问时间：2025年4月17日。

要素进行约定，故只能根据公平原则认定车辆处置价值是否合理。相对于承租人而言，某融资租赁公司作为专门从事融资租售业务的企业，显然在处置租赁物的资源、能力方面更具优势，特别是其收回涉案租赁车辆后已经取得对车辆的控制权，其应当且完全有能力举证证明车辆处置价格的合理性。但某融资租赁公司既未提供证据证明其处置车辆的过程，亦未委托有资质的专业评估机构对车辆价值进行评估，依据现有证据不能认定其处置涉案租赁车辆的价款真实体现了租赁车辆当时的市场价格。故，难以认定某融资租赁公司主张的车辆残余价值具有合理性。

本案的裁判要点在于，融资租赁出租人自行收回并处置租赁物的，出租人应遵循公平原则，并提供充分的证据证明其处置租赁物价格的合理性。在承租人未认可的情况下，出租人未委托有资质的专业机构对租赁物价格进行评估，又不能提供其他证据证明其处置租赁物的价款符合市场价格的，法院不应以出租人处置租赁物的价格为依据认定其所受到的损失。

📁案例： 融资租赁案件三种保证金的性质甄别及回购价格确认[①]

某金融租赁公司（原告）依据其与闫某、北京某机械公司、内蒙古某汽车公司签订的《租赁合作协议》《回购担保合同》《融资租赁合同》的约定，以闫某拖欠《融资租赁合同》项下租金并触发北京某机械公司、内蒙古某汽车公司在《租赁合作协议》《回购担保合同》项下的回购义务为由，起诉要求判令闫某支付某金融租赁公司未付租金及相应的罚息；判令北京某机械公司、内蒙古某汽车公司向某金融租赁公司支付回购价款。

北京某机械公司辩称，其支付的保证金系承租人闫某融资租赁业务的回购保证金以及合作保证金，该款项只是用于承租人迟延支付租金的暂时垫付，某金融租赁公司不应在回购价款中扣除。内蒙古某汽车公司辩称，回购价款中应扣除北京某机械公司缴纳的合作保证金中为承租人闫某垫付

[①] 参见人民法院案例库，载https://rmfyalk.court.gov.cn/view/content.html?id=6ubcNDdKysBkKcNbAvIpWeUv494UJ%252FxbEpAd9dqAkRA%253D&lib=ck&qw，最后访问时间：2025年4月17日。

部分的金额，否则某金融租赁公司对该部分款项属于重复主张权利。

法院在充分了解当事人之间的协议签署情况、各方资金支付情况后认为，回购金额应根据《回购担保合同》约定的"租赁合同全部未付租金总额减去某金融租赁公司已经收取的租赁保证金数额"予以计算。本案中，除承租人闫某交付的租赁保证金外，北京某机械公司针对本案承租人闫某的融资租赁业务也支付了回购保证金，以保证回购义务的履行。现回购条件已经成就，某金融租赁公司以承租人未付租金总额减去租赁保证金及回购保证金后计得的金额向两回购义务人主张回购价款的支付，并无不当，应予支持。

裁判要旨：

1.回购型融资租赁业务牵涉出租人、承租人、出卖人、回购人等四方主体的不同权利义务，往往存在租赁保证金、回购保证金、合作保证金三种保证金形式，每种保证金在涉诉后的处理又会关涉回购价格的确定。

2.涉及回购价格计算的保证金处理应当回归主体间的权利义务关系，从保证金条款的解释、融资租赁交易习惯、商事交易原则等方面进行综合考量，对三种保证金的性质予以合理甄别，准确处理争议点，计算出较为公平适当的回购价格。

第68问　劳务派遣合同有哪些合规审查要点？

劳务派遣，是指劳务派遣单位与劳动者订立劳动合同，把劳动者派向用工单位，用工单位向劳务派遣单位支付服务费用的一种用工模式。劳务派遣的用工模式是劳动法中常见的法定用工情形。劳务派遣模式的大量运用，是市场经济不断发展、企业类型不断增多、企业用工需求多样化以及灵活用工的市场需求发展的必然结果。在劳务派遣模式下，被派遣劳动者与劳务派遣单位之间形成劳动关系，且受用工单位的指挥监督，为用工单位提供劳动力。与此同时，劳务派遣单位需要与用工单位签订劳务派遣协议，约定劳务派遣单位招用劳动者并派遣其到用工单位工作，并明确各方的权利义务。

《劳务派遣暂行规定》第七条规定："劳务派遣协议应当载明下列内容：（一）派遣的工作岗位名称和岗位性质；（二）工作地点；（三）派遣人员数量和派遣期限；（四）按照同工同酬原则确定的劳动报酬数额和支付方式；（五）社会保险费的数额和支付方式；（六）工作时间和休息休假事项；（七）被派遣劳动者工伤、生育或者患病期间的相关待遇；（八）劳动安全卫生以及培训事项；（九）经济补偿等费用；（十）劳务派遣协议期限；（十一）劳务派遣服务费的支付方式和标准；（十二）违反劳务派遣协议的责任；（十三）法律、法规、规章规定应当纳入劳务派遣协议的其他事项。"

实践中，对劳务派遣合同的合规审查主要包括对合同主体资格、用工岗位和用工数量、费用条款、违法退回派遣员工情形下的责任条款等重要内容的审查。

1.审查合同主体资格

首先,劳务派遣单位从事劳务派遣业务需要取得劳务派遣业务经营许可证。《中华人民共和国劳动合同法》(2012年修正,以下简称《劳动合同法》)第五十七条规定:"经营劳务派遣业务应当具备下列条件:(一)注册资本不得少于人民币二百万元;(二)有与开展业务相适应的固定的经营场所和设施;(三)有符合法律、行政法规规定的劳务派遣管理制度;(四)法律、行政法规规定的其他条件。经营劳务派遣业务,应当向劳动行政部门依法申请行政许可;经许可的,依法办理相应的公司登记。未经许可,任何单位和个人不得经营劳务派遣业务。"第九十二条第一款规定:"违反本法规定,未经许可,擅自经营劳务派遣业务的,由劳动行政部门责令停止违法行为,没收违法所得,并处违法所得一倍以上五倍以下的罚款,没有违法所得的,可以处五万元以下的罚款。"对于用工单位来说,与无劳务派遣资质许可的单位签订劳务派遣协议、开展劳务派遣合作存在风险。因此,作为用工单位,应当审查劳务派遣单位的资质证书,核实其是否具有合法经营资质,同时综合评估该单位的经济实力、抗风险能力、信誉等级,避免与资信较差、抗分险能力较低的劳务派遣单位合作。

2.审查用工岗位和用工数量

《劳务派遣暂行规定》第三条规定:"用工单位只能在临时性、辅助性或者替代性的工作岗位上使用被派遣劳动者。前款规定的临时性工作岗位是指存续时间不超过6个月的岗位;辅助性工作岗位是指为主营业务岗位提供服务的非主营业务岗位;替代性工作岗位是指用工单位的劳动者因脱产学习、休假等原因无法工作的一定期间内,可以由其他劳动者替代工作的岗位。用工单位决定使用被派遣劳动者的辅助性岗位,应当经职工代表大会或者全体职工讨论,提出方案和意见,与工会或者职工代表平等协商确定,并在用工单位内公示。"第四条规定:"用工单位应当严格控制劳务派遣用工数量,使用的被派遣劳动者数量不得超过其用工总量的10%。前款所称用工总量是指用工单位订立劳动合同人数与使用的被派遣劳动者人数之和。计算劳务派遣用工比例的用工单位是指依照劳动合同法和劳动合同法实施条例可以与劳动者订立劳动合同的用人单位。"根据前述规定，劳务派遣只能在"临时性、辅助性或者替代性"岗位上实施，且用工单位使用的被派遣劳动者数量不得超过其用工总量的10%。超出法定范围使用劳务派遣人员的，用工单位可能面临人力资源社会保障行政部门的行政处罚。

3. 审查劳务派遣费用条款

《劳动合同法》第五十八条第二款规定："劳务派遣单位应当与被派遣劳动者订立二年以上的固定期限劳动合同，按月支付劳动报酬；被派遣劳动者在无工作期间，劳务派遣单位应当按照所在地人民政府规定的最低工资标准，向其按月支付报酬。"因此，劳务派遣单位需要根据劳动合同向被派遣劳动者支付劳动报酬，劳务派遣单位不得以用工单位未及时支付管理费等原因拖欠劳动者劳动报酬。同时，用工单位还需要根据劳务派遣协议约定向派遣单位支付派遣费用。一般来说，凡是应当向员工支付的工资、加班费、绩效奖金、福利待遇等成本最终都是由用工单位来承担。除此之外，劳务派遣协议还应当约定劳务派遣费用的支付方式、金额和支付时间等，确保协议中的费用条款明确合理，避免合同履行过程中出现费用争议的情况。

一般而言，劳务派遣单位与用工单位依法应对员工承担连带责任，劳务派遣协议主要是对劳务派遣单位与用工单位的内部责任分担、追偿进行约定。《劳务派遣暂行规定》第十条第一款规定："……劳务派遣单位承担工伤保险责任，但可以与用工单位约定补偿办法。"因此，劳务派遣合同可以明确员工发生工伤事故的费用承担及补偿办法。例如，劳务派遣协议可以约定，派遣员工在派遣期间发生工伤的，用工单位应在24小时内立即书面通知劳务派遣单位，并及时将受伤的派遣员工送往工伤治疗医院治疗，所发生的费用由用工单位承担。劳务派遣单位应负责工伤的认定申请和伤残等级鉴定申请，用工单位应当协助工伤认定的调查核实工作。派遣员工的工伤待遇除由社会保险及商业保险支付的保险赔偿金额外，不足的部分由用工单位承担。

4. 审查违法退回派遣员工情形下的责任条款

《劳动合同法》第六十五条第二款规定："被派遣劳动者有本法第三十九条和第四十条第一项、第二项规定情形的，用工单位可以将劳动者退回劳务派遣单位，劳务派遣单位依照本法有关规定，可以与劳动者解除劳动合同。"《劳务派遣暂行规定》第十二条规定："有下列情形之一的，用工单位可以将被派遣劳动者退回劳务派遣单位：（一）用工单位有劳动合同法第四十条第三项、第四十一条规定情形的；（二）用工单位被依法宣告破产、吊销营业执照、责令关闭、撤销、决定提前解散或者经营期限届满不再继续经营的；（三）劳务派遣协议期满终止的。被派遣劳动者退回后在无工作期间，劳务派遣单位应当按照不低于所在地人民政府规定的最低工资标准，向其按月支付报酬。"第十三条规定："被派遣劳动者有劳动合同法第四十二条规定情形的，在派遣期限届满前，用工单位不得依据本规定第十二条第一款第一项规定将被派遣劳动者退回劳务派遣单位；派遣期限届满的，应当延续至相应情形消失时方可退回。"《劳动合同法》第四十二条规定："劳动者有下列情形之一的，用人单位不得依照本法第四十条、第四十一条的规定解除劳动合同：（一）从事接触职业病危害作业的劳动者未进行离岗前职业健康检查，或者疑似职业病病人在诊断或者医学观察期间的；（二）在本单位患职业病或者因工负伤并被确认丧失或者部分丧失劳动能力的；（三）患病或者非因工负伤，在规定的医疗期内的；（四）女职工在孕期、产期、哺乳期的；（五）在本单位连续工作满十五年，且距法定退休年龄不足五年的；（六）法律、行政法规规定的其他情形。"《劳务派遣暂行规定》第二十四条规定："用工单位违反本规定退回被派遣劳动者的，按照劳动合同法第九十二条第二款规定执行。"由以上规定可知，用工单位在适用"退回机制"退回劳动者时是有限制的，如果被派遣劳动者处于医疗期、"三期"等《劳动合同法》第四十二条规定的情形，用工单位违法退回劳动者，根据《劳务派遣暂行规定》第二十四条的规定，用工单位和劳务派遣单位需要按照劳动合同法第九十二条第二款的规定承担法律责任，即由劳动行政部门责令限期改正，逾期不改正的，以每人五千元以上一万元以下的标准处以罚款，对于劳务派遣单位，则吊销其劳务派遣业务经营许可证。用工单位给被派遣劳动者造成损害的，劳务派遣单位与用工单位承担连带赔偿责任。

实践中，针对派遣员工的更换和退回事宜，各方可以根据实际情况予以约定。例如，未经用工单位书面允许，劳务派遣单位不得擅自更换已派遣的劳务人员；用工单位亦不得对派遣人员进行再派遣；双方均不得向派遣员工收取任何费用。派遣人员在用工单位工作期间，若非符合《劳动合同法》第三十九条，第四十条第一项、第二项以及《劳务派遣暂行规定》第十二条规定的情形，用工单位不得擅自将其退回劳务派遣单位，双方协商一致的除外；若用工单位无合法理由擅自将劳务人员退回劳务派遣单位，则视为违约，用工单位应按照下列方式向劳务派遣单位补偿经济损失：派遣人员在用工单位工作期间，若非符合《劳动合同法》第三十九条，第四十条第一项、第二项以及《劳务派遣暂行规定》第十二条规定的情形，用工单位不得擅自将其退回劳务派遣单位，甲乙双方协商一致的除外；若用工单位无合法理由擅自将劳务人员退回劳务派遣单位，则视为违约，用工单位应按照下列方式向劳务派遣单位补偿经济损失：（1）若被退回的员工同意与劳务派遣单位解除劳动合同，用工单位应根据《劳动合同法》《劳务派遣暂行规定》关于经济补偿金的相关规定，将该员工的经济补偿金一次性支付劳务派遣单位，再由劳务派遣单位向该员工支付。（2）若被退回的员工不同意与劳务派遣单位解除劳动合同，用工单位应按照劳务派遣单位与该员工签订的劳动合同的剩余期限按月向劳务派遣单位支付不低于劳务派遣单位所在地最低工资标准的工资、社保及公积金费用，劳务派遣单位在收到该费用后应将工资按月发放给该员工，并按月代扣代缴社保公积金费用；在劳务派遣单位与该员工的劳动合同期满终止后，用工单位应依法向劳务派遣单位支付相应的经济补偿金，再由劳务派遣单位向该员工给付。（3）用工单位退回员工时应说明退回理由并提供合法、完整、充分、有效的证据。用工单位未能提供上述证据或所提供的证据不足以证明派遣员工有《劳动合同法》第三十九条，第四十条第一项、第二项以及

《劳务派遣暂行规定》第十二条规定的情形的，若该违法、违约退工行为导致被退工人员与劳务派遣单位之间发生劳动仲裁、诉讼等纠纷，用工单位除应积极配合劳务派遣单位外，还应对生效法律文书确定的全部法律责任以及对劳务派遣单位造成的实际损失进行全额赔偿（包括但不限于行政处罚、劳动者赔付、诉讼判决应支付金额、劳务派遣单位为此给付的律师费、员工差旅费等）。

5.审查权利义务条款

在劳务派遣合同签订过程中，用工单位与劳务派遣单位可以根据实际情况约定双方的权利义务。例如，用工单位应与劳务派遣单位协商确定派遣员工的用工期限。用工单位认为派遣员工不符合用工单位工作岗位任职条件的，有权要求劳务派遣单位更换派遣员工并按劳务派遣单位的要求办理退工手续。用工单位有权依据经营管理情况对派遣员工的工作岗位以及工作内容进行必要的调整，但调整的内容应与员工的从业技能具有一定程度的关联性。用工单位欲作出上述调整的，应首先以书面形式向劳务派遣单位提出要求，双方按合作流程变更完善派遣手续。应用工单位要求，派遣员工被指定前往新单位工作并与新单位建立劳动关系的，用工单位应以书面形式向劳务派遣单位说明派遣员工减少的原因，配合劳务派遣单位办理与该派遣员工的劳动合同解除手续，在需要支付劳动者经济补偿金的情况下，经济补偿金由用工单位承担。应用工单位要求，劳务派遣单位配合用工单位将被派遣人员转为用工单位自有人员的，用工单位应以书面形式向劳务派遣单位说明派遣员工减少的原因，并配合劳务派遣单位办理与该派遣员工的劳动合同解除手续。用工单位应向被派遣人员提供其工作所必需的（如生产工具、业务用品等）工作条件及符合国家标准的卫生和安全条件。用工单位有权根据实际工作需要，依据国家有关法律法规制定劳务人员管理的各项规章制度，并组织被派遣人员进行培训和学习，同时交劳务派遣单位一份备查。用工单位有权依法对被派遣人员的各项工作任务、质量、进度、效果等事宜进行督促、检查和考核。劳务派遣单位与被派遣人员签订的劳动合同期限已届满但仍在派遣协议期内时，用工单位不愿继续使用该派遣人员的；甲、乙双方的劳务派遣协议与派遣人员劳动合同同时到期，用工单位不愿再续约本协议的；按照《劳动合同法》等相关规定需向派遣人员支付经济补偿金的，根据派遣人员在用工单位提供服务的工作时间为限，由用工单位承担并向劳务派遣单位支付相应的经济补偿金，劳务派遣单位再向派遣人员发放。甲、乙双方派遣协议已到期但被派遣人员劳动合同期限尚未届满的，若用工单位不愿继续使用该派遣人员，则应按该人员剩余劳动期限以及工作地最低工资标准向劳务派遣单位支付被退回人员工资、社保、公积金以及劳务派遣单位管理费用，并在劳动合同终止后支付相应的经济补偿金。若派遣员工应用工单位要求先后与不同的派遣公司建立过劳动关系，该员工工作年限应连续计算，但用工单位应与其他派遣公司自行协商相应合作期限内员工经济补偿金结算事宜，劳务派遣单位不承担相关责任。用工单位应及时将员工离职或退工情况反馈给劳务派遣单位，并按劳务派遣单位要求合理、合法协助办理员工劳动关系解除手续。劳务派遣单位根据社保稽核的结果需要补缴社保差额时，在劳务派遣单位已依照用工单位要求按时足额为派遣员工缴纳社保的前提下，应补缴的差额费用（单位和个人部分）全部由用工单位承担。

6. 审查违约责任条款

在审查劳务派遣合同时，还应当审查用工单位与劳务派遣单位的主要合同义务是否有对应的违约责任条款。例如，对于用工单位而言，按期足额支付劳务管理费、劳务人员的工资、社保和住房公积金等是其主要合同义务。若用工单位未按期支付相关费用，应当向劳务派遣单位支付违约金，并应承担因拖延支付派遣人员工资、社保、公积金等费用而产生的法律责任（包括但不限于滞纳金、罚金等或引发劳动争议产生的法定赔付以及应对因此引发的劳动仲裁、诉讼支付的员工工资、差旅费、律师费等）。对于劳务派遣单位而言，向劳动者按期足额支付工资等劳动报酬、缴纳社保和住房公积金是其主要的合同义务。若派遣单位未及时足额支付工资等劳动报酬、缴纳社保和住房公积金，亦应向用工单位支付违约金并承担相应法律责任，情形严重的，用工单位有权终止劳务派遣合同。

第69问 仓储合同有哪些合规审查要点？

《民法典》第九百零四条规定："仓储合同是保管人储存存货人交付的仓储物，存货人支付仓储费的合同。"仓储业是随着商品经济的发展，从保管业中发展、壮大起来的特殊营业，但是仓储合同与一般的保管合同相比又具有很多特殊性。第一，在仓储合同中，保管人必须是具有仓库营业资质的人，即具有仓储设施、仓储设备、专事仓储保管业务的人。第二，仓储合同的对象仅为动产，不动产不可能成为仓储合同的对象。第三，仓储合同为诺成合同，仓储合同自保管人和存货人意思表示一致时成立。保管合同是实践合同，保管合同除双方当事人达成合意外，还必须有寄存人交付保管物，合同从保管物交付时起成立。

实践中，仓储合同的主要条款包括：保管人的经营资质与仓储条件、仓储物基本信息、仓储物验收、仓储条件与保管要求、货物损耗与处理、货物包装与标识、仓储费用与支付、储存期限、仓储物提取、保险条款、违约责任等。

1.审查保管人的经营资质与仓储条件

保管人必须具有仓库营业资质，并具有与其经营业务相匹配的仓储设施、仓储设备，具有从事仓储保管业务的经验。实践中，仓储往往涉及特殊标的物的保管，如易燃易爆、具有腐蚀性或者放射性的、需要进行冷藏或者冷冻保存的物等，对保管人的资质具有特殊的要求，一般的民事主体不能完成这种仓储工作。如果保管人不具备仓库营业资质与仓储条件，可能会加大仓储物毁损、灭失的风险，同时也可能导致保险公司拒绝赔付，导致存货人的利益受损。

2.审查仓储物基本信息

仓储合同应当明确约定仓储物的基本信息，包括仓储物的名称、种类、数量、质量、包装方式、标识等，以及仓储物特殊性质（如易燃、易爆、易腐等危险品或需特殊保管条件的货物）。《民法典》第九百零六条规定："储存易燃、易爆、有毒、有腐蚀性、有放射性等危险物品或者易变质物品的，存货人应当说明该物品的性质，提供有关资料。存货人违反前款规定的，保管人可以拒收仓储物，也可以采取相应措施以避免损失的发生，因此产生的费用由存货人负担。保管人储存易燃、易爆、有毒、有腐蚀性、有放射性等危险物品的，应当具备相应的保管条件。"根据该规定，存货人储存易燃、易爆、有毒、有腐蚀性、有放射性等危险物品或者易变质物品，负有向保管人说明的义务，即应当向保管人说明该物的性质。所谓"说明"，应当是在合同订立时予以说明，并在合同中注明。此外，存货人还应当提供有关资料，以便保管人进一步了解该危险物品的性质，为储存该危险物品做必要的准备。

3.审查仓储物验收

《民法典》第九百零七条规定："保管人应当按照约定对入库仓储物进行验收。保管人验收时发现入库仓储物与约定不符合的，应当及时通知存货人。保管人验收后，发生仓储物的品种、数量、质量不符合约定的，保管人应当承担赔偿责任。"验收就是指保管人对仓储物的数量、规格、品质等进行检验，以确定是否属于合同约定的仓储物。保管人和存货人应当在合同中对入库货物的验收问题作出约定。验收问题的主要内容有三项：一是验收项目；二是验收方法；三是验收期限。保管人的一般验收项目为：货物的品名、规格、数量、外包装状况、质量情况。验收方法包括：全部验收和按比例验收。保管人应当按照合同约定的验收项目、验收方法和验收期限进行验收。保管人验收时发现入库的仓储物与约定不符的，如发现入库的仓储物的品名、规格、数量、外包装状况与合同中的约定不一致的，应当及时通知存货人，由存货人作出解释，或者修改合同，或者将不符合约定的货物予以退回。保管人验收后发生仓储物的品种、数量、质量不符合约定的，保管人应当承担赔偿责任。

4.审查存储期限条款

《民法典》第九百一十四条规定："当事人对储存期限没有约定或者约定不明确的，存货人或者仓单持有人可以随时提取仓储物，保管人也可以随时请求存货人或者仓单持有人提取仓储物，但是应当给予必要的准备时间。"仓储合同的当事人可以约定存储期限，即存储起止时间、提前提取或延期存储的处理（如费用调整、书面通知要求等）。当事人对储存期间没有约定或者约定不明确的，存货人或者仓单持有人可以随时提取仓储物。在这种情况下，存货人或者仓单持有人可以根据自己的意愿确定提取仓储物的时间。保管人也可以根据自己的储存能力和业务需要随时要求存货人或者仓单持有人提取仓储物，但应当给予必要的准备时间。

5.审查仓储物提取条款

《民法典》第九百一十五条规定："储存期限届满，存货人或者仓单持有人应当凭仓单、入库单等提取仓储物。存货人或者仓单持有人逾期提取的，应当加收仓储费；提前提取的，不减收仓储费。"第九百一十六条规定："储存期限届满，存货人或者仓单持有人不提取仓储物的，保管人可以催告其在合理期限内提取；逾期不提取的，保管人可以提存仓储物。"当事人在合同中约定储存期限的，存货人或者仓单持有人应当在储存期限届满时凭仓单、入库单等凭证提取仓储物。如果存货人或者仓单持有人逾期不提取，将会增加保管人的保管成本，甚至因为该仓储物挤占保管人的仓储空间，打乱保管人正常的经营计划，所以保管人对于逾期不提取仓储物的存货人或者仓单持有人有权加收仓储费。仓储合同当事人可以对逾期不提取仓储物的催告期限、加收仓储费的计算标准、保管人提存仓储物事宜等进行约定。

6.审查仓储条件与保管要求条款

《民法典》第九百一十七条规定："储存期内，因保管不善造成仓储物毁损、灭失的，保管人应当承担赔偿责任。因仓储物本身的自然性质、包装不符合约定或者超过有效储存期造成仓储物变质、损坏的，保管人不承担赔偿责任。"储存期内，保管人负有妥善保管仓储物的义务。所谓"妥善保管"，主要是按照仓储合同约定的保管条件和保管要求进行保管。保管条件和保管要求是双方约定的，大多数情况下是存货人根据货物的性质、状况提出保管的条件和要求。只要是双方约定的，保管人就应当按照约定的保管条件和保管要求进行保管。保管人没有按照约定的保管条件和保管要求进行保管，造成仓储物毁损、灭失的，应当承担赔偿责任。仓储合同当事人可以根据实际情况对仓储条件和保管要求进行约定，如仓储场所的具体地址、环境要求（如温度、湿度、通风等）、保管措施（如防潮、防虫、分类堆放等）。

7. 审查仓储费支付条款

仓储合同作为有偿合同，存货人应当按照约定的金额和期限向保管人支付仓储费，这是存货人的基本义务。因此，仓储合同当事人可以在合同中约定仓储费计算方式（如按面积、体积、时间等计算仓储费）、仓储费的支付周期、支付方式，以及逾期支付仓储费的违约金等。此外，需要注意的是，根据《民法典》第九百零三条、第九百一十八的规定，如果存货人拒绝支付仓储费，则保管人有权留置仓储物。

8. 审查违约责任条款

仓储合同应当据实约定违约责任条款，如保管人保管不善导致货物毁损、灭失的违约责任，存货人未按期足额支付仓储费、未告知货物特殊性质导致保管人损失的违约责任等。当事人可以约定违约金的具体金额、相关损失赔偿的计算方式，以及在严重违约情形下（如存货人长期未付费、保管人丧失仓储能力等）的单方解除权。

第十章 企业常见合同合规审查要点

第70问 中介合同有哪些合规审查要点？

《民法典》第九百六十一条规定："中介合同是中介人向委托人报告订立合同的机会或者提供订立合同的媒介服务，委托人支付报酬的合同。"中介合同又称居间合同。在中介合同中，接受委托报告订立合同机会或者提供交易媒介的一方为中介人，也称为居间人，给付报酬的一方为委托人。中介人的主要义务就是提供中介服务以促成委托人和第三人订立合同，包括提供订约信息、据实报告的义务等；而委托人的主要义务是在其与第三人的合同因中介人提供的中介服务而成立后向中介人支付约定的报酬。

实践中，中介合同的主要条款包括：委托人与中介人的基本信息、服务内容与服务方式、中介报酬与费用支付、禁止"跳单"条款、权利义务条款、合同期限与终止、违约责任等。

1. 审查服务内容与服务方式

在中介合同中，"服务内容与服务方式"条款是核心条款之一，直接关系到中介人的义务范围、服务标准以及委托人的权益保障。在约定服务内容时，一般应当明确服务类型。根据《民法典》第九百六十一条的规定，中介服务分为两类：一是报告订立合同的机会，即中介人仅向委托人提供订立合同的机会或信息（如提供潜在客户联系方式）；二是提供订立合同的媒介服务，即中介人不仅需提供信息，还需积极促成委托人与第三方签订合同（如协调谈判、起草协议等）。中介合同应当明确中介人的具体服务内容，如房产中介负责提供房源信息、陪同看房、协助办理过户手续；项目中介负责对接合作资源、协调项目方案沟通、协助签订合作协议；

贸易中介负责寻找供应商/买家、验证交易方资质、参与价格谈判等。在约定服务内容时，应当注意与报酬支付条件相对应，如支付报酬以促成合同成立为前提，促成合同成立应当明确具体标准，包括签订书面合同、支付定金或实际履行等。在约定服务方式时，可以根据实际情况明确中介服务的实施步骤。例如：在信息收集阶段，中介人通过何种渠道（公开信息、自有资源等）获取交易机会；在筛选与推荐阶段，中介人需对交易方进行初步筛选，并向委托人提交书面报告；在促成签约阶段，中介人应当参与谈判、协助起草合同等。同时，中介合同当事人可以约定沟通与协作方式，如在沟通频率方面，中介人应当定期汇报进展（如每周提交书面进展报告）；在文件传递方式方面，各方可以采用电子邮件、书面文件或向指定平台提交材料等方式；委托人应当为中介人提供必要的配合，包括提供必要的资料（如营业执照、需求清单等）及授权文件。

2. 审查中介报酬与费用支付

《民法典》第九百六十三条规定："中介人促成合同成立的，委托人应当按照约定支付报酬。对中介人的报酬没有约定或者约定不明确，依据本法第五百一十条的规定仍不能确定的，根据中介人的劳务合理确定。因中介人提供订立合同的媒介服务而促成合同成立的，由该合同的当事人平均负担中介人的报酬。中介人促成合同成立的，中介活动的费用，由中介人负担。"第九百六十四条规定："中介人未促成合同成立的，不得请求支付报酬；但是，可以按照约定请求委托人支付从事中介活动支出的必要费用。"中介人的报酬，通常也被称为"佣金"或者"中介费"，是中介人完成中介服务后委托人向中介人支付的酬劳。中介合同是有偿合同，中介人是以提供中介服务赚取报酬为业的营业者，其为委托人提供订约机会或者媒介服务的目的就是获取报酬。所以，委托人和中介人应当在中介合同中约定报酬的数额和支付方式等。当中介人促成委托人与第三人之间的合同成立时，委托人就应当按照约定向中介人支付报酬。中介活动的费用，主要是指中介人为从事中介行为而支出的一些费用，如交通费、住宿费等。中介人促成合同成立的，中介活动的费用由中介人负担。在合同未成立的情况下，中介人向委托人请求支付从事中介活动的必要费用，须以中介人和委托人之间存在合同未成立中介人亦享有费用请求权的约定为前提。在委托人与中介人没有约定委托人与第三人、合同未成立而中介人仍可以主张返还从事中介活动的必要费用的情况下，委托人没有义务向中介人支付该费用。

3. 审查禁止"跳单"条款

"跳单"是指委托人接受中介人的服务后，利用中介人提供的订约信息或者媒介服务，绕开中介人直接与第三人签订合同的行为，其目的是规避向中介人支付报酬义务。实践中，"跳单"现象频繁发生，已经成为中介合同纠纷案件中的一种常见纠纷类型。"跳单"行为违背诚信和公平原则，严重损害中介人的利益，扰乱市场秩序，阻碍中介行业的健康发展。《民法典》第九百六十五条规定："委托人在接受中介人的服务后，利用中介人提供的交易机会或者媒介服务，绕开中介人直接订立合同的，应当向中介人支付报酬。"为防止"跳单"情形出现，中介合同可以明确约定：委托人只能委托中介人对其提供中介服务，不能再将同一事项委托给其他中介人；禁止委托人利用中介人提供的信息或服务直接或间接与第三方签订合同；如发生"跳单"行为，委托人仍需支付约定报酬。

4. 审查权利义务条款

中介合同应当明确约定委托人和中介人的权利义务。《民法典》第九百六十二条规定："中介人应当就有关订立合同的事项向委托人如实报告。中介人故意隐瞒与订立合同有关的重要事实或者提供虚假情况，损害委托人利益的，不得请求支付报酬并应当承担赔偿责任。"因此，中介合同应当明确中介人负有如实报告义务，应当如实告知交易相关信息及第三方资信情况。此外，中介人还应承担保密义务、勤勉义务，即不得泄露委托人的商业秘密或隐私，按合同约定积极提供服务等。对于委托人而言，其主要义务包括为中介人提供必要的资料及协助，确保所提供资料的真实性与完整性；不得绕过中介人与第三方达成交易；按约定及时足额支付报酬等。

后 记

在合规管理浪潮从中央企业席卷至地方国有企业，从国有企业延伸至民营企业的背景下，合同管理作为合规管理的核心领域，与以往相比，其管理范围、管理手段、管理意识及法治环境等多个方面均发生了显著变化。做好合同管理工作，不仅是企业法治精神的体现，更是以法治赋能新质生产力发展的内在要求，是关系企业依法合规经营的基石。

四川省投资集团有限责任公司（以下简称川投集团），作为四川省国企合规管理实践的先行者，积极响应号召，以"1+5+N"的创新模式为引领，深入推进合规管理体系建设。集团本部及旗下五家重要企业——川投能源、川投国际、川投信产、四川川投大健康、华西牙科，均成功获得了合规管理双体系的权威认证，其中，合同管理作为体系构建的重心，始终占据举足轻重的地位。

鉴于当前合同管理书籍对合同全生命周期的合规管理缺乏系统深入的探讨，川投集团法务风控部（合规管理部）为了给集团所属企业提供合规背景下的合同管理指引，秉持"理论引领实践，实践反哺理论"的理念，在四川省国资委的精心指导下，通过内部自查、外部调研的双重路径，对合同管理的每一个合规要点进行了细致入微的梳理与剖析。面对合同合规管理的重点与难点问题，团队成员不畏艰难，反复研讨，边实践边学习边改进，与所属公司合同管理人员、合规管理人员以及外部专家紧密合作，历经多次修订与完善，并依托上百个生动鲜活的实践案例，精心编纂了《企业合同管理合规重点与实务操作》，旨在为广大企业合同管理实务工作

后 记

提供参考，为构建更加完善、高效的合同管理体系提供有力支撑。

在本书的编纂过程中，按照四川省委、省政府深化国资国企改革决策部署，2025年2月，四川省投资集团有限责任公司与四川省能源投资集团有限责任公司，以新设合并方式组建四川能源发展集团有限责任公司。本书编写团队主动适应改革新任务新要求，坚持一手抓改革任务落实，一手抓新集团合规管理制度建设和本书编纂成稿。本书的顺利出版，离不开外部专家深厚的理论积淀与实战经验的无私分享，以及出版社编辑团队的精心策划与细致编校。在此，我们特别感谢四川省国资委、四川省司法厅、四川大学法学院及商学院、西南财经大学法学院、西南政法大学民商法学院、四川省属兄弟企业、乐山市国资国企、四川发现律师事务所、中国法治出版社、华博云（北京）技术有限公司以及河南省国资国企、四川天府银行、五粮液集团、成都市烟草公司、广安爱众等单位的鼎力相助。同时，也要向川投能源、川投信产、川投大健康、华西牙科、嘉阳集团、川投资本、川投君融、宏明电子等集团所属公司在本书编写过程中的积极参与和宝贵贡献表示衷心的感谢。

鉴于合同管理的复杂性与多样性，加之编者团队能力所限，本书虽力求全面，但仍难免存在疏漏与不足。我们诚挚地邀请业界同仁批评指正，共同推动合同管理合规实践的进步。我们坚信，本书的出版，一定能够为更多关注企业合同合规管理实务的读者带来启发与帮助，携手共创企业合规管理的新篇章。

图书在版编目（CIP）数据

企业合同管理合规重点与实务操作 / 杨帆，邓爱平，戴薇主编. -- 北京：中国法治出版社，2025.7. (企业管理与法律实用系列). -- ISBN 978-7-5216-5360-1

Ⅰ. D923.6

中国国家版本馆CIP数据核字第2025KB2810号

策划/责任编辑：刘 悦　　　　　　　　　　　　封面设计：李 宁

企业合同管理合规重点与实务操作
QIYE HETONG GUANLI HEGUI ZHONGDIAN YU SHIWU CAOZUO

主编/杨 帆 邓爱平 戴 薇
经销/新华书店
印刷/三河市国英印务有限公司
开本/710毫米×1000毫米 16开　　　　　　　印张/23.5 字数/337千
版次/2025年7月第1版　　　　　　　　　　　2025年7月第1次印刷

中国法治出版社出版
书号ISBN 978-7-5216-5360-1　　　　　　　　定价：88.00元

北京市西城区西便门西里甲16号西便门办公区
邮政编码：100053　　　　　　　　　　　　　传真：010-63141600
网址：http://www.zgfzs.com　　　　　　　　编辑部电话：010-63141848
市场营销部电话：010-63141612　　　　　　　印务部电话：010-63141606
（如有印装质量问题，请与本社印务部联系。）